季风之北

彩云之南

之南

BETWEEN

Winds
&
Clouds

多民族融合的
地方因素

[新加坡]
杨斌
著

韩翔中
译

GUANGXI NORMAL UNIVERSITY PRESS
广西师范大学出版社

·桂林·

图书在版编目(CIP)数据

季风之北，彩云之南：多民族融合的地方因素 /
(新加坡) 杨斌著；韩翔中译. —— 桂林：广西师范
大学出版社, 2023.6（2025.1重印）

ISBN 978-7-5598-5848-1

Ⅰ. ①季… Ⅱ. ①杨… ②韩… Ⅲ. ①民族融合 –
研究 – 云南 Ⅳ. ①K280.74

中国国家版本馆CIP数据核字(2023)第035720号

JIFENG ZHI BEI，CAIYUN ZHI NAN：DUOMINZU RONGHE DE DIFANG YINSU
季风之北，彩云之南：多民族融合的地方因素

作　　者：（新加坡）杨　斌

译　　者：韩翔中

责任编辑：谭宇墨凡

特约策划：董风云

封面设计：杨和唐

内文制作：燕　红

广西师范大学出版社出版发行

广西桂林市五里店路9号　邮政编码：541004
网址：www.bbtpress.com

出 版 人：黄轩庄

全国新华书店经销

发行热线：010-64284815

北京华联印刷有限公司印刷

开本：860mm×1092mm　1/32

印张：13.5　　字数：256千

2023年6月第1版　2025年1月第3次印刷

定价：99.00元

如发现印装质量问题，影响阅读，请与出版社发行部门联系调换。

谨以此书献给父母亲及家人。

目录

序　言

　　在英文版出版十四年后，中文简体版终于面世。作者欣喜之余，未免有些忐忑不安。很多当年自觉颇为新颖的地方，现在看来似乎已不新鲜。此次广西师范大学出版社不以拙作过气，在疫情带来的艰难困境中毅然出版，本人不胜感激，也借此反省当年的构思与努力，与读者诸君分享，其中不免有王婆卖瓜的嫌疑。

一

　　拙作的主题是云南，也就是中国的西南边疆，但努力的方向是将中国、中国的边疆与世界联系在一起。简而言之，拙作当年可以说是最早倡导以全球史的视野和方法来研究中国边疆与中国历史的。把中国边疆史、地方史作为世界史来研究，这在当年的中国历史研究中是比较新颖的。拙作在方法论上主张将中国置于世界之中，而不是世界之外。本人以为，很多中国历史的问题，答案恰恰在中国之外，或者本身并非仅仅是中国的问题。因此，对理解中国和中华文明的形成而言，全球史的视野和方法不但不会否认中华文明的独创性，反而会在比较、联系和互动的场景下还原丰富多样的历史进程。当然，现在看来，当年的努力有比较粗糙之处，有时不免 naive，有很多不恰当、不准确的地方。

其次，拙作倡导并实践长时段的视野，这在历史研究越来越细的趋势中也比较特别。以美国史研究为例，学者面临的一个令人尴尬的僵局便是，几乎每个历史年份和每个重大人物都有了研究，那么，以后该怎么办呢？中国历史源远流长，当然还不会面临类似美国历史研究的危机。不过，有识之士也认识到，以朝代为基础来划分和研究中国历史，这在某种程度上割裂了历史的延续性，其弊端也一眼可知。故而，拙作采取长时段的视野或许更能体现历史的变迁与承继。

再次，拙作倡导并实践从边疆/边缘看中国。关于中国边疆史的研究，一个非常明显的模式便是从中心、中原来看边疆，其立场是中心开拓边疆和中心塑造边疆。简而言之，那便是中原王朝如何经营、开发边疆。拙作反其道行之，采取的立场是边疆塑造中心和边疆界定中心。拙作中关于白银、贝币和铜政的研究，就是从云南货币制度的变革来揭示云南的经济逐渐融入并且塑造明清时期中国经济的过程。特别是雍正—乾隆—嘉庆—道光时期，云南在这近百年间为全国提供了天文数字的铜料，这集中体现了云南在清代中国经济中的地位。公允地说，没有云南的铜，所谓康乾盛世可能不过是一个泡影而已。这便是以云南之矢，来射中国之的。把云南作为中国形成过程中的个例（这一个例既是地方的，又是过程的）、隐喻和象征，或许也有一些意义。

二

我们知道，在边疆史乃至古代东南亚史的研究中，中文材料很关键，无可代替。大量中文史料的存在，是古代中国对世界的一个突出性贡献。作者因此不能不谈一下中文史料的意义和问题。

以拙作而言，所依据的资料虽然丰富，但基本还是以中文史料为主。其中主要文献来源乃是十三册的《云南史料丛刊》。这套云南地方文献的编纂，始于云南研究的开创者方国瑜先生。跨度起自西汉而终于清代，几乎收录了所有关于云南的官方记录、碑文、铭刻、民间文献等。除了地方志，该系列几乎涵盖所有的中文史料。再者，《云南史料丛刊》也包括一些翻译的外国著作，马可·波罗写的云南旅行便是一例。此外，拙作还依赖云南的地方志。地方

志是儒家意识形态的产物，一旦中央行政管辖实施于某地，
地方志的编纂也随即开始。云南的方志最早出现于明代，
但多数编纂于清代，正值云南"华化"（中国化）渐入佳境
之时。经由方志，我们可以明晰地方习俗，如婚礼、节庆
等仪式是如何在儒家意识形态的推展下演变的。

中文材料固然是我们研究的基石，其重要性无须赘言，
然而，古人编纂的文献本身就受到儒学特别是理学的影响
和指导，很多时候充斥着朝贡体系和儒家文化至上的立场、
心理和口吻。因此，对汉文典籍的解读，必须要努力理解
between lines（字里行间）、behind lines（未尽之言）以及
beyond lines（未述之言）。比如，汉文典籍中记录边疆或
古代东南亚的"贡""国""王""王朝""城"等概念，
基本都基于中国文化和经验；用来描述或总结异域人群
及社会，往往容易使读者以中国文化之概念或经验去推
测和理解异域文化。当然，汉文典籍不仅给我们提供了
众多的信息，也有值得称道的可取之处，比如，对于古
代边疆族群，除了"蛮夷"之称谓，也出现了如"胡人""越
人"等以"人"为指代的称谓。作者认为，这种称谓其
实比现代使用的"民族"或者"族群"更合适，可为现
代中外学术界借鉴沿袭。

除此，当然还需要斟酌文献记录的可靠性。以古代东
南的第一个"国家"扶南为例，过去中外学者均以汉文典
籍来勾勒扶南的兴起和性质。最近一二十年来，学者已经
发现，汉文史料虽然记录最早，而且在数百年间频繁抄录，

重复见于各朝官、私文字，但与这几十年来发掘解读的考古和碑铭场景下的扶南相差甚远。如此，对于文献，我们就不能不既使用之又怀疑之，必须审读斟酌再三，尤其是要充分比较考古的发现和其他文字材料（特别是碑铭）的记录。

三

拙作时空跨度非常大，其中议题之抉择、材料之取舍、结构之定夺及细节之处置，不免有粗率之处，有时草草了事。其中以下几点至今思来尤为遗憾。

第一是对 local agents，即云南在地角色的书写不够。其实，在尚未开始研究之前，作者的构思已经非常明确地将中国、国际以及中国地方三者并列，这在当时，的确是个相当新颖的立意。可惜的是，在写作过程中，几易其稿后，关于地方角色的问句消失了。回想起来，对于变动中的地方，作者当时学力未逮，理解还不够深入，感觉无法把握，虽然正文中有几处阐述，但高度不够，实在是失去了本来可以在方法论上有所创新的一个机会。须知，地方也非均质或一致，尤其关涉多重不同的利益集团时，更是因时因地而不同。无论如何，对于这个问题，回想起来，三分遗憾，三分羞惭，三分自责。不过，作者亦借此指出 Jean Michaud 对于拙作特别是第六章的批评，即认为此章"缺失地方的声音"的批评其实是毫无道理的。[1] 因为第六章是从前面几章的"地方"转到"中央"的，尤其值得注意的是，拙作首次提出了土著化和华化是边疆历史进程的一体两面的观点，并力图在理论上加以升华。这一点，便是对地方角色的高度重视。

当然，拙作中的纰漏和差错还很多。由于相关研究之进展，拙作当年引用的某些观点或结论已被修订或推翻，但译本无法展现。比如在谈到黑死病的时候，拙作不适当地沿袭了麦克尼尔几十年前提出的假说，认为黑死病也许是由蒙古骑兵从上缅甸与云南带到欧亚草原的，这个说法已经被证伪了。又如，李中清在何炳棣指导下完成的关于中国西南历史的博士论文与作者的论题极其有关，因其当时交付哈佛大学出版社出版[2]，所以作者无缘得见。幸运的是，作者阅读并思考了李氏发表的两篇期刊论文，其方法、论证、结论和见识让作者受益极大；可惜的是，作者毕竟不得全豹，不能全面汲取并推介其研究成果。再如，在谈到上古时期中国的海贝时，作者当年仍基本接受了商周时期的海贝是货币的传统说法。这一观点，作者在近作《海贝与贝币：鲜为人知的全球史》中已作详尽地批驳。又如拙作引用金正耀当年之研究，认为商代青铜矿料有源自云南东北部者，原因是妇好墓中发现的青铜器中的高放射成因铅，只有云南东北部的永善金沙等矿山的铅同位素数据与之相符。2017 年的考古发现则推翻了这个观点，金正耀本人也做了纠正，因为南阳发现了高品位的铅矿石。因此，商代青铜器中的高放射成因铅来源于豫西，而不是数千里之外的云南。又如，在讨论民族识别时，作者强调传统中国的历史遗产对当代民族国家构建的影响，这固然没错，但忽视了西方殖民主义、帝国主义带来的现代知识体系的影响。此点墨磊宁（Thomas Mullaney）在其专著中有很好的阐述。[3]

我在其他地方的回顾中也毫不客气地剖析了拙作的缺陷、遗憾和问题。如果以围棋为比喻，那么拙作就是一布局或许宏大、构思或许巧妙，甚至中盘也有一些妙手，但依然是左支右绌的棋局。总之，拙作的意义在于尝试了中国历史书写的另一种可能。以此而言，拙作的价值，与其说是在于这种尝试的成功，毋宁说是在于这种尝试本身。

需要指出的是，一些读者或将拙作视为云南的通史，这实在是一种误解。拙作虽然涉及云南的考古，并一直讨论到1980年代；不过，这是一本有着自己切入点和主题的学术专著，而不是一部通史。拙作从长时段考察了云南的商贸、军事冲突、行政管辖、人口变迁、身份认同和经济转型，但绝没有试图从每一个方面来撰写一本云南的通史。因此，就研究的意图和设计而言，拙作并没有追求面面俱到，更不可能做到面面俱到。实际上，哪怕是通史，也无法做到这一点。

最后，作者要感谢在拙作研究、撰写和出版过程中提供帮助的诸多师友。他们既包括引导我走上这一条路的良师诤友，也包括流寓生涯中的许多时空伴随者，尤其是北京的伊莎白·柯鲁克、大理的董风云一家、特拉华的程映虹一家、波士顿的丁志勇一家，他们都给予本人慷慨的帮助和关怀。拙作的背后，隐藏着他们的身影。

导　论

比较而言，当代中国西南地区的地缘与 9 世纪时大相径庭。9 世纪时，南诏这个以云南为基地的强大王国，正对唐朝的西部、西南部、南部边疆造成巨大冲击。那时，位于我国西藏地区的吐蕃王国乃是李唐王朝的对手，同时也是唐朝边疆的主要麻烦制造者，甚至一度侵凌唐朝的首都长安以及南诏王国。南诏有时与唐朝结盟，有时则与吐蕃联手，虽然盟友变换，但南诏的军队确实具备击败唐朝与吐蕃军队的实力。南诏曾三度出兵劫掠唐朝西南的文化与经济中心成都，也曾两度攻陷并掌控位于现今越南北部的安南——唐朝在此地设有都护府。此外，南诏还曾入侵中南半岛上的诸多王国、部族政权、城邦，建构起自己的朝贡体系（tributary system）。斗转星移，今日的政治地图已与古代大不相同。如今，越南是一个独立国家，而云南毫无疑问是中国的一部分，不论行政或文化上皆然。

那么，问题来了，在历史上，云南是如何形成及演变的？为什么在秦汉时代越南北部和云南（秦朝只管辖了云南北部部分地区）都被纳入传统中原王朝的管辖，但越南却于唐宋之际脱离中华王朝的控制而独立，而云南此后一直都是中原王朝的边疆，并被现代中国视作族群多样性之统一的象征？进一步而言，云南的历程对于我们理解传统中华王朝与现代中国的体制、制度、"核心-边陲"（core-periphery）关系有什么启示？

泛泛而言，在古代中国史的研究当中，北方获得了不成比例的高度关注与评述，这让南方以及南方的居民显得相对边缘、不开化或者原始，尤其论及边疆地带的时候更是如此。威廉·麦克尼尔在其开创性的大作《西方的兴起》中，曾论及一个居于湄公河下游的王国及其向北方扩张的事迹；但是，麦克尼尔忽略了南诏这个强大的王国，也忽视了它在南方显而易见的影响力。[1]麦克尼尔并不是中国研究的专家，也许没有意识到南诏的突出表现。然而，更为严重者如《剑桥中国史》几乎完全忽略唐宋时期的南诏与大理王国，而将大量篇幅用来描述北方的政权，包括契丹人的辽、党项人的西夏、女真人的金、蒙古人的元。这显然反映了该书重北轻南的偏见。[2]有些中国学者也会犯类似的错误。举例而言，中外学者最常用的参考书《中国历史年表》虽然指出云南从秦汉以来便被（部分或全部）纳入中国的版图，也列出辽、西夏、金、蒙古诸王国，却没有相应列出南诏与大理。[3]

这些南方族群及其王国于中华文明兴盛之重要性，直到近年才得到一些关注。最近中国南方的考古发现有助于巩固中华文明多元起源论的根基。举例来说，四川成都附近发掘的三星堆遗址，江西新干县发现的遗址（新干大墓），都是非常成熟的青铜文化。它们虽然与商文化之间有着密切关系（商人的青铜原料主要来自南方），但仍然与位于中原地区的商代青铜文化有显著差异。

南方中国以及南方诸王国对传统中华王朝的发展的确非常关键，在族群互动与中央统治方面更是如此。从东周时代开始，南方诸王国便积极参与中华王朝的建构，尤其在唐宋，也就是中华王朝的重心逐渐从黄河流域转向长江流域的时候，其重要性更是得以彰显。因此，如果我们相应地转变观察视角，从北望转换为南眺，尤其是看向云南，则必能有别于传统学术所见，看到一个更细微、更丰富的中国历史、文化与认同的面貌。[4]

此外，当讨论中国近现代史时，学者们往往也偏重于中国东部或沿海地区。之所以如此，部分原因在于这些区域在面对鸦片战争以来的西方殖民挑战时，或爆发了明显的冲突，或有力地加以响应。尽管如此，有些学者已逐渐意识到，中国西部与其他内陆边陲区域的研究，对于现代中国全貌之描绘，亦有重要意义。[5]我们甚至可以这么说，对现代中国的形成而言，中国的西部与东部的贡献其实是相当的；而且，西部地区在中国今日的现代化建设中也扮演着决定性的角色。近年中国的"西部大开发"热潮亦说

明，中国政府认为西部地区的潜能对中国的可持续发展至
为关键。[6]

岛屿东南亚（maritime Southeast Asia）地区素来被
称为"下风之地"，而云南的中文意涵则是"彩云之南"。
在地理上，云南夹在东亚大陆和东南亚之间，也曾一度与
中南半岛有着密切的关系，因此作者发明了此书标题，以
同时呈现云南在中华文明和东南亚文明之中的角色。[7]云南
在现代之前曾与诸多东南亚政权密切接触，但这种联系常
常被忽视。此外，云南在跨区域商业贸易中的重要性，也
没有得到学者应有的关注。[8]《剑桥东南亚史》在讨论古代
东南亚诸王国时，既没有提到南诏，也没有注意大理。[9]中
国学者主要依靠汉文文献进行研究，多少带有北方中心论
的偏见。因此，作者下面的概括或许并不算夸张，那就是，
对于非中文学术界而言，云南始终是个谜；而在中文学术
界，云南的历史一直是以"偏见"的方式被呈现的。

需要注意的是，云南的边疆化进程，也促进了东南亚
与东亚两大区域之形成。很大程度上，中国历史上对云南
乃至缅甸、越南的经略与统合，极大地推动了东南亚、东
亚两大区域现代边界的形成。鉴于本书的性质与范畴，相
关讨论只限于云南的议题，但希望本书的努力可以激发出
更多关于东南亚、东亚历史发展及"概念化"之研究，俾
能有助于"世界史"这一研究领域之发展。

中国史是更广大、更宽阔历史之一部分，很多中国史
上的问题，并非仅仅是中国的问题，有时答案恰恰在中国

之外。为此，本书主张将中国置于世界之中，而不是世界之外。就是说，本书首先是将云南的形成及其转型置于全球架构中，并在此基础上呈现中国南方边疆及人群对于中华文明的贡献，以修正和平衡北方导向的中国史取向以及关于边疆的中原中心论的视野。

"云南" 与 "西南"

"云南""西南" 的历史及争议

云南是中国的一个省份，但云南自身是否可以被视为一个研究范畴，而不只是中国学术界更为流行的 "中国西南"（Southwest China）呢？易言之，如果 "中国西南" 确实是个学术用语，本书为什么要选择使用 "云南" 呢？我们不妨先对这两个词语加以讨论以说明本书的选择。

"西南" 一词，首先出现在《史记》中，司马迁将居住在四川（西部、南部）、贵州（北部、西部）以及云南的原住民，合称为 "西南夷"；不过，"西南夷" 这个词，确切而言乃是 "南夷" 和 "西夷" 的组合，多数情况下，汉朝就是这样看待的。在《史记》以及《汉书》中，"西夷" 和 "南夷" 颇常提及，但 "西南夷" 一称则较为罕见；汉朝虽一度放弃它对于所谓 "西夷" 的监督者角色，但南夷仍受到汉朝控制。精确断定 "西夷" 和 "南夷" 的所在地并不容易，但"南夷"主要分布在四川南部、贵州西部与北部，以及云南北部，而"西夷"则居于四川西部与云南。再者，东汉之后，"西南夷"一词逐渐在中国的文献记录中消失，一直要到晚清，学者们才开始重新关注云南等边疆地区。

在地理学上，"西南"这个词语依然是模糊的，有时它会被使用，有时不被使用。它的范畴曾几度包含了广东与广西；不过在大部分时候，"中国西南"主要指的是四川、云南与贵州这三个省份。[10] 有时候西康也会被纳入，但西康省创建于20世纪初期，而且很快就分割并入西藏与四川。抗战期间，中华民国政府与众多难民迁入四川、云南与贵州，"西南"一词遂频繁地在各种媒体上出现，而且成为"大后方"的同义词。然而，"西南"未曾变成一个行政单位。

在中华人民共和国成立之后的1950年代初期，中央政府将全国划分为六大行政区，分别是东北、西北、中南、华东、华南、西南，各区设军政委员会。西南军政委员会治下有四川、云南、贵州和西康，但这只是一项过渡性制度，1954年便被撤销；不过，"西南"一词继续作为一个行政名称使用。到了1960年代"冷战"局势升温之后，中央又决定将四川、云南、贵州以及其他西部省份合起来，组成所谓的"三线"，并将大量沿海地区的现代工厂迁移至该区之内。于是，这三个省份再度被划定为"大后方"。

1980年代以来，中国的学者再度使用"西南"一词，将其视为一个具有地方特色与身份认同的宏观区域，由此，"西南研究"（Southwest studies）逐渐成形。相关学者大致如此定义中国西南:对内,认为其有相对的均质性;对外,将其视为中国不可分割的一部分。他们认为,中国西南包括四川,1997年后由中央直辖的重庆、贵州、云南、西藏、广西,还有湖南、湖北与青海的一部分;有时,还会纳入广东。但无论是哪一种界定方式,四川、云南、贵州都是"西南"的核心。[11] 因此,近来使用"西南"时,它既是"地理-文化"用词,也有行政单位的色彩。

确实,不是每个人都接受"西南"这一概念。施坚雅(William Skinner)在其关于明清时期的中国的经济宏观区域的经典研究中,就放弃使用"西南"一词。他将四川大部分归为"长江上游",且把云南与贵州视为一个单独的宏观区域。对施坚雅来说,"西南"缺乏自然地理区所必须具备的那种内在均质性。[12] 许多西方学者接受了施坚雅概括的"云南-贵州"宏观区域(也就是后来的"云贵"),有时却以"西南"称之。举例而言,李中清(James Lee)沿用施坚雅的"云南-贵州"宏观区域,也就是包括"整个云南省、乌江以南的贵州省、四川省的凉山彝族自治州"[13];但与施坚雅不同,李中清将更多注意力放在文化认同与族群认同之上。他的研究显示,汉人移民潮最终促进了地方身份认同的形成。[14]

许多当代研究者也使用"中国西南"这个词语,但是他们的定义根据个案而有所不同。[15] 比如说,有些西方学者也会依照中国行政定义来使用"西南"一词。[16] 既然"中国西南"在学术使用上非常通行,也相对普遍且广为人接受，那么，为什么本书要将重点放在云南，而不是整个"中国西南"呢？作者以为，历史事实表明，四川、云南长期以来都是分立的，这就直接挑战了中国研究者坚持使用的"西南"一词。尤其考虑到它相对独立和特殊的历史轨迹，云南完全可以被视为一个独特的但也是流动而不固定的实体。

战国晚期，秦国急速扩张，于公元前332年击败古蜀国并占领四川。于是，四川成为秦国东征与南征的战略基地。从那时开始，四川就与"中国"的其他王国有着密切的关系；虽然四川偶尔会被独立的政权所统治，但它依然会企图征服其他政权。历史事实表明，四川，尤其是环绕成都的盆地区域，属于中国已有超过两千年的历史，而四川在传统中华王朝的内争中也扮演着积极主动的角色。[17] 正是在此历程当中，四川形成了特别鲜明的地方文化与认同。

四川之纳入中原王朝，为中原王朝南向、西南向扩张提供了一个立足点。一方面，四川的角色是边缘区域；另一方面，但凡中原王朝有意进一步扩张，四川就会成为一个区域中心。这也就无怪乎四川长期被视为"中国西南"的中心。同时，四川也使"西南"的古今意义有所差异。秦、汉时代，"西南"所指的乃是巴、蜀地区西南方的族群与地域，这是以四川为中心的视野；自此，"西南"之使用便是以"中原"为中心。[18]

将四川与中原王朝之关系和云南与中原王朝之关系加以比较，我们发现，后者所显示出的是一条相对独立的历史轨迹。古代中原王朝的军队确实曾征讨云南，但汉代之前云南尚不是中原王朝的一部分。唐代时的云南还曾孕育强大的地方王国，例如南诏。即便在元代之后，当地的土司依然享有颇高的自治权。对土司的改土归流，从元代一直持续至中华民国时期，一直是中央政府经略边疆的重心，历时约 700 年。

贵州的历史也颇为特殊。直到 1413 年，明朝才将贵州设为一个新的省份。换句话说，"贵州"在 15 世纪早期之前并不存在，云南与贵州之间也无边界。立足云南的政权主宰者，曾对贵州地区的各族群有着重大影响；反之亦然。自 1413 年以降，贵州在行政等级上虽与四川省和云南省一致，但在政治上、经济上或文化上的重要性，不能与其他两省相提并论。基于上述诸理由，本书在处理明代之前的云南时，所指的是整个"云南—贵州"这个宏观区域。

最近二十多年以来，中国学者在西南研究中也开始察觉到某种"东方主义"，并着手寻求方法论上的解决之道。他们呼吁采取"西南中心"而非"中原中心"的取径。不妨以 1992 年出版的《西南研究论》来介绍学者的成就及其内在的矛盾。《西南研究论》是与"中国西南"的宏观层面和方法论有关的研究，也是中国西南研究系列中唯一呈现出新理论成果与创新观念的论著。

《西南研究论》指出，"西南"是一个地理概念，也是一个历史概念，它共可分为三个阶段：第一阶段是云南元谋人（*Homo erectus yuanmouensis*）的文化，当时的云南尚未进入"中原"之范围，所以称为"前西南"或"史前西南"会更恰当；第二阶段是云南开始受到中原地区的关注，但云南尚未从属于中原政权，此阶段便是华夷论下的"西南夷"时代；第三阶段便是西南成为传统中华王朝不可分割的一个地方性区域。由此，《西南研究论》总结说：所谓的西南就是中国的西南，西南研究属于中国研究的一部分。[19] 以《西南研究论》为代表的研究表明，中国学术界对于摆脱中原中心主义（Sinocentralism）或中国式的"东方主义"，已经作出了巨大的努力。[20] 然而，他们的取径其实依然受到中原中心论的限制与影响。首先，上述取径没有将西南当作一个整体加以考虑。《西南研究论》虽然讨论了云南与四川，但多数状况下所说的"西南"指的就是云南。类似的情形，其实也可以见于其他的中文著作，这些著作总是个别探讨云贵川这三个西南省份的文化、经济和历史，即便在讨论中国西南区域文化与习俗时依然如此。[21] 很大程度上，上述问题源于四川与云贵之间固有的差异。如前所述，在历史上，这两个区域各自有其不同的特质与边界。此外，相关学者也忽视了西南和其他外国的、外来的联系与互动。历史上，云南位于中原王朝的西南方，但同时也位于吐蕃王国的东南方，以及中南半岛的北方、印度的东方，在族群、文化及经济上与这些地区也建立了非常密切的联系。

这里不妨引用云南研究的开创者方国瑜先生的定义。在方国瑜看来，整个"西南"涵盖现代云南，往北达到四川的大渡河南岸，往东则延伸至贵州省省会贵阳。历代中国政权在此地区所设置的行政单位不同：汉代为"西南夷"；魏晋时代为"南中"；南朝时期为"宁州"；唐代为"云南安抚使"；元代以降为"云南行省"或"云南省"。在明代初年设立贵州省，并将金沙江以北的区域划给四川之前，历代区域的实际范围虽有差别但大致类似。方国瑜对"西南"的定义，类似于施坚雅所定义的"云南－贵州"，并且获得李中清的肯定。不过，施坚雅的概念基本限于19世纪，方国瑜则积极地追溯这个概念的历史延续性。很遗憾的是，方国瑜对"西南"的定义并未得到应有的重视。[22]

本书使用的"云南"一词，类似于方国瑜的"西南"。整体上，本书所根据的是方国瑜与施坚雅的观点。虽然如此，在现代以前的中国西南与东南亚之间想象出边界，其实是件危险的事情。[23]本书要谈的云南，与方国瑜"西南"的差别，在于作者无法同意方氏中原中心论的假设，即认为从秦汉时代以来，西南地区就是中原王朝的一部分；[24]与施坚雅的分歧则在于，作者认为，云南的建构历程既经历数次重大变迁，同时亦维持某些地理、文化、经济特色。

云南：中国的发明

在字面意义上，云南的意思是"彩云之南"，这是个中国词语。事实上，"南"字就像是"北""东""西"一样，

时常出现在中国的地名当中，例如，"河南"（黄河之南）、
"湖南"（洞庭湖之南）、"海南"（海之南）；"河北"（黄河
之北）、"山东"（太行山之东）以及"山西"（太行山之西）。
以上这些名称，都可以给我们基本的地理位置概念。可是，
云南在哪里？彩云之南在哪里？彩云在哪里？

　　溯本追源，"云南"一词是汉人的发明，用来称呼
当地的人民与土地。但这个称呼一开始并未被当地人采
纳，直到中原王朝的统治造就出云南意识（Yunnanese
consciousness），当地人才自称"云南人"。大略而言，"云
南""云南人"的称呼是在元明时期出现的。为此，我们需
要简要地回顾当地历史与族群，这有助于阐明云南是如何
成为"中华想象的共同体"之一部分的历程。

　　在中原王朝开始与云南本地居民接触时，后者已然发
展出复杂的社会。司马迁就描述了公元前 3 世纪至前 2 世
纪云南的大致社会风貌：那时本地就有许多部落、部落
联盟或者王国；[25] 夜郎国所在地区，包括今日贵州、广
西与云南的部分地区，它的邻居则是南越国（曾管辖今
日广东、广西和越南北部）。[26]

　　滇国之建立乃是以滇池为中心。公元前 3 世纪早期，
楚国将领庄蹻征服该地并自立为王。滇国国力颇为强大，
它可能自视为天下中央。[27] 在历史上，学者曾认为"滇"
源自汉文，但其实"滇"更可能是以汉文表意文字来呈现
当地先民的发音，因此，"滇"非常有可能是本地先民的自
称。[28] 如今，"滇"与"云"都是官方对云南的简称，这也

暗示着云南形成的过程中本地人与汉人之共同影响。

樊人位于夜郎之西，位于今日的云南昭通一带；摩沙勒位于云南西北部至四川西南部一带；劳浸和靡莫分布在滇国的东北边；巂和昆明位于保山的东北方，洱海地区为其中心；哀牢及濮位于保山与德宏附近，但其分布区往南可能远至上缅甸；邛都位于滇国与靡莫的北边，其基地可能是在四川的西昌；冉駹位于四川西北部，毗邻西藏；白马是从四川西北部到甘肃南部的地带；钩町与漏卧都是夜郎的邻居，钩町横跨了广西与云南的边界，漏卧则跨越了贵州与云南；且兰位于今日的贵州；滇越国或许位于阿萨姆（Assam）的迦摩缕波（Kāmarūpa）。[29] 由此，居住于今天云南之内及其周围的族群丰富多彩，并没有一个涵盖各类当地人的通称，该区域也没有一个共称。

秦统一中国时，据说曾将"郡县制度"推广远达云南北部，但是我们并不知道当地所建立的行政区类型或数量。西汉在汉武帝时大肆扩张，夜郎、且兰、邛、笮、劳浸、靡莫、滇人等在公元前 2 世纪末之前或投降，或被征服，汉在这些地方陆续设立了七个郡（犍为郡、牂牁郡、越巂郡、沈黎郡、文山郡、武都郡、益州郡）。益州郡的建立是为治理滇国，滇王被颁授金印并得以继续统治其人民；在益州郡之下，设立了一个称为"云南"的县。

东汉王朝继续南向扩张。公元 69 年，哀牢人归附东汉王朝，永昌郡因此建立。然而，东汉王朝最终的崩溃使得云南在 13 世纪蒙古军队征服之前一直处在半自治或自治状态。从 2 世纪至 7 世纪初期，蜀汉政权，晋朝，南朝的宋、齐，以及唐朝，全部都将云南设为一个郡。云南的先民名义上臣属于中原政权（有时是以四川为中心的地方政权），但真正的统治者其实是当地酋长，多数状况下，他们对于当地事务拥有最终决定权。

7 世纪中叶，当地诸多政权之一的南诏，在唐朝与吐蕃的支持之下，成为第一个统一云南附近区域的王国。唐朝封给南诏国王"云南王"的头衔，显示唐朝将南诏整体领土范围视为云南。10 世纪初期，大理国在云南建立，宋朝封大理王为"云南节度使"以及"云南八国郡王"。1253 年，忽必烈征服大理国；1274 年，"云南行省"设立。明、清朝廷继续保持云南的省制，但在 1413 年，部分云南地区被分出去设为贵州省。

因此，起初中原王朝以"朝贡语言"使用"云南"一词时，所指的是一个县、一个郡，后来则是指这一整块区域，最后才指代一个省份——由元朝建立的云南行省。从此，云南作为中原王朝管辖下的一个基本的行政单位这一身份就确定下来了。此后虽然历经王朝的兴衰，但中原王朝并没有丧失对云南的控制。相反，元代以降，中原王朝在云南实施的相关制度、大规模中原移民的到来，以及中华文化的移植，这些最终促生了云南意识。从明代起，一些云南当地人开始自称"云南人"。

"云南"一词的起源与变迁，与历代中原王朝"统合"（incorporation）这块区域的过程可以说是息息相关。这是了解历史性的云南及历史性的中国之关键。本书将云南视为一个边疆进程（frontier process），许多"演员"在其中扮演自己的角色，由此，我们可以将中国理解为一个不断变化与转型的历程，而不只是一个固定的概念。

边疆的视野：云南的融合

欧文·拉铁摩尔是中国边疆研究领域的先锋人物，他或许是第一位将中国边疆与美国西部加以比较的学者。拉铁摩尔虽然将西藏纳入他所谓的边疆，但是基本忽视了云南、贵州、广西。因此，人们可能会责备拉铁摩尔加强了"北方取径"（northern approach），因为他绝大多数的著作关注的是万里长城所象征的北方边疆。[30]

近年也有许多西方学者加入了中国边疆的研究[31]，其中查尔斯·巴克斯（Charles Backus）和李中清以云南历史研究的开创性著作而著称；巴克斯检视的是南诏与唐朝的互动交流，李中清的著作讨论的则是 1250 年至 1850 年间西南边疆的政治经济。[32]除此之外，还有几部根据学位论文而成的专著以及数篇论文，侧重于明、清时期的云南。[33]以上著作虽对于中国南方边疆的研究有很大贡献，但是，它们却均未探索中原王朝对云南的统合，对云南这个"宏观区域"的转型也未作足够的探讨。不但如此，大多数研究只是把云南削足适履地置于想象的中国之内，忽略了非中国的势力、因素和影响。

本书将通过以下数个问题来理解中国历史上对云南之统合进程：云南在成为中原王朝的边疆之前，发生了什么？云南是怎么变成中原王朝的边疆的？为什么中国历史上对云南的统合可以如此成功？云南在中国的边疆及其统合之中，有什么全球性的意义？

纪若诚（Charles Patterson Giersch）等学者将美国边疆学派的典范、模式、理论，引介且运用至中国的边疆。"边疆"（frontier）在美国人的字典中是个关键词，它代表着美国人与其文化的活力与适应力。对许多美国人而言，"边疆"不只内含着美国历史的精华，还决定着他们的未来，这也是为什么从弗里德里克·杰克逊·特纳（F. J. Turner）1893年的演讲开始，一百多年来边疆研究一直是美国历史学界的重心。[34]

关于"边疆"在创造美国身份认同中所扮演的角色，特纳的诠释确实非常有价值，也激发出许多赞美、批评与争议。特纳的取径引领作者去思考的是，在长时期的边疆历程中，云南对于"中国性"（Chineseness）的发展有何贡献。本书所采取的边疆范式，将云南视为一方面是"华化"（sinicization），另一方面是"土著化"（indigenization）的历程。社会精英（其中最重要的是云南儒生，他们主要是移民的后裔）首先将自己视为云南人，虽然这个认同被普遍接受需要很长的时间；在此身份认同转变的背后，乃是云南在人口、行政、经济、文化上的根本转型。"云南人"（the Yunnanese）的身份认同（即省级的身份认同），不仅表明中国融合之成功，而且为"中国人"的身份添加了新的成分。简而言之，云南的融合促进了中国认同之多文化和多族群的属性。

全球视野下的云南

中国研究与东南亚研究的一个共同缺点是南诏与大理的双双缺席，其肇因在于这两个区域之间的想象性边界。[35] 为了克服区域研究的弱点，本书采取全球视野；所谓全球视野，便是一种"跨区域／跨国家／跨文化"（cross-regional/cross-national/cross-cultural）的取径，或者说是一种"跨边界"（cross-border）的方法。依循此道，本书力图将云南置于它自身的历史世界，并且强调跨越想象性区域边界的连接与互动。

本书首先将重心放在"西南丝路"，努力呈现云南在跨区域的商业与文化交流之中的重要性。和人们的普遍想法相反，云南其实从来没有被山脉、河流和严酷的天气所孤立。西南丝路最早于公元前 2 世纪便已经开始运作，各式各样的商品在其中运送流转，诸如象牙、白银、棉花、盐、茶、马匹、玉石、木材、黄金、铜、锡、铅、丝，以及其他地方产品，此外还有各种宗教，例如佛教、道教与伊斯兰教。西南丝路远达中南半岛南岸，向北延伸可到青藏高原，它与海上丝路（Maritime Silk Road）、陆上丝路（Overland Silk Road）相交，连接中国（西藏及中原地区）、中亚、南亚与东南亚。这三条丝路所组成的，乃是欧亚超级大陆（Eurasian supercontinent）的交通网络。

本书的研究显示，中原王朝在经济上融合云南，也是由这些大陆性力量（continental forces）所推动的。明、清时期，云南的贝币被铜钱取代，这在很大程度上要归因于跨大西洋的奴隶贸易；同样地，日本对铜料出口的管控，加速了清朝对云南铜矿资源的开采——而要在一个新统一的边疆省份实施如此庞大的计划，其风险实是前所未见。在此情况下，云南的经济再定位，就像它在军事上的归附一样，显示出边疆地区发展轨迹中的全球因素与影响。因此，不可以只在传统中华王朝的范畴内解释现代云南的形成。更确切地说，全球性互动参与和形塑了云南两千年的变迁。

本书的关键议题乃是中国历史上对边疆或边缘区域之统合，这也是过去十年来边疆研究的一个焦点。举例而言，邵世柏（John Robert Shepherd）对清朝统治台湾的研究，以及濮德培（Peter Perdue）的《中国西征》（China Marches West），都是丰富的案例研究。关于清朝对边疆的经略与统合事业，纪若诚与邓津华（Emma Jinhua Teng）对此已有讨论。邓津华的取径比较特殊，她所检视的是清代台湾的游记，由此描绘出清代文人对于台湾的认知变化——也就是从蛮荒地区变成大清王朝的一部分。

本书的目标是要讨论中国历史上统合云南的一些特殊之处。它与邓氏分析的相异之处在于，本书所讨论者不仅是中国对于边疆及其本地居民之观念的变迁，更重要的是发生在当地社会的转型过程。此外，云南的中国边疆化进程已存在两千多年，由此，云南的案例不仅能够显示中华王朝在明清时期的发展，也可呈现中华王朝形成初期的变迁。同理，本书的时间、空间架构与纪若诚、濮德培亦有别，他们是把重点放在清代中国。值得称道的是，纪若诚、濮德培两人都强调中国历史上的"亚洲边陲／亚洲边界"（Asian borderland），借用纪若诚的用语，本书以"亚洲边界"概念来追溯中国边疆至更久远的时段。

确实，云南的边疆化，其进程不是地域性的，而是全球性的。本书不同于其他研究之处正在于此：既采用了世界体系与长时段的方法来考察全球互动，也以同样的力度审视了这一边疆化过程中历代中原王朝对云南的经略与统合。

自 1974 年伊曼纽尔·沃勒斯坦（Immanuel Wallerstein）关于"现代世界体系"的著作出版以来，他对于人类历史的建构性诠释已经受到广泛认可和热切辩论；此后，各种不同领域、背景的学者纷纷对此加以应用。统合入世界体系的进程是一个受到许多关注的话题，因为这是世界体系自身与——由此而来的——人类历史演化之关键。研究"边疆"在最初如何成为一个边缘区域，或有益于世界体系的理论发展。托马斯·霍尔对美国西南边疆的研究揭示，边疆被统合入现代世界体系会剧烈地改变边疆社会本身，但对世界体系本身没什么影响。[36] 这样，霍尔从沃勒斯坦的现代世界体系统合与边缘化一个外部区域出发，为边疆与世界体系之间建立了概念性的联系。[37] 霍尔与某些学者共同呼吁，要对前资本主义时期世界体系的统合问题进行更深刻的历史研究。某些世界体系或帝国的扩张，以及它们对于边疆的统合，将会是检视世界历史整体的有效透镜。换言之，我们可以用世界体系统合边疆为主线（central trope）来书写世界史。戴维·威尔金森（David Wilkinson）的"中央文明"（Central Civilization）概念似乎有着类似的架构。威尔金森的"中央文明"源起于公元前 1500 年，并且渐进地统合邻近的文明（那也可以被视为边疆），并在公元 1500 年之后逐渐成为全球文明。[38]

由此观之，云南从早期中华王朝的外部区域转变成边缘地区便是世界体系统合的一项范例。"中国"（Middle Kingdom）起源于渭水流域，并逐渐统合周围的区域与族群，然后从黄河附近的小型政治体，变成庞大的帝国，如汉、唐王朝，所以，某种程度上，中国也是奠基在统合的历史上。作为一个实体，中国其实处于持续变化中，而且统合经验所创造出的制度通过"华化"的历程成功转化了他者。

第一章

西南丝绸之路

全球脉络中的云南

直到 1800 年,中国还是广袤的东亚地区的中心。虽然中国西北部、西南部以及更南方所分布的沙漠、山脉、丛林、海洋,连最强悍无畏的旅人都感到万般艰难。然而,陆上丝绸之路与海上丝绸之路的发现,颇有助于人们了解古代的东西交流,亦冲击了主张地理障碍导致中国孤立的观点。相较之下,第三条路线,即连接中国、中南半岛、印度等地的"西南丝绸之路"(西南丝路),却名声不彰。[1]

最早提及陆上丝路的是司马迁《史记》中记录的张骞对西域的探索。不过,张骞也略为提及,他在大夏(Bactria)发现了蜀布、邛竹,因而存在另一条连接中国西南与印度的商路。唐朝之前的中国历史资料固然支离破碎且晦涩难解,却也神秘地提到中国与东南亚之间的交流,虽然文献中并无记录有谁完成了这条商路的旅程。至 19 世纪和 20

世纪之交，汉学家如伯希和等人，开始在这条通道上投注巨大心力。

中国学者在第二次世界大战期间才开始对这条丝路有更进一步的探索。1941年，方国瑜和谷春帆均发表了相关论文，前者为中文而后者为英文；[2] 七年之后，夏光南出版了第一本专著。[3] 从那之后一直到1980年代，关于西南丝路的研究停滞不前，偶尔出现在概论印度文明或中国文明书籍中的一隅。李约瑟注意到了这条路线，但是他的结论乃是基于对中国文献之接受。[4] 印度或东南亚的学者有时也会提到中国与印度之间途经缅甸的早期贸易。举例而论，辛加尔（D. P. Singhal）在其著作《印度与世界文明》（*India and World Civilization*）中即提到两条跨大陆的路线，一条是经由尼泊尔至中国（途径西藏），一条是经由阿萨姆、上缅甸至云南。[5] 余英时关于汉代中国贸易的研究，精致地论证了此路线之存在；虽然如此，囿于其研究之性质以及缺少近期考古发现，西南丝路的全貌依然如隐云山。[6]

1980年代以降，中国学者对于这条从前被低估或忽略的路线投入了巨大的精力，数十本专著、文章由此问世，但至今依然有许多问题未获解答。[7] 虽然中国方面的研究庞大，可其中鲜少有提及可以定位非中国地区——如阿萨姆——的路线的。这条丝路的贸易量如何？这同样缺乏精确的信息。该路线何时形成？大家见仁见智。甚至连这条路线的名字，目前尚未达成共识。有人使用"西南丝绸之路"或"南方丝绸之路"，其他人则倾向使用较具描述性的"南方陆上之路"或"滇缅印古道";有些人采取传统的名称"蜀身毒道",还有人称之为"蜀布之路",也有人避免采用特定称呼。本书采用的名称乃是"西南丝路",以区别于北方丝路与海上丝路。[8]

中国学者在此领域的研究,弱点与成就同样突出。许多学术作品属于个案研究,它们虽然提供了许多细节内容,却未能描述全貌;而少数具有宏观视野的研究,则主要基于汉代史料,且难以摆脱"中原中心主义"(Sino-centricism)的影响。[9]孙来臣在其研究东南亚与明代中国之间经由陆路交流军事科技的开拓性著作中,便批评先前的学术研究欠缺广度与深度。第一,它们欠缺广度,因为它们并没有将中国−东南亚的陆上交流互动视作一个整体来加以看待。第二,它们欠缺深度,因为它们整体而言是叙述多于分析。第三,多数作品运用的材料主要是中国的,忽略了东南亚的材料。因此,它们采用的观点通常是从中国"向南方看",无可避免地显示了"中原中心论"的倾向。[10]

从前的研究确实缺少全球视野,也因此低估了西南丝路的全球性意义。以全球视野来审视西南丝路,或许会激发出许多问题。例如,三条丝路之间的关系及其性质是什么?三条丝路在时间、空间上的运作状况如何?三条丝路是否组成了紧密联结的网络,将欧亚超级大陆带入世界体系?如果是,发生在何时?情况又如何?詹尼丝·斯图加特(Janice Stargardt)对中古缅甸的研究以及上述孙来臣的研究各有其特定的时间范畴,然而两人的研究都为陆上与海上丝路的交流状况建立了卓越的研究范例。[11] 作者在本书中将探问此前的时代，并思考三条路线间的三角互动。

本章便聚焦西南丝路，以中国之外的资料来补充中国学界之成果，相对全面地描绘西南丝路的状况，并由此探索欧亚交通当中云南的重要性。首先，本章先呈现该路线的地理及历史情况，目的是要填补较不为学者所知的19世纪中叶以前的国际贸易情况。[12] 之后，本章将论述这条路线对塑造所讨论区域的巨大影响，并借此探讨其如何与另外两条丝路结合并构成一个系统性的贸易网络。某种程度上，本章在试图揭示云南与邻近地区人群的诸多联系以及云南在世界历史中的重要性之际，也力图为我们对东西交通的理解增加新的维度。

历史上的云南：中国、东南亚与南亚的交叉路口

云南包含多种多样的自然条件，有山脉、河流、峡谷、高原、河谷、盆地、森林、草原与湖泊。云贵高原则是"世界屋脊"青藏高原的南向延展，云南的主要山脉集中于其西北部，并且向南方、西南方呈扇形延伸。云南的地形虽然多变且险阻，但依然提供了足以成为文明社会基础的有利且特殊的环境因素：在山脉与河流之中，有着数以百计的肥沃的盆地与河谷，也就是"坝子"。坝子的大小有别，从几平方千米至几百平方千米不等。坝子坐落于山脉之间

且经常为河流所滋养，河流及雨水的冲积使坝子拥有平坦而肥沃的土地。坝子虽然仅占云南总面积的 6%，却是云南经济与文化的关键所在。

坝子是农业经济的基地。滇池地区与洱海地区是云南最大的两个坝子，它们孕育出了本地最为先进的农业。就是在这样的生态条件下，大理与昆明两大城市发展成为云南的都市中心。再者，坝子促进了当地人群的联结与互动，坝子与坝子之间相对短的距离也使运输及商业活动较为可行。实际上，坝子往往是商人住宿之地，为商人提供食物和房舍。更重要的是，坝子既是本地货物的供应地，也是外来货物的消费地。如果我们仔细检视地图，便会发现跨区域贸易路线实际上是由一个个坝子串起来的。最后，云南的坝子根据海拔、地貌、气候而有所差异，这也可以在某种程度上解释当地族群的多样性。简而言之，坝子所象征的是丰富多彩、活力四射的云南社会。

云南的河流也相当有趣。当鸟瞰中南半岛时，我们会发现孕育肥沃土地的主要河流 [湄公河、红河、萨尔温江（中国境内部分称"怒江"）、伊洛瓦底江] 全部起源于青藏高原且流经云南。若我们的视野更加开阔，便会发现其他主要河流，如长江、珠江与布拉马普特拉河（Brahmaputra，其上游为"雅鲁藏布江"），也是起源于相同的地方，或者穿越云南高原，或者流经它的边缘地带。虽然云南的河流大多数不能航行[13]，陆路才是其交通的关键，但查尔斯·希根姆（Charles Higham）仍指出，这些河流"在历史上为人群、货物、思想的活动提供了通道"。[14]

　　希根姆的结论是根据诸多考古学与人类学的发现而做出的。旧石器时代与新石器时代的遗址发掘，显示云南在与周遭区域互动交流的过程中开始孕育自身之文化。中国的有些学者试图利用（事实上是滥用）云南考古发现来重建中华民族史。他们利用云南出土的原始人类化石，主张"亚洲大陆可能是人类起源所在"。[15] 其中有些学者甚至相信，云南元谋出土的"元谋直立人"（Homo erectus yuanmouensis）的存在年代大约是在 170 万年前[16]，所以，元谋人乃是后来称为中国的土地上最早的人类："近代中国人乃是此区域旧石器时代居民的后裔。"[17]

　　然而，由于其特殊的地理位置，在早期历史中，云南其实与东南亚的族群、文化联系非常密切。凌纯声曾经列举出五十项东南亚族群的共通文化特色，例如父子连名制、洗骨葬、崖葬、干栏式建筑、文身等等，从太平洋到马达加斯加地区均有发现这些习俗。[18] 举例而言，越南、马来西亚、泰国与云南都曾发掘出铜鼓，虽然关于铜鼓起源与传播路线的争论至今依然持续。这些可能全都来自上古人类的迁徙，只是学者对此仍然知之甚少。[19] 有鉴于这些事实，愈来愈多的学者倾向于将上古云南归类至东南亚而非东亚范围。[20] 那么，在东南亚文明的源起及发展当中，云南的角色如何呢？

　　作为东南亚、东亚、南亚地区的交叉口，云南见证且参与了早期人类的迁徙。今日云南的某些族群乃是早前氐、羌之后裔。氐与羌原先居住在中国西北，后来向南迁徙。费孝通等中国人类学学者认为，沿着青藏高原的那条"走廊"，连接着中亚、中国西北以及中国西南、中南半岛，是一条非常重要的通道。他们将它称为"民族走廊"（Ethnic Corridor）；他们认为，若能全面了解经过此通道的早期人类迁徙，便能解开许多与云南相关的族群、语言、仪式之谜。[21] 云南的新石器时代遗物，显然有氐、羌游牧文化影响，可见云南与南亚地区的紧密关系。[22]

　　然而，北方的影响并不止于云南。童恩正指出，东南亚有许多文化特征可能源自四川，而且是经由云南而传播。[23] 举例来说，四川三星堆文化的出现是在东山文化之前，而越南学者宣称东山文化对中国南部有所影响。[24] 希根姆曾将三星堆与殷墟的古代文明相比较，他的判断是，在公元前 2 世纪中期，这些社群"已表现出精湛的青铜铸造技术，在古代世界无人能出其右"。希根姆并不主张地区性的起源，他倾向的可能性是："东南亚以铜为基础的冶金传统，最初系受到观念与物品传播的刺激，这些观念和物品传播的途径是河流，也就是一千多年前引入种稻族群的通道。"[25] 虽然希根姆称岭南是这些观念与科技传播的走廊，但作者认为云南也可能与此相关，部分原因在于早在公元前 1000 年晚期云南就拥有重要的锡矿资源。

　　云南在文化上也对东南亚地区有所贡献。举例而论，铜鼓似乎是从云南传播至东南亚的，因为在云南所出土的青铜鼓，其年代要比东南亚的青铜鼓更早。[26] 铜鼓的组成物质分析结果发现，其金属开采自云南。[27]其他考古发现，如串珠与有领环（collared disc-rings）等，也支持这两个区域在古代有所联系（由铜鼓的传播所代表）的论点。[28]

云南与中国历代中原王朝以及与东南亚的密切关系固然不应被低估，但我们应留心其他文化对云南的重要性。西藏很早以前就与云南有互动。事实上，吐蕃王国曾经和南诏王国建立朝贡关系，而云南西北部的族群（如纳西等）亦深受西藏文化的影响。再者，印度世界也对云南也有直接或间接的重大影响，而最能呈现此情形的例子包括佛教的影响以及贝币制度（详见后续讨论）。

云南当然拥有自身的创造力，并贡献于邻居。中原地区的商、周王朝的青铜制品震惊全世界，但问题是，华北地区并没有大型的铜矿矿藏，那么，商、周王朝的青铜是从哪来的呢？汤因比曾暗示其金属来自南方，因为"距离黄河盆地最近的锡矿与铜矿资源地，乃是马来亚（Malaya）及云南"。[29]近期的化学分析也部分证实了汤因比的推测，铜矿是从云南开采并运输。[30]此外，铜矿在运送之前，已在云南加工处理过。[31]虽然云南的青铜器文化远比不上殷墟或三星堆，但张增祺仍指出，云南的新石器文化及青铜文化都是原创的、独特的，并处处显示了当地的活力。[32]

此外，云南也与东南沿海地区的百越民族保持各种联系。越人居住在长江以南，其分布远达印度支那，而有些云南本地居民本身属于百越。考古发现也确认了共同文化特征，对此，凌纯声等学者已有探讨；语言学方面的证据也颇为明晰。[33]

　　整体而言，自史前时代开始，云南便和周围的文化有所联结。明代学者倪辂所编纂的《南诏野史》记载了当地悠久的传奇故事，其中不只显示了南诏与其邻居们的紧密关联，而且还暗示着当地的世界观。[34] 根据此传奇，南诏的建国者乃是西天竺阿育王（Asoka）的孙子，他拥有八个兄弟，最大的兄长是（古印度）十六国的祖先；老二是吐蕃的祖先；老三是汉人的祖先；老四是东蛮的祖先（指的可能是现代贵州境内的民族）；他自己排行第五，是蒙舍诏（后来的南诏）的祖先；老六是狮子国（锡兰）的祖先；老七是交趾（越南北部）的祖先；老八是白子国（被南诏取代的地方王国）的祖先；老九则是白夷（傣族）的祖先。[35] 因此，南诏不只视当地族群（如白子国、东蛮等）为兄弟国，它也将中原王朝、吐蕃、越南、锡兰、印度视作兄弟国，由此揭示了跨越边界的世界观。这样的世界观必然奠基于西南丝路所带来的频繁接触与交流。

西南丝路概述

　　地理位置使得云南成为一个交叉口，一个目的地，一块文化交流之地。确实，云南构成中国与东南亚及更远地区之间的陆桥，但与北方丝路及海上丝路不同，与西南丝

路有关的文献与考古证据相对缺乏，这迫使学者去探寻西
南丝路的全貌，尤其是其早期阶段的状况。

在张骞出使西域期间，他就曾推测西南丝路的存在。
张骞报告他在大夏时曾发现四川的物品：

> 臣在大夏时，见邛竹杖、蜀布，问曰："安得此？"
> 大夏国人曰："吾贾人往市之身毒。[36]身毒在大夏东
> 南，可数千里，其俗土著大与大夏同，而卑湿暑热云，
> 其人民乘象以战，其国临大水焉。"以骞度之，大夏
> 去汉万二千里，居汉西南，今身毒国又居大夏东南
> 数千里，有蜀物，此其去蜀不远矣。今使大夏，从
> 羌中，险，羌人恶之；少北，则为匈奴所得；从蜀
> 宜径，又无寇。"[37]

听到张骞的报告之后，汉武帝派出四个使团寻找该
条道路；汉使最终没能完成任务，但他们带回了一些关
于云南当地先民的信息。司马迁在《史记》中给我们留
下了关于西南丝路的信息，其价值无与伦比，却又颇为
模糊。

西南丝路延伸穿越中国西南和西藏及东南亚与南亚，
它包含四大支线与众多小支线。四大支线中的第一条，便
是从四川／云南经由缅甸到印度，也就是"川－滇－缅－印"
道，或是中国人所称的"蜀－身毒"路线。由于这条支线
极为重要，学者们有时会直接将它等同于西南丝路。但是，

其他三条支线也对西南丝路的组成与运作各有贡献：其一连接云南与越南；其二连接云南与老挝、泰国及柬埔寨；其三始于云南，途经四川到达西藏与印度，由于这条路线的主要贸易品是茶叶与马匹，也被称为"滇藏茶马古道"。[38]

由于西南丝路的历史复杂性与空间复杂性，以下不妨加以简述，以便管窥其全貌于一二。

川—滇—缅—印道是西南丝路的主要路线。它起自四川省省会成都。成都象征着发达的蜀文化，其重要性不亚于商文化。距离成都不满一百千米的广汉，乃是著名三星堆遗址所在地。三星堆所孕育的精湛青铜文化，也许曾对东南亚地区具有巨大影响力。[39]

昆明和大理是云南主要的商业与文化重镇，从成都经昆明到大理有南北两条路线，北线途经以下城市：成都—临邛（邛崃）—灵关（芦山）—笮都（汉源）—邛都（西昌）—青蛉（大姚，进入云南）—大勃弄（祥云）—叶榆（大理）；由于一定会通过灵关，北线因此被称为"灵关道"。南线则经过以下城市：成都—宜宾—朱提（昭通）—味县（曲靖）—滇（昆明）—安宁—楚雄—叶榆（大理）。两条路线在大理汇合，连接得名自博南山的"博南古道"。博南古道经永昌与腾越，延伸抵达缅甸以及印度。

西南丝路的第二条支线从云南到越南。[40]红河连接着云南与越南北部，这或可解释云南与越南的青铜器文化为何具有某些共通的特征。这条路线实际上利用元江（红河）部分河段，起始自交趾的麋泠，途经进桑（今云南屏边县东）与贲古（今建水县）而到达大理，从此可连接博南古道，[41] 这也就是为什么唐代的贾耽会将这条路线称为"安南通天竺道"。

第三条支线连接云南、老挝、泰国及柬埔寨。事实上，无论在地理上，还是文化、族群上，云南南部、上缅甸与老挝都是难以分割的。虽然我们缺乏早期的中国文献，然自唐代以降，中南半岛小国的朝贡使团屡见于文献。因为这些道路可以被视作川滇－缅－印道的延伸。我之后会一并讨论。

西南丝路的上述三条支线，孙来臣将其称为"中国－东南亚陆上交通"（Sino-Southeast Asian overland interactions），构成了"中国－东南亚"交通的一半（另一半是海路）。显然，在这些陆路交流之中，云南扮演了核心角色。在开始探讨云南与西藏的关系之前，我们不妨首先看看唐代的汉文史料，看它们如何描绘这三条交叉经过云南的南向路线之活力。

玄奘和义净这两位著名的中国朝圣僧侣，都曾详述四川与印度之间的路线；他们所记录的里程与天数颇为相近，这显示当时的人们已颇熟悉这条路线。[42] 樊绰曾在唐代中国的安南都护府担任军职，他的《蛮书》（大约编纂于863年）也记载了这些路线。[43] 不过，上述诸人的贡献，都无法超越贾耽的详尽记载。

801年，唐代宰相贾耽向皇帝献上记载中外交通的图书。虽然那些书已经亡佚，幸运的是，成书于11世纪的《新唐书》保留了贾耽所记载的中国通四夷的七条路线，其中的第六条路线是连接安南与印度，它开始于东京（位于今天越南北部），途经云南，穿过卑谬（Prome）而抵达摩揭陀（Magahda）。[44]

根据贾耽的记载，从东京到大理有两条路线，一为水路，一为陆路；抵达大理之后，两条路便汇合并延伸至缅甸及印度。从云南到印度也有两条路线，南线是从大理至永昌，经过骠国、卑谬、若开山脉、迦摩缕波，然后抵达印度；西线则是渡过伊洛瓦底江与孟拱河、钦敦江至印度。西线约有三千二百里，南线约五千六百里。相较之下，南线似乎太过绕路，然而南线实则非常重要。因为该路线不只连接云南及缅甸，它也连接着西南丝路与海上丝路，这也解释了为何商旅们愿意走这条比较漫长而蜿蜒的通道。[45]

由于上述所有史料都是由中国所记录，其中许多引用自正史（官方历史）或支持官方的历史，所以也难怪在中国人所想象的边界范围之内，学者们可以画出相对清晰的西南丝路地图。确实，目前研究的缺陷之一就在于连接缅甸、阿萨姆与印度诸国的路线图。

从缅甸到阿萨姆以西的区域都是山，这些南北向的山脉是交通的自然障碍。幸好有许多山口通道的存在，想必居住于山脉两侧的人们都曾加以善用。虽然当地并没有留下任何早期的文献，不过现代与当代的描述应该可以帮助我们追溯这些古老的路线。

约翰·戴耶尔（John Deyell）曾研究，在 1200 年至

1500 年之间，金、银原料是如何自云南运送，途经上缅甸而进入孟加拉的。他描绘了三条陆路交织而成的网络，从永昌经过上缅甸，再西向进入孟加拉：

> 第一条路线是从永昌到莫棉（Momien），渡过伊洛瓦底江至孟拱（或莫冈，Mong Kawng），然后往北经过胡康河谷（Hukong Valley），穿过巴特开山脉（Patkai Range）里的通道，进入布拉马普特拉上游河谷，这里是迦摩缕波的东疆。第二条路线沿着瑞丽江（Shweli River）而行，至太公（Tagaung）时跨越伊洛瓦底江，接着循钦敦江（Chindin River）往北行，再穿过依莫莱通道（Imole pass）到曼尼普尔（Manipur），这就是经由特里普拉（Tripura）抵达孟加拉国的东边路线。第三条路线是从太公、阿瓦或蒲甘开始启航伊洛瓦底江，然后从卑谬越过若开山脉抵达若开，有一种路线变化是直接从蒲甘经由音恩通道（Aeng pass）到达若开。从这里或者可以经陆路北向通达查利斯贡（Chalisgaon），或者可以借沿岸贸易船抵达孟加拉。[46]

尼萨尔·艾哈迈德（Nisar Ahmad）讨论中古时代"阿萨姆—孟加拉"贸易时，也详细谈到这两个区域之间的贸易路线。从阿萨姆到孟加拉共有三条路线，一条水路与两条陆路。布拉马普特拉河河道极合适船只行驶；而另外的两条陆路，第一条是从泰兹普尔（Tezpur，位于阿萨姆的达让地区）到乔荼（Lakhnauti，孟加拉苏丹国的首都），途经布拉马普特拉河北方的迦摩缕波与戈阿尔帕拉（Goalpara）；第二条路线位于布拉马普特拉河的南方，渡河之后，它会与第一条路线汇合。第二条路线比较受到从事海洋贸易的商人的青睐，因为它可以连接到孟加拉的河港。再者，乔荼的一项优势在于，它有一条可以经迦摩缕波前往西藏的道路。同样地，也有一条路线可以从克什米尔（Kashmir）前往中国（云南），中间会经过库玛翁山脉（Koh-i-kara-chal or Kumaon Mountains）、巴特开丘地，以及上缅甸区域——迦摩缕波也有一条路可以通到此地。尼萨尔指出，三条路线（乔荼至泰兹普尔、乔荼至西藏、乔荼至云南）当中有些部分有可能是共通的。[47]虽然这两位学者介绍的是中古早期的路线，然而由于当地地形的关系，上古时代的路线应当也大致如此。

　　西南丝路的最后一部分，是在云南与西藏之间。云贵高原实际上是青藏高原的延伸，所以云南西北部自然和西藏相连。明朝年间，云南出口茶叶至西藏，开启了这条路线的巅峰时期；茶叶从普洱输出，经过大理、丽江、中甸、察隅、波密到达拉萨,然后从拉萨运往尼泊尔与印度。然而，因为四川也是西藏的邻居，所以云南茶叶也能够经四川而运至西藏;同理,四川茶叶的输出也可以经过云南。约翰·戴耶尔已经注意到:"有另外一条畅通无阻的著名路线，启程于长江上游－湄公河－萨尔温江区域，穿过西藏，然后有通道可以到达不丹、尼泊尔，接着各自通往迦摩缕波与印度斯坦。"[48]

云南与西藏间的路线以"茶马古道"（Tea Horse Route）之名而为人所知，但它的起源其实更早，可追溯至 8 世纪西藏人开始喝茶的时期。但是，由于云南毗邻西藏及缅甸与印度，从云南可以走南向路线经过缅甸、印度，然后再到西藏。樊绰曾记录了这条南方路线。[49]

这条路线很迂回，汇聚成云南－缅甸－印度路线，在唐代之前便已有人通行；虽然如此，这条路线的距离确实远很多。自 8 世纪开始，印度与云南之间的交通通常是走西北支线，这是云南与西藏关系密切的结果。事实上，历史上吐蕃王国曾经控制云南西北部，许多当地政权在 7 世纪、8 世纪曾承认吐蕃为宗主国。

以上便是西南丝路的简论。我们不要忘记这四个路段出现于不同时代，功能有别，且其支线又随着历史而变更。本章接下来会逐一讨论各个分支，以呈现历史变化的详情。

滇－缅－印道

早期商品之来源

学者大多认为，滇－缅－印道乃是西南丝路的主要通道，其他三路段不过是它的支线。由于滇－缅－印道的重要性，学者通常将注意力放在这条主要通道，以探索西南丝路整体的起源。

公元前 2 世纪晚期，当张骞在大夏看见来自四川的蜀布和竹杖时，他推测中国西南与印度之间应有相通的路线，于是他将此禀告汉武帝；[50] 武帝随后派使节几次前去探索通往印度的通道，但这些使节全都失败了；其中一个汉使被昆明人阻挡。许多中国学者如方国瑜等都接受张骞的报告，相信这条路线晚至公元前 2 世纪已经成形。但是，这个时间能否往前推到更早呢？

中国学界的主流认为，这条路线最早是在公元前 4 世纪出现的。他们所引用的证据之一，便是中印文化关系的大学者季羡林对于《政事论》(Arthasastra，约公元前 4 世纪的梵文作品) 当中"支那帕塔"(cinapattas) 一词的探讨。季羡林将"支那帕塔"翻译为"中国丝织品"，暗示当时印度人已经知道中国的丝绸。[51] 但是，中国丝绸是怎么抵达印度的呢？季羡林列举了所有中印之间的路线，包括三条丝路，以及尼泊尔经西藏再达中原的路线。丝绸或有可能是经由西南丝路运送，但鉴于这条路线上的丛林对丝绸所造成的威胁，作者对这项推测颇为怀疑。

四川与云南的考古发现，对此或有所启发。自 1950年代以来，在云南的出土墓葬中已发现数以万计的海贝，年代可追溯至中国的战国时代与西汉时期。这些海贝来自太平洋与印度洋，尤其来自马尔代夫。它们或许是先靠船运抵达缅甸，再继续抵达云南；然而更有可能的是，海贝先从海路运至孟加拉，然后经由陆路前往云南，因为马尔代夫与缅甸之间的航行要比孟加拉和马尔代夫之间的交通更加困难。若是如此，那么这条路线便可以追溯至公元前第一千纪中期。那么，这条路线还有没有可能出现得更早呢？可能性是存在的。

三星堆遗址的墓穴中也发现了几百枚海贝，年代大约是公元前1100年。这些海贝与云南出土的一样，品种属于黑星宝螺（Cypraea titris）、环纹货贝（Monetaria annulus）与货贝（Monetaria moneta）；虽然它们也有可能是从东南沿岸地区溯长江而来，但是，考虑到从南海或印度洋航行至中国华南或东南沿海的困难，它们更有可能是经由西南丝路而来。若这些海贝的运输确实是以西南丝路为途径，铜鼓的传播显示这条路线的年代可追溯至公元前第二千纪晚期。[52]

或许是因为在云南发现的其他考古遗物，所以才有人论述西南丝路在张骞时代之前便成形。夏鼐在1974年时注意到，石寨山遗址（位于晋宁，滇王国首都所在地）的蚀花肉红石髓珠是人工制作的，年代约为公元前2—3世纪；这类蚀花肉红石髓珠也曾在新疆与西藏发现。珠子的制作地是印度与巴基斯坦，曾西向传播至埃及，北向传播至伊朗。夏鼐指出，这个蚀花肉红石髓珠有可能是外来输入的，但也不能排除云南本地制作的可能性。[53]

后来考古学家在李家山（位于云南江川）又发现了另一颗蚀花肉红石髓珠，年代约在公元前4世纪。张增祺认为这两颗珠子都是外地输入的，他所持的理由之一是所发现的串珠有许多玛瑙；另外，如果珠子是本地制作，为什么只有两件出土，却没有更多发现呢？[54] 在李家山的另一座墓葬中，考古学家发现了一颗蓝色透明琉璃珠[55]，它的年代与蚀花肉红石髓珠相同；这种蓝色琉璃珠从未在中国内地见过，它的设计、颜色、透明度与云南当地产物都不同，因此可以推测它是自外地输入的。[56]

中国内地发现的琥珀珠可以作为进一步的证据。人们过去相信这些琥珀来自云南，因为根据史料记载，永昌地区生产这类珠子；但如今看来，永昌似乎只是这些来自缅甸的珠子的转运站。[57] 石寨山还有两件考古发现，其年代与蚀花肉红石髓珠相当，可能是从中亚与西亚地区输入云南。其一是翼虎错金银带钩，翼虎眼睛是透明的黄色琉璃珠，这类装饰品直到 3 世纪——也就是约 400 年后——才在中国出现。另一件是鎏金浮雕铜狮扣，此件上的两只动物疑是狮子，但是狮子并不是中国原有的物种；据说，中国的第一只狮子是在 1 世纪时由大夏传入。虽然这些物品有可能是经由陆上丝路运送，但张增祺坚持认为它们取道西南丝路。[58] 泰国中部出土的肉红石髓珠，或许支持张增祺的观点，[59] 但目前依然没有确切证据。

如前所述，《史记》中张骞的描述固然极有价值，但也非常可疑，因为那是孤证。学者们质疑，南印度地区自身就有竹子与布匹，为什么竹杖这种便宜的产品会被运到数千英里之外呢？[60] 其他的学者则回应说，蜀布其实不是棉制品，而是某种麻制品，而邛竹则拥有相对高的价值。[61]
夏鼐等人也从气候与地形因素造就的困难，以及地方部
落、政权的多样性与敌意，来质疑西南丝路的存在。他
说，如果西南通道果真存在，那可真是一条最难通行的
路线了。[62]

因此，这些学者不是主张张骞的时代西南丝路并不存
在，就是寻找其他的可能性。[63] 其中一条可能的路线，是
从蜀地（四川）经由夜郎王国（贵州），再到南越（广东与
广西）与海上丝路汇合[64]；另外一条可能的路线，则是从
云南经由红河或盘龙江到达交趾（越南），然后连接海上丝
路。[65] 四川当地产品的输出，则可能是走川藏路线。[66] 我
们没有理由否定这些路线的可能性，因为在张骞的报告之
前，汉朝政府似乎对云南所知甚少。[67] 话说回来，直到公
元前2世纪为止，海上丝路的险阻程度并不亚于西南丝路。
更何况，云南至交趾的通道也当然属于西南丝路。

绝大多数学者并不否认西南丝路的存在，他们只是怀
疑在公元前第一千纪中叶之前西南丝路已经存在。确实，
有许多重要的学者——包括伯希和、方国瑜、饶宗颐——
肯定张骞与少数非汉文早期史料的记载。孔雀王朝旃陀罗
笈多（Chandragupta Maurya）统治期间（公元前4世纪晚期）
的文献《政事论》中这样写道："我的老师曾说，通往喜马
拉雅的陆路，比通往南方的陆路更好。考底利耶（Kautilya）
说，不是这样子的，除了毛毯、兽皮、马匹之外，其他商
品如海螺、钻石、宝石、珍珠等，在南方都非常丰富。"[68]

若这项史料确实来自公元前4世纪，我们便可假定印度与喜马拉雅之间的贸易路线已经确立了。这些路线之一有可能会通过上缅甸抵达云南，其理由是毛毯、兽皮、马匹都是云南的著名物产；不过，西藏也以这些产品著名。

有些西方史料似乎支持上述推理。1世纪中期希腊人所写的《厄立特里亚海航行记》谈道："越过最极北处的区域（克里斯，Chryse）之后，外面的海洋终结于一块称为'提斯'（This）的陆地，这里有座很大的内陆城市，称为提奈（Thinae），生丝、丝纱线、丝绸会从此地靠步行运送，经过大夏，到达巴利迦萨（Barygaza）。"[69] 威尔弗雷德·绍夫（Wilfred Schoff）指出，克里斯就是马六甲半岛，提斯实际上就是指秦帝国，提奈则是秦帝国首都咸阳。

绍夫的诠释或许是正确的，因为有许多有名的马来产物，如黄金、龟壳、珍珠等，都曾在这部希腊航行记中提到，而且它对于周遭地区的地理描述基本上是准确的。[70] 有趣的是，航行记作者以南方中心的视野记录位于北方的秦帝国，这表示他可能是在缅甸登陆，而且获悉北向通往中国的陆路。如果真的是这样，那么从中南半岛沿海穿过上缅甸与云南进入中国内陆的路线，在希腊人到来之前乃至更早，就已经存在了。[71]

有些学者以大夏出现蜀布与邛竹来证明物资西向运送的模式，李约瑟则提出了"大夏镍合金理论"（Bactria alloy theory），以支持这样的论点。在《中国科学技术史》中，李约瑟为他的理论总结道："公元前2世纪上半叶在大夏地区的希腊王国，是使用铜镍合金的钱币，这是目前已知世界上最古老的。"[72] 铜镍合金或称"白铜"（paktong，源自中文），19 世纪的科学家们曾经对其做过测试，他们表示希腊－印度钱币中的镍，是从中国输入的；由此而开辟出后来所谓的"大夏镍合金理论"。[73] 威廉·伍德索普·塔恩（W. W. Tarn）在其著作《大夏与印度的希腊人》中，显然深信大夏的镍正是来自中国内陆。[74]

李约瑟坚持"大夏的合金成分（铜、铅、铁、镍、钴）之比例，与中国古典时代的白铜极为相似"，而且"在亚洲九个镍矿藏处，仅有中国的镍可能有那样的比例"。[75] 李约瑟表示他"倾向相信"白铜是从云南运出，然后再借道新疆地区。[76] 显然，李约瑟没有注意到经由缅甸输出的西南路线。

反对"大夏镍合金理论"的学者所持之论据相对较弱。举例而言，舒勒·卡曼（Schuyler van R. Cammann）指出，公元前 3 世纪的永昌"是个蛮荒地区"[77]，并由此建构他的论点。然而，永昌地区哀牢人的落后与"蛮夷"形象，乃是基于中原文化优越这一假设的。毕竟，在公元前一千纪中期，云南的青铜冶炼已经颇为先进。此外，当时并没有其他的白铜产地，所以除了云南，白铜还可能来自何处呢？[78]

舒勒·卡曼强调合金理论的缺点：如果白铜是经由西南丝路运送的，那为什么在印度的其他地方没有发现镍合金呢？[79] 到目前为止，这个问题并没有答案。另一个显而易见的问题是，在云南所发现的白铜物品，没有一件是早于明代的。[80]

作者同意，西南丝路应当在秦汉时代之前就存在了，也就是早于公元前3世纪；但是，除非有进一步的证据，否则难以确知零星交易是在何时转变为正常贸易的。这就有待未来考古的发现了。我们固然可以假设西南丝路在当时就存在，可是也不应夸大贸易的程度。因此，作者非常欣赏哈罗德·勃克曼（Harald Bøckman）对汉代云南贸易所持的谨慎态度，他的结论是，"目前证据稀少到不足以称之为'西南丝路'"，有关贸易量与贸易物品的"考古证明非常少"。[81]

文献、朝贡与贸易：滇—缅—印道的进一步证据

西汉与东汉致力于将西南纳为领土，这番努力为我们留下了许多关于滇缅印贸易路线的文献史料。公元前122年，汉武帝派遣的一支使节团抵达滇国，滇王尝羌将使节扣留，致使汉使在此滞留了一年多。由于昆明人阻止他们西行，最终汉使没能抵达印度[82]，但汉使获知，"其西可千余里有乘象国，名曰滇越，而蜀贾奸出物者或至焉"。[83]也许，汉使被尝羌王与昆明人所阻挡，就像是班超派出的甘英（企图与罗马人直接交通的东汉使节）被安息人阻拦一样。[84]这两次汉朝开启直接交通的企图都失败了，或许都是因为当地社会希望能保有自己的秘密，以垄断长途贸易

的高额利润。

上述史料透出了西南丝路的更多信息，例如滇越国的存在，但学者对此意见纷纭。有些学者认为，滇越国位于今日云南南部的腾越；有些学者则认为，滇越国乃是缅甸古代政权盘越国或汉越国；还有些学者认为，滇越国位于阿萨姆的迦摩缕波。[85]不管滇越国究竟位于何方，蜀地商人出现在那里，而且看来蜀商有意将此贸易保密，这些都表明这项长途贸易已经存在很久。

至1世纪末，汉朝已统治今日云南的大半，当时许多进贡的事迹也被记录下来。94年，"永昌徼外敦忍乙王莫延慕义遣使译献犀牛大象"；97年，"徼外蛮及掸国王雍由调遣重译奉国珍宝"[86]，汉和帝赐予雍由调金印、紫绶，并且赠予其他"蛮夷"小君长丝绸、钱币。上述两次进贡使节团，皆有翻译同行。107年，"徼外僬侥种陆类等三千余口，举种内附"汉帝国，献上象牙、水牛、封牛。120年，雍由调再次遣使者诣阙朝贺，奉献乐师及会特技的幻人。据说幻人擅长魔法，会变化吐火，还能肢解身体，把自己的头换成牛马头；又善"跳丸"（古代百戏之一，表演者两手快速连续抛接若干圆球），数乃至千。史载："献乐及幻人，能变化吐火，自肢解，易牛马头。又善跳丸，数乃至千。自言我海西人。海西即大秦也，掸国西南通大秦。明年元会，安帝作乐于庭，封雍由调为汉大都尉，赐印绶、金银、彩缯各有差也。"[87]

相较于北方丝路的使团之稀少，2世纪前后南方频繁前来进贡的使团实在值得加以注意。这一惊人的差异，出现在西汉王朝崩溃后的数十年间，当时中亚地区颇为混乱，这同时也表明西南丝路的重要性日益提高。或许是苦于北边的险阻，人们必须转而寻找替代路线，而西南丝路似乎是快捷选项。

有趣的是，《厄立特里亚海航行记》的作者注意到或者他亲身走过同样路线的时间稍稍早于这些朝贡使团。或许我们会怀疑西南丝路在张骞的时代已经开通，然而上述中文与西方的史料共同显示，该路线至少在 1 世纪中叶已然十分兴盛。《后汉书》清楚陈述"海西即大秦也"，而且"掸国西南通大秦"。[88] 遗憾的是，印度鲜少被提及；不过，《华阳国志》倒是曾记录"身毒之人"[89]，那也是为何余英时在检视文献与考古双重证据之后，会倾向肯定印度－缅甸－云南贸易路线于汉代便已存在。[90] 余英时的结论是："毋庸置疑，西南夷与某些缅甸与印度土著发展出日益紧密的经济关系，透过他们，汉代中国借由这条著名的贸易路线，渐进而稳定地与缅甸及印度有了经济交流。"[91]

贸易与城市的出现

因贸易频繁之裨益，永昌这座 1 世纪的边疆城市遂成为重要的国际贸易中心。据史书记载，"永昌出异物"。[92] 值得重视的是，"出"这个字不仅表示生产，还意谓输出。这也暗示着，被认为"异物"的东西，可能不是当地出产的。

《华阳国志》及《后汉书》都有列出所谓"异物"，包括铜、锡、铅、黄金、白银、玉石、宝石、琉璃、海贝、珍珠、缎带、大象、水牛、黄牛、象牙、孔雀、棉花等。[93] 多样的商品是由各式各样的商人带来，《华阳国志》提到，永昌那里"有闽濮、鸠獠、僄越、躶濮、身毒之民"。[94]《后汉书》也有记载来自西方的商旅，如"海西"之人。

永昌的繁荣与活力，可以从它的人口增长获得确认。69年，当哀牢王将其王国献给东汉朝廷内属之际，史书记录，哀牢的人口超过一百万。汉朝于是设立永昌郡，掌管哀牢地区以及从益州郡割出的六个县。一项史料写道："永昌郡八城，户二十三万一千八百九十七，口一百八十九万七千三百四十四。"[95] 永昌郡作为边疆地区，人口几乎是当时众郡之首，比中国西南传统重镇蜀郡的人口（一百三十五万零四百七十六人）还要多。[96] 除了国际贸易，没有其他理由足以解释这样的人口数量。上述的统计数字或许有所夸张，但是也有其他史料肯定永昌曾是中国西南地区人口最多的区域之一，而且持续保持着如此的地位。[97] 这些文献大力挑战了哈罗德·勃克曼质疑该贸易在汉代存在的观点，虽然作者同意勃克曼的说法，也就是"西南'丝'路"之存在难以证明，因为"丝"并不是其主要的贸易商品。

3世纪初东汉政权的崩溃，再度造成中国三百年的动荡，直到581年隋朝才再度统一。关于4世纪之后的西南丝路的史料并不多，与此同时，海上丝路发展蓬勃。4世纪时有位佛教朝圣者经由川滇陆路抵达印度[98]；唐代僧人义净抵达印度东部时，曾看见室利笈多（Srigupta）有一座由二十多位来自四川的中国朝圣者所盖起之寺院，这些朝圣者的旅行路线取道云南与缅甸。[99]据统计，在6世纪末之前，共有两百二十七位僧侣来往于中印之间，其中有中国至印度朝圣者，也有前来中国的印度人[100]，当中可能有许多人就是循着川滇－缅－印道旅行。

　　7世纪以降中南半岛地方政权之兴盛，反映出跨区域贸易持续进行的事实。大理地区有六个或八个王国兴起，其中包括南诏，后来它成为云南地区第一个统一的王国。在南诏国与大理国时期，所辖地区众多城镇繁荣发展。同样地，在中古初期（指的是8至13世纪中期），中南半岛也有许多政权崛起。[101]方国瑜在阅读了各种汉文史料后，列出一份曾与南诏接触过的中南半岛王国、城邦、城镇、部落或部落联盟列表。这个表格除了云南的南诏与后来的大理国，还包括骠国、蒲甘、弥若、弥臣、昆仑、波斯、陆真腊、水真腊、参半国、女王国、大秦婆罗门、小秦婆罗门、迦摩缕波等。[102]历史学者格德菲·哈维（G. E. Harvey）指出："中国人描述9世纪的缅甸有18个政权与9座筑墙城镇，它们全都依存于骠国；在这些政权与城镇当中，最重要的城镇是卑谬，然其传统涵盖的范围最北可以达到嘉宝谷地（Kabaw valley）。"[103]哈维补充道：

　　　　卑谬沦陷之后，它的人民迁徙至蒲甘，与当地部

族融合，后来便成为所谓的缅甸人。蒲甘本为十九座
村庄，村庄后来发展成城镇，成为 11 至 13 世纪期
间全缅甸的首都。这里的条件很好，接近钦敦江与
伊洛瓦底江汇流处，从掸国而来的贸易路线与来自
云南的贸易路线，很有可能是在此处结合，并且通
达至阿萨姆。[104]

由于贸易与朝贡频仍，中国人注意到了中南半岛境
内日益增长的内部交流。举例来说，贾耽记录了唐代通
四夷道中的一条，即连接骧州（越南中部）与文单国或
陆真腊（约位于老挝）以及水真腊（约位于柬埔寨）的
路线。[105]

贸易利润增强了南诏的国势，而掌控贸易的欲望可能
是南诏对其他南方政权发起军事行动的驱动力。根据汉语
文献记载，南诏曾与骠国、弥臣国、弥若国、水真腊、陆
真腊、女王国、昆仑爆发军事冲突，还曾援助骠国抵御狮
子国的进犯。[106]南诏王国或许曾经将朝贡体系加诸骠国与
其他东南亚政权，督促骠国的使节前往长安进贡[107]；他们
献给唐朝的骠国音乐与乐器，据说在唐室颇受欢迎。对于
中原王朝来说，这些使团可能会为更新对东南亚之认识带
来重要信息。贾耽上呈论中外交通书籍的时间正是在唐朝
与南诏建立同盟的七年之后，这绝对不是一个巧合。

城镇与政权的蓬勃发展可能发生在更早之前，但中国
人在唐代记载此事，由此可以得出两个结论：第一，一系列

城镇与政权的出现，不仅是因为受到海上丝路的滋养，也是陆上跨区域贸易与交通的结果；简单来说，此番城镇化的合理原因便是西南丝路贸易与海上丝路贸易两者的交互作用。第二，云南（南诏与大理王国）地区的交通频仍，中国人由此——包括直接或间接的接触——大大增进了对中南半岛的了解，正如樊绰《蛮书》所示。[108]

在大理王国期间，贸易持续繁荣，但不幸的是，关于这些贸易路线的记载并不充足。汉文史料极其匮乏，原因是宋朝决意减少并管控对大理的交流，因为当时宋王朝正忙于防范北边邻国的入侵。虽然北宋王朝封锁了四川与云南间的贸易，但是云南与广西间的商业联结却有所进展，因为宋朝需要来自大理的马匹。再者，考虑到海上丝路的繁荣，我们实在没有理由怀疑大理国与东南亚之间存在贸易。有些史料显示，大理国与中南半岛国家有密切的关系，例如，1136 年，大理与蒲甘曾一起向宋室纳贡。[109]

如前文所讨论，永昌这座极南的边疆城市在 2 世纪时成为中国主要的国际贸易中心。永昌的盛名绵延了好几百年，其贸易在南诏与大理时期可能更加昌盛。永昌的商人与商品不只来自南方沿海区域，还有安南地区。唐代宰相张柬之曾经注意此事，他颇有见识地指出，永昌向西与大秦交通，向南则与交趾交通，交趾即是今日的越南北部。[110]

滇越通道

云南与越南的交通可以追溯到很久以前。云南与越南
地区青铜器及其他器物的相似性，反映了两地之间深厚的
历史纽带。中国史料记录，公元前3世纪当秦国扩张至蜀
地时，有位蜀王子（蜀泮）征服了越南北部；这位蜀王子
从蜀地到越南的旅途，有可能是取道云南。虽然这个故事
记载的年代已经颇晚，有些越南学者依然认为可信。[111] 不
过，云南与越南之间的交通是从何时开始的呢？

20世纪初，法国汉学家伯希和虽然肯定中国约在1世
纪时统治着越南北部，但他表示没有史料足以追溯当时云
南与东京（河内）之间的交流。[112] 然而，中国学者指出，
伯希和忽略了6世纪时的地理著作《水经注》。[113]《水经注》
在讨论叶榆水（即红河）时，曾引述马援的故事。

马援是东汉时代的将军，曾在43年扑灭交趾的一场
叛乱。当马援听说益州（云南）爆发叛乱时，他建议让自
己的军队移师至云南，并且详细描述了路线。[114] 因此，假
如马援相信自己的军队能够通行，那么云南与越南之间的
道路应当相当宽敞才是。另一则史料则将云南与越南的关
系又往前推了十年。西汉末年，约1世纪初，文齐被派为
益州太守，此时公孙述占据了蜀地，自立为王，要求文齐
归降，文齐拒绝；当文齐听闻东汉建立的消息，他便派遣
使节经由交趾前往洛阳。[115]

因四川蜀汉政权与江南（长江以南）孙吴政权对交趾、

南中的激烈争夺，3世纪时有了更多记载滇越联系的史料。刘巴是北方魏国派遣至长沙、零陵、桂阳的使节，这三个地方都位于长江以南。但是，这三个郡当时都已经被蜀国占领，刘巴无法归返，于是继续南进至交趾，而后从交趾到云南，再从云南到四川，最终返回北方。[116] 在蜀国投降魏国之后，魏国出兵取得当时为吴国占据的交趾；七年之后，吴国派遣军队三十万，再将交趾夺回来。[117] 如此频繁而激烈的军事竞争，也显示滇越交通的通畅及其重要性。

军事活动揭示了滇越之间的密切交流，但这种交流也有相当的商业性质。因为地理位置因素，在唐王朝之前，交趾（交州）是海上丝路的主要港口城市；到了唐代，由于航海技术大有进展，船只偏好停靠广州。[118] 船只停靠交趾时，有些商人会前往云南。商业交易的商品包括犀牛、大象、珍珠、马匹、银、铜、丝绸、布匹、玉石、宝石、香料、龟壳等。国际贸易的情况，部分解释了为何蜀国与吴国都想要控制交趾。[119] 南海贸易的繁荣无疑对云南—安南联系产生了积极影响，永昌的"异物"不仅来自西方，同时也来自交趾。[120]

7世纪时，位于云南的南诏崛起，但云南与越南（即唐朝的安南都护府）之间的贸易依然持续——南诏会以马匹交换越南的盐。南诏与安南曾爆发一些冲突，原因是安南都护府都护李琢"为政贪暴"，强令以盐一斗交易牛或马一头，迫使南诏商人接受不公平的贸易。双方的冲突当然对交通有不良的影响，但私人贸易似乎从未停止。唐朝曾长期严格孤立四川边境，而吐蕃王国控制其东南边境，相映之下，滇越交通则较为正常——南诏王异牟寻派往长安的使节可以解释此等情形。异牟寻不堪忍受吐蕃的强取豪夺，故派遣三位使节前往长安寻求与唐朝结盟；其中一位使节选择的路线就是通过安南，这显示，云南—安南路线被认为是正常的交通路径。[121]

即便如此，云南—安南交通却在晚唐时期衰退，因为安南的战事摧残了贸易，而安南的独立也对贸易产生了负面影响。此外，广州逐渐取代原先交趾在南海贸易中的地位，也是原因之一。不过，途经广西的贸易在大理—宋朝时期很繁荣，因为这块边疆区域毗邻大理国与安南，而它们都希望能与大宋做贸易。另外，钦州、廉州这两个广西的港口城市，也吸引了海上贸易。

宋朝在四川与广西建立了十几个市场，以从大理国购买马匹。[122]马匹是主要的贸易商品，但其他种类的商品也不缺席，比如丝绸、布匹、盐、茶叶，甚至中国的儒家与佛教典籍，这些都会用来交易来自云南的公牛、大象、绵羊、鸡只、黄金、白银、武器、铠甲以及各类植物药材。不只如此，大理也通过这些市场，获取了来自海洋的产品。因应来自安南、载着各种海洋商品的商人，宋朝在钦州这座重要港口城市以及永平寨设立市场。于是，大理、安南也都参与了广西地区及其周围的贸易网络，也就是邕州（广西南宁）道。

之所以称为"邕州道"，是因为邕州有主要的马匹市场。三条来自云南的支线，会经过贵州（北、中、南）而抵达邕州，其中细节全部都记录在13世纪周去非所撰的地理书《岭外代答》之中。[123] 其中北线起于大理，途经善阐（昆明），穿过罗甸国（贵州安顺），抵达横山寨这个官方设立的马市。中线起于大理，经过善阐（昆明），去到石城（曲靖）、罗平、齐弥（贵州兴义），渡过南盘江，来到泗城（今广西凌云），然后抵达横山寨。南线起自大理，途经开远、广南、那坡、安德、白州（今广西博白），接着再抵达横山寨。[124]

事实上，这条路线的终点既不是大理，也不是邕州，它可从大理连接到缅甸、印度，或者走西北方向到达西藏；而这条路线从邕州往南，可以去到安南或广西的港口城市钦州，商人们可以自钦州乘船前往广州或其他中国东南沿岸港口，或者前往东南亚；若商人从邕州采取东北向路线，他们便可以前往南宋政权的重心，也就是当时全世界最富庶的江南地区。[125] 在大理—两宋时期，云南和邕州之间的通道变得极为重要，正如周去非所说："中国通道南蛮，必由邕州横山寨。"[126]

滇藏通道

如前所述，滇藏通道包括两条支线，即南线与北线。南线可以视为滇缅印交通连接的延伸。根据樊绰的记载，南线首先南行，越过高黎贡山脉进入上缅甸，接着转向西北前往西藏的察隅。[127] 察隅是跨区域网络中的边疆市镇，由此可以到达缅甸、印度或云南。但直接连接云南与西藏的路线，则是被称作茶马古道的西北向路线。

茶马古道的详情可见于南诏的记录。南诏国王设立的《南诏德化碑》，其内容回顾了南诏、李唐、吐蕃的三角关系，并记下某次南诏在战胜唐朝军队后，派遣贡使前往吐蕃一事：据说该使团有六十人之多，并进奉了重帛珍宝；作为奖赏，吐蕃遣其宰相带着金冠、金帐、金腰带、丝绸、珂贝、珠毯、马匹、貂皮、银器以及其他地方特产前往南诏。[128] 829 年，南诏劫掠成都，并向吐蕃奉献四川的俘虏两千人及各式珍宝。[129] 樊绰还曾记录，在南诏有来自吐蕃的大绵羊。[130]

茶马古道的名声因为茶叶贸易而显扬，虽然此路线也会运送许多地方或异国特产。藏语中的"茶"发音为"ja"，跟日语一样，两者都来自古代的汉语发音。一直到 8 世纪初，西藏人民都没有形成饮茶的习惯；虽然吐蕃国王与贵族会饮用来自中原王朝的茶叶，但那并不是云南出产的茶。[131] 樊绰曾记录云南的茶，南诏人在煮茶时会添加胡椒与姜。[132] 可是，当时云南的茶是否输出至西藏，并无线索可循。宋代的四川茶马贸易昌盛，后来还变成由国家专营，但我们依然不知道当时是否有云南茶叶出口至西藏。

明、清时期是云南茶马贸易的巅峰期。当时，云南西北的木氏土司崛起，控制了西藏与云南的边境地区。后来

被归为纳西族的木氏与其祖先一样，与藏人保持着紧密的
关系。木氏家族的重心在丽江，他们的地位先后为元、明、
清历代朝廷所承认。1661 年，北胜州（永胜）设立了茶马
互市，正式承认已然存在的贸易。许多城镇因为茶马贸易
而繁荣，长期以来作为云南、西藏之间桥梁的丽江，便是
其中之一。

　　值得注意的是，茶马古道也包括四川至西藏的路线。
因为四川、云南、西藏彼此相邻，四川的茶有时候先运到
云南，然后再转运至西藏，或者是云南的茶经四川运到西
藏。乍看之下，这种转运的做法似乎没有必要，然上述区
域中的经济性互补与互相依赖，让这些买卖活动有其动力
与意义。我们需要注意的是，现代所划定的边界，对于那
时候的当地居民而言，毫无意义。虽然西藏消耗大量的云
南茶，但云南的茶也有一部分销往中国中原地区以及尼泊
尔、印度。事实上，云南的第一等茶乃是供给中原市场。
云南的普洱茶在北京享有盛誉，而且位列帝国贡品清单之
中。此外，作为一项主要的输出品，云南茶叶也会销往东
南亚地区。[133]

元、明、清三代及此后的西南丝路

　　上述的讨论终结于元朝以前（滇藏交通除外），因为在
蒙古人统一之后，中国与其邻居的交流留下了许多文献资

料，这充分证明元代以降这一交通网络的存在。虽然如此，检视元代以后的中外交通，对于说明这些路线的历史延续性与贸易发展不无益处。

1253 年，蒙古铁骑统一了大理王国，并于 1274 年建立了云南行省。但是，蒙古人的脚步并没有止于云南，他们继续向南扩张至其他东南亚国家。为了实施军事征服与后来的政治控制，蒙古人在主要道路上设立了站赤（驿站）制度。[134] 云南一地便设置有七十八座站赤，其中包括七十四座马站与四座水站，马站共有二千三百四十五匹马与三十头牛，而水站共有二十四艘船。[135] 由此，驿站系统涵盖整个云南，并且延伸至云南以外。主要的驿站路线共有七条：从中庆（昆明）经建昌（西昌）至四川西部；从中庆经乌蒙（昭通）至四川；从中庆经贵州，北向至大都（北京）；从中庆经广南至邕州（广西南宁）；从中庆经通海至安南；从中庆经大理、永昌至缅甸；从中庆经大理至丽江。[136] 事实上，这七条路线都是沿着西南丝路展开的。[137]

整体而言，除了云南与安南通道上的驿站之外，明朝在云南沿用了元朝的驿站制度。[138] 每六十至八十里设立一个驿站，并配置十几、二十几匹马以及十一位以上人员。驿站的耗费全由地方政府提供。明朝的云南地区大约有八十座驿站，一度多达九十座。[139] 除了驿站之外，明朝还会设立军事据点性质的"堡"，堡有时还会取代驿站。[140] 万历年间，云南共有五十三座堡，其中三十六座设在驿道旁并经营驿站业务。[141] 此外，出于安全考虑，明朝还在战略性关口上设置安防性质的巡检司。于是，有时在一个地方同时并行巡检司、驿站与堡。[142]

清朝继承了驿站制度，并将驿站体系扩张至明朝尚未达到的土司区域。清朝共在那些地区设有十九座驿站、二十座堡，以及五十四座军站。[143] 根据当地情况，在主要的大站之间，每经十或十五、二十、三十、四十里，便会设立一座小站，也就是"铺"。在没有驿站的边疆区域，也会设置铺。综合起来，铺的数量超过四百个。[144]

考察元、明、清三朝，虽然这三个王朝的领土范围有所变化，但我们可以从中发现驿站制度与公共交通设施的历史承继与发展。随着时间变化，一项很明显的趋势便是，驿站基础建设变得更加全面、更加系统，而且逐步深入少数族群控制的山区。因此，西南丝路有很大部分并入了这个官方的交通系统。

官方对道路与驿站之管理虽主要是出于军事与政治目的，但商业与文化交流也因此得到发展。首先，军事行动与政治管理必然伴随庞大的物资输送。再者，当权力斗争结束之后，中国与东南亚的交流也充分利用了这些道路与设施。这一时期的中文史料充斥着朝贡活动的纪录，这也是为何有些道路会被命名为"贡道"。我们知道，除了政治与文化交流之外，朝贡尚有物资交换的功能。最后，交通制度的公共管理并不排除私营商人，反而会有利于私人商业的进行。正如余英时所言："牟利的商贾绝不错过利用公共设施的机会，以达成其私人目标。"[145] 道路的改善或多或少有官方的参与，却因此促使明、清时期的贸易由贵重物品转为大宗商品。

西南丝路之于明朝的一项重大贡献，就是将新作物传播至中国。历史学家何炳棣认为，这条路径在明朝的重要性绝不低于北方丝路，因为16世纪末玉米和番薯便是通过西南丝路首度传入中国。[146]

19世纪末，欧洲势力占据中南半岛。欧洲世界体系的扩张大幅改变了中南半岛的贸易。[147] 在此期间，英国与法国人发明了所谓的"云南迷思"（the Yunnan myth），即认定云南是它们参与亚洲乃至世界竞争的关键。[148] 英国、法国分别殖民缅甸和越南之后，遂开始渗透云南，计划修筑铁路、公路，将缅甸或者安南与云南相接。[149] 他们对红河开始进一步的探索，借此建立联系云南、安南、香港、广东甚至西藏之间的通道。[150] 英国的戴维斯少校（Major Davies）在从事冒险旅程之后，提议建造连接印度与长江地区之间的铁路：这是大英帝国在亚洲所制定的战略性决策。[151] 戴维斯的想法虽然没有成真，但这反映了许多殖民者的勃勃野心。最终，法国在这场殖民竞争中先下一筹，1910年，"滇越（云南—安南）铁路"完工。这条铁路总长八百千米，连接昆明及河内，再现了当年滇越贸易的盛况，大量的矿物，尤其是锡，自云南出口到法属印度支那。这项贸易遂成为20世纪初期云南的经济基础。

英国人虽然没有修建云南至缅甸的铁路，但他们成功在缅甸发展了现代化运输，这对于贸易大有帮助[152]——伊洛瓦底江上的轮船繁忙地载运棉花至云南。举例而言，当滇藏路线因1911年辛亥革命的爆发而受阻的时候，云南的茶叶就是先靠船运送到缅甸，然后再进入西藏。

　　第二次世界大战让西南丝路获得史无前例的国际关注。中华民国政府在1938年时退守至中国西南，当日本封锁中国所有的沿岸交通时，西南丝路对中国与国际之联系居功厥伟。在日本于1940年占领越南之前，滇越铁路是中国唯一能通达至海洋的交通线；同时，滇缅铁路与公路的修建也在盟国的考虑之中。滇缅铁路动工于1938年，却出于诸多原因而没有完成。虽然如此，滇缅公路仍然是中国当时的主要国际交通动脉，尤其在滇越铁路受到封锁之后。1938年9月，滇缅公路开始通行，但在1942年5月日本占据缅甸后，停止运行。与此同时，中国至印度的公路也开始施工，尤其在同盟国于缅甸的战事取得优势之后，中印公路的建造更获进展，并于1945年1月完工。

　　中印公路长度三千多千米，它起自印度的雷多（Ledo），跨越上缅甸之后终结于昆明。不过，最著名的运输方式或许是所谓的"驼峰航线"（Hump Airline）。盟军的飞机自阿萨姆起飞，穿越喜马拉雅山谷与横断山脉之后在云南降落。在滇缅公路被封锁之后，驼峰航线承担起了前者的责任。

　　"二战"时期，现代运输设施扮演着重要的角色，但传统商队也全力以赴，并发展至前所未有的规模。虽然驼峰航线能输送大量物资，但仍然不敷需求。1942年后，通往缅甸的路线受阻，滇—藏—印的连接成为中国西南唯一的国际性通道。充满爱国热情的私营商人利用此机会拓展生意，动用的马匹数以千计。可以说，国际政局的变换造就了传统运输的黄金时代。

有一段插曲可以烘托云南在第二次世界大战中的特殊角色。对困居上海的成千上万名犹太难民而言，云南有如仙境，而且前景可期。1939 年时，曾有人提出一项迁徙十万犹太难民至此遥远边疆省份的计划，但此设想未免太过乌托邦，最终没有付诸实施。[153]

五十年左右的孤立结束之后，云南与中国其他地区再度寻求国际通道。基于战略地点上的优势以及与南方历史上的密切联系，云南正在发展连接中国、东南亚等地的铁路，并再一次吸引国际关注。这条铁路起自西安这座象征陆上丝路的城市，然后经过成都、昆明与大理，最终进入东南亚而止于印度洋。[154] 与此同时，从中东地区兴建油管穿过缅甸的计划也在商议当中。当各国政府企图恢复本地区自古以来的交流之际，政府以外的组织——如国际人口贩运集团——也开始利用这条路线。

市马：西南丝路的个案研究

我们已经建立起西南丝路（尤其是中古时代之前）的地理位置、历史发展的概貌。各式各样的物资在这条贸易路线上往来，包括海贝、玉石、宝石、大象、象牙、马匹、木材、布匹、药草、香料、盐、茶、黄金、白银、铜、锡、铅、棉花和鸦片等，而这些其实不过是大家最熟悉的几样物品。本章当然无法讨论全部的物品，因此本节利用目前中国与中国之外的学术成果，专注于市马，以管窥西南丝路的活力，阐明西南丝路沿线贸易如何塑造了当地社会。

马是云南著名的特产。根据司马迁所言，马、奴隶与公牛乃是滇西的财富来源。马最初是随着中亚草原的史前移民进入云南。[155] 经过千百年的适应，云南的马可以分为两类：第一类分布在气候较凉的云南西北部，第二类分布在有着亚热带气候的云南南部。[156] 考古学证据显示，畜马一事早在公元前 6 世纪便已流行，马匹同时也用于战争与运输。[157]

自汉朝开始，云南的马便为中国人所熟知。据说在西汉初年时，云南的马便输出至四川。[158] 根据《华阳国志》与《后汉书》记载，传说滇池有"神马"，这也许暗示最早在 3 世纪时，云南的马便为当地先民珍视。[159] 中文史料也显示了云南畜马之兴盛，曾经一次献给汉朝多达十万头的牛、马、羊。[160] 3 世纪以降，中文文献当中便可以找到滇马的记录，骑乘滇马或者川马成为中原地区贵族人士的风尚；同时，马也是地方政权的战争工具。[161]

唐朝—南诏时期的史料记载着地方社会上马匹的角色。举例来说，南诏向唐朝进贡马匹，[162]《蛮书》和《新唐书》都曾列举越赕马为最上等的马。[163] 越赕位于从前的哀牢区域，也就是今天的腾冲。周去非在《岭外代答》中详述了大理—两宋时期云南的马，他的结论是：愈往西北，马的品质愈好。根据他的评价，滇南的马不如滇北的马持久耐劳；但他也承认，滇南最好的马的质量胜过滇北的马，价值几十两黄金。[164] 事实上，宋朝极为看重云南的马，认为这些马可与来自北地的马媲美。[165]

中国人长久以来便垂涎来自中亚的马匹，因为中国境内多数地区并不产马。马的商业价值颇高，但更关键的是，马的军事价值更高。[166] 中国南方并不产马，这或许也能解释为何中国南方的王国罕能对抗来自北方的入侵。云南虽位于长江以南，却是个例外，这当然多亏了云南地处高原这个特殊的地理条件。此处不妨举两个经典的例子，第一个是三国时代，另一个是宋代的大理国。

滇马的战略性价值在 3 世纪时得以体现。当时正值中国的三国时代，也就是北方的魏国、江南的吴国以及四川的蜀国各自崛起之际。其中魏国较为强大，蜀吴两国因此结盟，然而，蜀吴之间偶有冲突爆发。蜀吴双方争夺的地区之一是交州（越南北部）。控制交州对于吴国至关重要，因为交州不但能带来南海贸易的丰厚利益，还可以通过滇越通道取得来自南中（云南）的马匹。再者，交州乃是前往云南的跳板。蜀国虽然也企图取得交州，但情势相当不利，因为控制南中的当地首领雍闿与士燮互通，后者掌控了交趾并且投靠吴国。因此，蜀国的当务之急不是取得交州而是平定南中。此后，蜀国确实征服了南中，南中土酋也随之归顺。

孙吴求马孔急，可由下面例子得见。吴王孙权曾派使节渡海到达辽东太守公孙渊处，希望能获得东北的马匹。公孙渊却背信杀死吴使，将其首级献给魏国。[167] 虽然吴国能通过官方交流自蜀国与魏国那边获得一些马匹，但主要是通过交趾从南中进口大量马匹[168]——因为交趾的士燮家族会向吴国进贡。根据记载，交趾每年向孙吴贡献数百匹马。[169] 可以想见，当吴国在 226 年最终吞并士氏并统治交趾之后，会有更多的滇马被输送到江南地区。

虽然缺乏其他西南丝路支线的市马记录，但滇越之间的市马至少持续到唐朝。[170] 大理—两宋时期的市马贸易更是远超前代，因为贸易是大理王国的经济支柱，故大理渴望与宋朝进行贸易且经常向宋室请贡。宋室则有鉴于南诏与唐朝之间的纷争，不再企图伸张对大理的宗主权，尤其宋室首要得应付来自北方的巨大威胁。

北宋在北方边疆面对强大的王国，辽国、西夏与金国都对北宋造成偌大的压力；最后北宋无力守住黄河流域，于是撤至长江流域，这就是南宋之开端。辽、西夏、金以及后来的蒙古人，都握有骑兵方面的优势。为求有效作战，宋朝急需良马。[171] 虽然宋朝曾经努力繁育战马，但养出来的马无法符合战事要求。[172] 西北地区的马本来是北宋市马的主要来源。宋神宗熙宁年间，朝廷遂将以丝茶市马定为国策。[173] 然而，失去黄河故地之后，西北马匹已无法抵达，这就迫使宋室转而向西南的大理国买马。

滇马与北地的马相比，体型较短小。滇马或许不利于北方边疆作战，但若是在淮河、长江流域，滇马应当会有某些优势，因为此地气候适宜滇马这种亚热带的动物。此外，云南有一些马其实是西北高原区的产物，这也是为什么马可·波罗论断："（南中国）最好的马，就是在这个省养育的。"[174] 最后，姑且勿论滇马之优劣，宋室其实没有多少选择，尤其因为它与"西北蛮夷"的市马已在 11 世纪末受阻。

因此，宋朝在四川与广西开辟了十多个市场。[175] 北宋年间，四川是主要的市马贸易重心，黎州（汉源）、雅州（雅安）、嘉州（乐山）、戎州（宜宾）、泸州、长宁军（珙县）都设有官方市场。来自大理的商人赶着马匹，带着其他地方产品，通过西南丝路往北到达四川。除了鼓励所谓西南夷赶马到四川以外，北宋还征募人员进入云南。四川峨嵋的进士杨佐，就带上了全部家当，率领数十人携带丝绸以及十日的补给，穿越山脉丛林，最后终于见到当地酋长并向他们表达宋室买马的意愿。[176]

然而，在丧失黄河流域之后，四川遂成为边疆区域，宋室同时要应对北方的威胁以及南方大理国来犯的可能性。于是，南宋更加严格控制市马，关闭了四川的几个市场。市马之重心随即转移至广西。广西的市马贸易始于北宋，盛于南宋。如同四川，广西设立了数座市场，由官方的买马提举司管理。在马市当中，广西的横山寨最为著名，持续最久，从宋神宗元丰年间一直延续到元朝征讨云南为止。

宋室在广西将市马额度设定为每年一千五百匹，然而有些年份则高达三千至四千匹。[177]市马是南宋朝廷的重大事件。官员向皇帝提出建议，朝廷为此进行辩论和讨论，并且颁布相关的规章。此外，朝廷也为市马设有特殊的部门与官员，地方官员必须加以协助并且承担部分责任。

与此前的贸易不同，大理与南宋之间的市马规模大致可以推算。方国瑜估计，广西市马的平均贸易规模是七万两白银，这是从每年一千五百匹马、每匹马价格从三十至七十两不等的数据中计算的结果。[178]方国瑜的估算仅仅纳入了大理国与宋朝之间的官方贸易，而排除了四川的贸易以及市马之外的贸易。此外，读者不能忘记，某些年的马匹贸易数可能高达定额的两倍。

1253 年，元朝统一了大理王国，这也许标志着市马的终结。[179]缺乏战马或许是宋朝落败的一个原因，虽然其影响实在难以估算。不过，我们确实知道，云南马匹对于南宋的防御非常重要，而且对于南宋某几场军事胜利也有所贡献。数度击败金国骑兵的名将岳飞，其军中便有来自云南的战马。[180]另一方面，市马对于大理国来说也非常重要，它借此获得了诸多重要物资以及奢侈品。

滇马不只输入中国，也输出至中南半岛。交趾及占城是位于今日越南的两个当地政权，双方经常彼此交战。虽然两方境内都产马，可是所产之马太过矮小，不足以上战场厮杀。起初，两国均仰赖宋王朝的马匹，其实当中有许多马匹源自大理。宋朝疲于北方战事，企图让交趾及占城这两个南方政权维持均势，避免一方独大而成为另一个麻烦，因此，宋室管控了对两国的马匹输出。[181] 到后来，交趾获取了更多马匹，在战场上取得了胜利。事实上，交趾及占城拥有的马匹主要来自大理国，中间可能由宋王朝经手。几乎在同一时期，宋朝的骑兵扑灭了广西侬智高的起事。这些状况都推动了骑兵兵种和滇马在中南半岛东部的传播。因此，在中南半岛权力斗争中，马匹与骑兵的重要性不可忽视。[182]

简而言之，说滇马在某种程度上塑造了喜马拉雅山以东地区的权力斗争格局，并不夸张。拉纳比·恰克拉瓦提（Ranabir Chakravarti）对孟加拉早期马匹贸易之研究，也显示了来自云南的马匹如何影响了印度大陆的政权。[183]

与印度大陆的许多地区类似，古代及中古初期的孟加拉并没有土产的优良战马。中古初期，孟加拉地区的政治实体，例如波罗王朝（Pala）与塞纳王朝（Sena）的出现，必然导致战马需求之增加。孟加拉北部区域——有时称作乌特帕沙（Uttarapatha）——有产马的传统，为波罗这个东印度地区的强国提供优质的战马。塞纳王朝接续波罗而成为中古早期孟加拉与比哈尔（Bihar）地区最强大的王朝，其境内也有贵重的战马。这一情形反映在塞纳统治者的头衔之中，除了是大象之王"盖贾帕帝"（gajapati）与万民之王"马拉帕帝"（marapati）之外，还是众马之王"阿斯帕帝"（asvapati）。

拉纳比·恰克拉瓦提辨别出"塔塔特里"（Tatatri）与"巴

卡塔尔西提"（Bakadasti），也就是来自北方与西北的马匹以及来自不丹或西藏的山地型马匹，后者属于"科希"（kohi）品种；拉纳比还指出，云南也是山地型马匹的另一来源地，一如马可·波罗的观察。马可·波罗很清楚滇马的优良与强壮，他说，"阿穆（Amu）出产许多马匹与牛只，商人收购牛马之后再运送到印度"，一趟旅程需要四十五天，途中会经过蒲甘及孟加拉。[184] 阿穆有可能位于今日的云南南部。

孟加拉不是马匹贸易的唯一目的地；事实上，它也是转运中心。马匹抵达孟加拉以后，会经由德干高原（Deccan）东部转运至中国。根据中国文献记载，孟加拉苏丹往中国派遣朝贡使团不下十四次，在贡品清单之中，马是各种礼物中最为昂贵者。[185] 再者，拉纳比追溯孟加拉马匹贸易至公元 3 世纪，并断定在 3 世纪以及 13 世纪以降，孟加拉地区的马匹来自各地（包括云南），其中一部分还经海上贸易出口。拉纳比所论及的时代与云南市马的时代契合，这绝对不是一个巧合。我们不知道有多少马匹从云南被卖到孟加拉地区，也不知道滇马与藏马或者西北边疆的马匹相比之下如何，但我们依然可以总结说，滇马在印度社会中扮演了特殊的角色。

三条丝路：欧亚大陆的交通网络

一如市马所呈现的，西南丝路塑造了地方社会；然而，西南丝路发挥的作用远远超出地方。作者认为，西南丝路与其他两条丝路互补且维系并推动着东西交流与互动。

中国西南研究的学者不仅证明了西南丝路是中外交通的三大通道之一，同时开始认识到三条丝路之间的密切联结。确实有少数学者主张，这三条丝路构建出一个"世界性的交通网络"。举例而言，申旭便指出，"西南跨区域丝路是古代中国与外在世界接触的三条通道之一，西南丝路也连接着海上丝路与北方陆上丝路，由此形成中国与外在世界贸易、交通、文化流动的整合网络体系"。[186]假如对中南半岛沿岸地区加以考察，我们可以论断，不仅海陆路线之间有相互作用，北方丝路与西南丝路之间亦是如此。

从云南或者从四川（成都）开始，西南丝路可通过其中国的内部路线北向通到长安——北方丝路的起点城市[187]；或者，西南丝路通往西北，进入西域；又或者，西南丝路进入西藏。西藏是一块交会区，连接着西域、中原、东南亚以及南亚。[188]西南丝路曲折向南或者直接进入印度，或者连接海上丝路到达印度，而后再往北走，与北方丝路汇合。虽然这三条路线在许多方面是相连的，但是在各地先民，例如四川与西藏以及北印度、中南半岛的居民看来，说两条丝路"汇合"是很奇怪的事情；在他们眼中，这明显就是一条路。因此，我们可以认为，这三条丝路共同组成了一个纵横欧亚大陆东部的交通网络。

地理上，这三条丝路在欧亚大陆内组成平行的通道。

从北到南，这三条丝路穿越且渗透了整个欧亚大陆东部，它们的小支线在其中纵横交错。陆上路线的出现似乎早于海上路线，虽然我们不知道哪条陆上路线最先存在，但显然，北方丝路的活动在初期更加频繁。然而，中亚地区的战争有时会阻挠贸易，此时商人们就会转向西南丝路与海上丝路。当东汉在1世纪暂时丧失对西域的控制时，史料中有许多朝贡使团经由海上丝路或西南丝路来到中国的记载，这就是转变的明确证据。因此，罗马帝国首次抵达中国的使节不是从北方而是从南方而来，这并不是一种巧合。自唐代以来，海上丝路便成为主要的中西交通管道；同时，西南丝路也在发展当中。在蒙古帝国瓦解、北方丝路没落之际，海上丝路已然是主要中西交流通道。不过，西南丝路的角色不容忽视。明朝和清朝，东南亚地区曾派出诸多朝贡使团。最后，欧洲殖民东南亚之后，西南丝路的贸易达到了前所未有的规模。

随着这三条丝路而来的有诸多文化影响，丝绸、纸张与造纸术、火药以及佛教仅是其中几例。学界已有共识的是，佛教最早是经由北方丝路传播，后来则是经由海上丝路；但有些学者依然主张海上丝路和西南丝路各有贡献。确实，这三条丝路对于文化迁移（cultural migration）应该都有所贡献。

佛教流播是中印交流的有力证据，中国的佛教经典正可以解释此事。中国境内的佛教经典有五种类型：中文佛经；藏文或蒙古文佛经；新疆（西域）地区发现的佛

经，其使用的是古代地方语言；云南傣族所写的贝叶经
（pattra）；最后则是在西藏或新疆发现的以古代印度语言
书写的佛经。[189] 佛经的多样性反映出其各式各样的来源。

　　不妨来看看中国与印度的僧侣是怎么往来的吧。中国
僧侣前往印度，走的是西域、西藏、云南或南海路线，也
就是说，这三条丝路的路线都被使用了。当义净到达印
度时，他发现了一座为纪念二十位经云南前往印度的中国
僧侣而兴建的寺院。印度僧侣也曾途经上缅甸造访中国
（经云南）。南诏晚期佛教广播，甚至还取代道教成为南诏
的国教，此一变化据说有许多印度僧侣的功劳。大理国先
后有八位国王逊位并出家为僧。12世纪和13世纪之交，
印度僧人指空途径云南造访中国，后来停留朝鲜。[190]

　　云南的宗教多样性也说明了其文化多元性。儒教、
道教、伊斯兰教、基督教与佛教，都在云南传播。同
时，云南本地的佛教也非常复杂。云南南部有上座部佛教
（Theravada），西北部有藏传佛教，洱海地区有密教（Tantric
Buddhism），而汉人则相信汉传佛教。这显示了这一狭小
地区佛教来源的多样性与教派的多源性。

　　纸张与造纸术的传播也有助于理解三条丝路的共
同运作。根据中国与阿拉伯旅人的观察，在引入纸张之
前，印度人书写所使用的是白桦树皮（bhurja or Baetula
bhojpattr），或者棉布，或者羊皮，或者扇椰子叶（tada-
tala or Borassus flabelliformis）；印度僧侣通常以口述教
导弟子，其中部分原因或许是书写材料不易取得。玄奘等

中国僧侣带回中国的印度佛经，多数是写在贝叶上，中国人称之为贝叶经，当这些佛经被翻译成中文之后，就书写于纸张上。[191] 2 世纪中期，西域地区已经开始使用纸张；其书写文字，包括中文、希腊文、波斯文、粟特文（Sogdian）与梵文。根据中国文献，季羡林断定印度在 7 世纪末之前已开始使用纸张（虽然造纸术较晚才传入）。[192]

　　季羡林的讨论是基于西域地区考古之发现。这些证据似乎暗示着，纸张与造纸术是经由北方丝路传到印度的；然而，季羡林并没有精确地指出纸张传播至印度始于何时。有没有可能是在 7 世纪后期之前呢？纸张传入印度有没有可能是经由海路呢？

　　黄盛璋指出，拥有丰厚印度知识的玄奘，在待在印度的二十九年间（626—654），从来没有提过纸张，所以，纸张应该是在玄奘离开之后才传入印度的。由于尼泊尔、吐蕃王国与唐朝之间的通婚联姻，7 世纪中叶曾出现一条连接中国与印度的新路线，即吐蕃－泥婆罗道。

　　639 年，尼泊尔尺尊公主（Bhrikuti Devi）嫁给吐蕃松赞干布（Sron-btsan-sgampo）；两年之后，唐朝的文成公主也嫁到了吐蕃。这些政治联姻体现并加强了由吐蕃所展开的交流。又过了两年，唐朝使节李义表与王玄策循着这条路线抵达印度大陆的摩揭陀国。665 年，中国朝圣者玄造选择同样的路线前往，却在青海受到当地部落阻挠而无法返回。674 年，玄造于印度遇见义净。前述的文献记录引人推想，造纸术是在 650 年左右传播至吐蕃王国。历史地理学家黄盛璋之所以如此肯定，是因为 649 年唐朝曾同意吐蕃提出的对各类中国工匠之吁请，其中必然包括造纸工匠。[193]

不过，这并没有全部回答纸张究竟是如何传到印度的。李晓岑便注意到，印度次大陆上存在着好几种不同的造纸术，印度与尼泊尔流行的造纸术，其形态与吐蕃的类似；孟加拉地区流行的则是另一种造纸术，形态则与中国内地类似，也就是所谓的桑皮纸。李晓岑考察了西南丝路沿线的造纸业，发现桑皮纸最为盛行；他还发现，云南与孟加拉地区的造纸术形态相类似。因此，李晓岑主张孟加拉地区的造纸术是沿着西南丝路传播的。

虽然黄盛璋判断造纸术的传播与海上丝路无涉，然而，有些中国文献却提到爪哇地区有纸张。假设当时海上丝路已经开始发挥作用，那么，纸张一定是循此路线传播至该岛。[194] 因此，我们不能否认纸张的传播有经过海路的可能。极有可能的状况是，三条丝路在纸张传播上皆扮演着某种角色。

古代中国文明的另一项重要贡献是火药。火药与造纸传到西方，对于后来工业革命的发生具有重要影响。[195] 蒙古西征造成火药传到中东、印度西北与欧洲地区，那么，东南亚与印度大陆南部呢？有学者推测是海上路线与陆上路线之间的交流，对此孙来臣在关于明代军事科技传播的研究中曾有部分讨论。明代中国曾经历一场"军事革命"（military revolution），帮助明朝扩张至东南亚地区。明代的军事行动与贸易立即将火器的知识传到"14世纪末的掸邦（Maw Shans）、兰纳（Lan Na）、大越（Dai Viet），比1511年欧洲火器到来还要早上一百二十多年"。[196] 于此，我们再度见到三条丝路的共同贡献。

最后，有三个巧合的事件，或多或少强化了云南的重要性，且对三条丝路之间的联系有促进：第一个是肆虐欧亚大陆的腺鼠疫，或称为"黑死病"；第二个是马可·波罗来到中国；第三个是郑和下西洋。

首先，虽然蒙古扩张造成的灾难非常著名，但它导致的伤亡根本无法与黑死病相比。[197] 其次，马可·波罗也许是曾经唯一走过全部三条丝路的人。他经过北方丝路来到元朝首都；他曾被派遣至云南，途中经历西南丝路；他最终是通过海上丝路返回家乡。[198] 最后一位促进三条丝路的角色是郑和，郑和的祖先来自中亚，因为蒙古征伐而迁到云南，而郑和就出生在云南。[199] 明朝对云南的征讨将郑和带到了北京，成为燕王朱棣最宠爱的太监，后来，燕王获得皇位（明成祖）并且派宝船下西洋。郑和家族再一次象征着三条丝路的三角连接。

上述讨论有助于学者认真看待西南丝路以及云南在古代与现代的欧亚大陆交流中的角色。无论从历史上还是从地理上看，这三条丝路均可以视作一个整体网络，交错构成欧亚交通的基本形态。

* * *

本章描述了云南是如何靠着整合西南丝路而成为跨区域贸易的核心的。云南与诸多文化的诸多联系表明，唯有采取全球视野，方能解释中国历史上统合云南的成功。然而，至今为止，这一过程依然还只是在国族的历史范畴中探讨，这在某种程度上反而阻碍了这个世界——也包括中国云南这样的边疆地区——原本全面的、深刻的、生动的景象。

第二章

统一云南

一个跨区域的分析

"云（之）南"这个词，暗示着位于中原的中国人认为此地颇为遥远。地理因素，如丛林、山脉与河流，再加上可能酿成诸多疾病的异域生态环境，共同造就了中国的中原地区与云南之间的自然阻碍。虽然如此，富有雄心壮志的中原王朝并不因此而退缩，他们克服自然阻碍，最终使历史上生活在云南的当地先民得以归附。

确实，始于公元前 2 世纪的早期军事征讨，不但是中国统合云南之滥觞，也为之后的统合奠定了基础。然而，虽然中原王朝的势力可能暂时占据云南的部分地区，但在 13 世纪中叶的元朝军队南征之前，中原王朝始终无法长久全部占据云南。反倒是被视为"蛮夷"的蒙古人最终将云南完整纳入中原王朝，并且开启了在经济上、文化上、族群上融合云南的过程。

本章的重点放在通向"同化"的第一步，也就是军事行动，并试图回答以下问题：为什么或者在怎样的情境下，中原王朝，尤其是经历惨败之后，依然决定对云南进行军事征讨？又是什么力量或因素最终让云南归附中原王朝，从而开启统合之路的大门呢？作者认为，探究中原王朝对云南的征讨，不能仅看双方的关系，还需要将自公元前3世纪至14世纪期间外来势力对云南的军事行动置于其原来的历史场景——也就是跨国、跨边界、跨区域互动的脉络之中，其涉及的空间范围包括东亚、东南亚、中亚与南亚之部分区域。[1]

本章以"国际（全球）"一词指涉此脉络，并以此来探究公元1500年之前的军事行动。此外，通过考察跨区域的军事互动，本章会揭示中亚边疆（长城边疆）如何与西南边疆地区密切互动。作者认为，单纯的国族或区域取径并不足以解释如云南这般充满活力的边疆地区的历史。

云南与秦帝国的形成

云南在中国的战略性地位，早在战国时代就已经很显著了。当时秦国企图扩张并吞并其他诸侯国。在这块后来被称为中国的土地上，秦国与其他诸侯国之间的战事频仍。在南方，秦国扩张的唯一阻碍便是楚国。楚国是位于长江流域中游的大国，楚文化甚为复杂且对中华文明之灿烂光大颇有贡献。对于周遭政权，楚国也有相当影响，向南及于广东，往东最远达于诸越，向西远达四川、贵州及云南。此外，楚国也屡屡参与列国之间的"国际"政治，尤其在公元前4世纪期间，楚国也许是列国中最强大者。据说楚庄王曾经询问"周鼎"，即象征周天子正统性的三足青铜器。"问鼎"这种行为被士大夫视为无礼而狂妄，却反映了楚庄王的雄心，换言之，就是要一统中国。

对于秦国的统一大计而言，强大的楚国是严重的挑战。在公元前4世纪末期，秦国已经征服了巴国与蜀国，巴、蜀二国位置大约是今日的重庆与四川。但是秦国的行动没有到此为止。公元前285年，蜀郡太守张若进而征服筰地与金沙江以南的其他西南夷，建立行政管辖。以修筑都江堰知名的李冰，为了交通以及最终的控制，建造了一条通达筰地的道路。[2]另一位秦国官员常頞将此道路加以扩充，称为"五尺道"，这也许是西南丝路当中最早的一条官道。[3]

秦国的扩张对于楚国构成严峻的威胁，因为楚国对那些地区原本具有很深的影响力。据说，巴、蜀的创建者都是楚的后裔[4]；有些学者甚至相信，楚地是西南丝路的起点。[5]秦国强权的到来，促使楚国在这些地区发动新的攻势。楚国的一项重大战略性军事行动便是派遣庄蹻征讨位于云南中部的滇国。公元前279年，楚国将军庄蹻率军远征，穿越贵州，最终来到滇池地区。[6]庄蹻取得滇国政权，自称为滇王。[7]不过，因为秦军阻挡了他们返回的道路，庄蹻和他的军队被迫留在征服之地——庄蹻的子孙继续统治着滇国，直到一百五十年后汉朝的征讨为止。

秦国南向的扩张，是其统一大计的重要步骤。秦国宣称："得蜀则得楚，楚亡则天下并矣。"[8] 庄蹻的征伐目标是威胁秦国新近征服的四川地区，以遏制秦国对楚地的侵略。就是在这样的情境下，云南被带进多国相争的局势之中。虽然楚国的目标最终没有达成，云南的地理重要性却在中国首次统一为帝国之际而得以彰显。云南与即将出现的中原王朝的关系为云南参与和塑造中国历史建立了某种模式：多数情况下，当云南出现在中国历史舞台上时，中原王朝也正在面对外部或者内部的危机。

西汉对云南的"再发现"

西汉、南越、匈奴间的斗争，是中原王朝和云南互动的第二起历史事件；这起事件让云南的一部分纳入汉朝的统治之下。公元前 207 年秦帝国崩溃，云南与中原王朝的联系变弱，在汉武帝时期以前都如此。最初，西汉王朝对云南并无兴趣，因为它从一开始便缺乏关于所谓"西南夷"的信息。[9] 再者，当时的汉王朝正忙于重振残破的经济，且尽全力与北方的匈奴维持和睦。汉朝开始留意西南夷，与位于广东的南越王国有关。先前，秦帝国在华南沿海地区设立三个郡，范围包括今日的广东、广西与北越；秦帝国崩溃之后，南海郡长官赵佗自封为"南越武王"。南越国与

夜郎国（位于今日贵州境内）关系密切，两国之间有牂牁
江作为便利的交通路线。

汉朝一面采取与匈奴"和亲"之政策，一面认可赵佗
为"南越王"，同时维持北方及南方边疆的和平。至汉武帝
登基之际，汉王朝已然昌盛；这位年经有抱负的皇帝决心
要解决匈奴以及周围那些对汉朝具有威胁或潜在威胁的政
权，南越遂成为其在南方的主要目标。

在访问南越之后，汉使唐蒙建言汉武帝以船只载运军
队经牂牁江进攻南越。[10]武帝采纳了他的建议。根据记载，
唐蒙带着许多礼物，率领军队"说服"了夜郎国王臣服于
汉朝，并设立了犍为郡。为进攻南越，汉朝动员地方数千
人整修僰道，并将僰道扩筑至牂牁江。与此同时，汉武
帝派遣司马相如"说服"邛、筰之人接受汉朝统治。邛、
筰被视为"西夷"，而夜郎则被视为"南夷"。[11]他们的
臣服为汉朝在南方用兵铺好道路，军事征讨南越至此已指
日可待。

出乎意料的是，汉武帝在公元前126年却放弃先前主
动进取的计划，并决定全面弃守西夷区域，只保留南夷地
区的两个县。[12]因此，汉朝军事行动的第一阶段只达到现
代云南的边缘地带，并没有与云南中部的滇国直接接触，
更别提云南西部大理地区的"昆明人"（古代族群）了。汉
王朝之所以放弃行动，是因为修筑道路耗费巨大，需要征
召许多地方人民以及征用大量钱财与物资。[13]虽然汉朝国
力足以完成此等建设，但地方的抱怨与反抗迫使它顾虑重

重。毕竟，汉朝对于西南夷的控制尚浅且时间不久。不过，
放弃南向扩张的关键因素其实不在当地，而在于北方匈奴
的威胁。当时匈奴的威胁日益明显，雄心壮志的汉武帝知
道两面作战太过危险，决定将全部心力用来解决匈奴问题，
所谓"专力事匈奴"是也。[14]

公元前 128 年，汉武帝派遣张骞出使西域，目的是要
联合被匈奴从河西走廊驱至西域的月氏人。此次任务预示
汉王朝的匈奴政策将有重大更张。不久，汉武帝取消和亲
政策，于是汉朝与匈奴的冲突爆发且愈演愈烈。汉王朝先
是处于守势，之后于公元前 127 年夺回河南地（辖境今巴
彦淖尔市乌加河以南、鄂尔多斯高原）。自秦帝国崩溃以来，
匈奴控制河南已经超过七十年。此次胜利强化了汉朝的信
心，汉武帝一改守势并谋划远征。第二年，汉朝战略性地
从南方撤兵以准备北方攻势。由此可见，汉王朝在南方边
疆的行动对其北方边疆的举措难免有掣肘之弊。话说回来，
虽然汉朝对北方的军事行动暂时让南方处于平静状态，但
匈奴问题最终迫使汉朝挺进西南边疆。

出使西域的张骞返国之后告诉汉武帝，印度位于大夏
的东南方，距离蜀地不远，蜀地特产已由印度运至大夏。
于是，公元前 122 年，汉武帝派遣四个使团寻找由蜀地经
印度抵达大夏的道路，也就是寻找绕过匈奴控制区域抵达
中亚地区的另一路线。其中一路汉使受到滇王的款待，但
其后续旅程却在洱海区域遭昆明人阻挡。汉使得知，往西
一千余里处，有滇越国，滇越人乘象而战，而蜀商也秘密

前去那里进行贸易。这样，汉朝在搜寻前往中亚的通道时，首次与滇国有所接触。[15] 显然，汉朝探索西南夷的首要目的不在财富，而是军事战略的需要：找寻前往中亚地区的替代路线，从右侧形成对匈奴的包围。[16] 司马迁说得很明确："汉以求大夏道始通滇国。初，汉欲通西南夷，费多，道不通，罢之。及张骞言可以通大夏，乃复事西南夷。"[17]

公元前 120 年，汉朝在长安人工开凿了模仿洱海的"昆明池"，以训练水军。[18] 可是接下来的数年，汉朝与匈奴战事渐入高潮，结果对西南夷的注意力又被引开。公元前 122 年与前 119 年，汉朝针对匈奴举行了两次大规模的远征，战局优势也逐渐倒向汉朝这边。在汉朝夺得河西走廊之后，与匈奴的战场转至西域。虽然战事依然不断，但匈奴的力量大为削弱，无力再发动大规模攻势。军事上的不利处境导致并加深了匈奴政权内部的紧张，最终，匈奴分裂为两部，对汉朝不再构成大的威胁。

当北方边疆稳定之后，汉朝再度将重心转到南方。公元前 112 年，汉朝针对南越的军事行动使得南夷与西夷归附，并在当地设立了越嶲郡与沈黎郡。[19] 公元前 109 年，汉王朝征讨劳浸和靡莫，滇王在偌大的军事威逼之下选择归降，原先领土被置于新设的益州郡治下。[20] 到公元前 2 世纪末，汉代中国已经触及云南中部与云南西部的部分地区，并由此将西南夷地区分作犍为、牂牁、越嶲和益州四郡。

汉朝与南越国及其与匈奴之间的战争，鲜明地呈现了中亚边疆与西南边疆如何互相影响。确实，正是因为汉朝扩张至中亚与华南，这个"中央之国"才重新发现并征服云南。

诸葛亮之南征

东汉王朝在 3 世纪初期为魏、蜀、吴三国所取代。刘备建立的蜀汉，根据地在今日四川；孙吴控制南方；曹魏统治北方。由于魏国相对强大，蜀国与吴国不时结盟以抗拒北方的压力，而当北方压力暂时减缓时，蜀国与吴国又会彼此对抗。

西南夷地区在 3 世纪至 6 世纪之间，被称作南中（或宁州）。南中虽然在名义上由蜀国统治，但地方土酋（夷帅）与大族（大姓）趁着中央混乱之际而成为实际的统治者。益州郡由雍闿掌控，朱褒统领牂牁，而高定取得越巂[21]，永昌则由依然忠于蜀汉的吕凯所统治。[22] 名义上臣服吴国的士燮进取交趾（安南），雍闿则通过士燮与吴国有使节来往。[23] 雍闿企图利用吴国来巩固自身的半独立状态，而吴国则将此视为一个拓展影响力于南中的机会，由此可以威胁蜀国的后方。除了控制南中的目的之外，吴国还可以取得如马匹这类本国缺乏的宝贵资源。

南中夷帅造成的威胁，是蜀国丞相诸葛亮的首要忧虑。诸葛亮是蜀国实际的决策者，联吴抗曹是他所秉持的基本国策。为达到这一目的，蜀国必须与"西夷"与"西南夷"

维持和睦关系，以求巩固边境并避免两面作战。但是，南中的反叛不仅危及这项战略，还为魏国、吴国提供了可趁良机。因此，平定南中成了蜀国的当务之急。

225年，蜀、吴联盟建立之后，诸葛亮便发动南征。在此期间，他认识到军事力量的有限性，实施所谓"和抚"政策，以赢得夷帅大姓以及当地百姓的支持。[24]诸葛亮一方面毫不留情地摧毁顽强的叛军，另一方面招抚夷帅大姓，为蜀国所用。此战略之经典范例就是他对待夷帅孟获的态度。据说，诸葛亮对孟获曾经七擒七纵。[25]诸葛亮先宣示自身的力量，接着再展现他的仁慈与公正，从而让孟获和其他地方精英心悦诚服，南中也因此平定。

南中不只在蜀国战略中具有关键性地位，它还是诸葛亮六次北伐的物资基地。南中生产马匹、金银、兽皮与其他地方特产，此外还有税赋，这些都是军事行动必需的重要物资。此外，被招募入蜀军的南中土兵也参与了北伐。[26]南中在三国时代的角色，似乎重现了它在秦楚互动时期的重要性，彼此竞争的对手为自身的扩张都企图掌握云南。

"三国演义"：南诏、唐朝及吐蕃

此后一连串的事件导致南中与中国境内各政权关系的转变。263年，魏国征服蜀国；两年之后，魏被晋所取代。280年，晋国征服东吴，统一中国。从那时起，南中主要还是处于夷帅与大姓的控制下。夷帅与大姓大约出现于东汉末年。到4世纪中叶，爨氏掌握了南中。[27]在爨氏之下，又有许多自治的土酋夷帅与大姓氏族。589年，隋朝统一中国，爨氏随即向隋进贡。但是，隋朝官员与兵士的残暴激起了地方叛乱。597年与602年，隋朝对爨氏两度用兵[28]，爨氏族长爨翫遭到处决，他的儿子们则被安置到隋朝首都长安。[29]爨氏势力虽随即瓦解，却促成了其他夷帅与大姓之崛起。

短命的隋朝没能在南中建立权威，最终不得不放弃，这导致南中"与中国绝"，即与中原王朝的交流极其有限。[30]在8世纪南诏王国兴起并称霸之前，南中的许多地方部落、氏族、政权纷纷兴起。在洱海附近，也就是大理地区，出现了"六诏"：蒙巂诏、越析诏、浪穹诏、邓赕诏、施浪诏与蒙舍诏。"诏"为中文的音译语，意思是"国王"或"王国"。在这六个政权之中，蒙舍诏位于最南边，它被称为"南诏"（南方王国之意）。[31]除了这六个政权之外，还有些较短命的地方政权：在滇池附近有西爨与东爨；此外还有许多族群与政权存在，例如金齿、黑齿、扑子、么些、鸠僚等。[32]最终，南诏征服了这些对手，进而与强大的帝国如唐朝、吐蕃王国相竞争。同时代的阿拉伯人，也曾注意到南诏的好战。[33]

唐朝取代隋之后，立即企图将宗主权推向西南。[34]唐朝的策略是赞助土酋夷帅并与之结盟。它采取的第一步便是释放爨氏人质（爨翫的儿子），并任命他担任昆州（昆明）

刺史，还派遣外交使节"抚慰并说服"其他地方土酋。[35]
恩遇爨氏达到了预期的效果，许多土酋遣使进贡唐朝表明
臣属之意，他们也纷纷获得唐朝封赠的头衔与礼物。

　　唐朝采取的第二步就是逐步在云南设立边疆行政单
位。618年，设立南宁州，664年为姚州都督府取代。[36]因
为姚州十分靠近洱海地区，此事象征着唐朝经略西南的成
就，显示了其欲将滇西纳入直接管辖的计划。至7世纪中叶，
唐朝已在西南地区军政设置超过三十六个州、一百三十七
个县[37]，虽然有些不过是徒有其名。其中，嶲州都督府（四
川西昌）设于618年，戎州都督府（四川宜宾）设于632年，
安南都护府设于679年，再加上黔州都督府（今重庆彭水），
包围云南之势于焉完成。

　　唐朝的最后一项策略，就是在684年征伐洱海地区。[38]
某种程度上，此次征伐是源于嶲州都督刘伯英的提议。刘伯
英指出："松外诸蛮暂降复叛，请出师讨之，以通西洱、天
竺之道。"远征或许是针对当地叛乱的直接反应，但刘伯英
此举其实是在重现数百年前张骞对汉朝的建议，也就是采
取军事行动以建立经洱海通达印度（天竺）的交通。[39]云
南关键的地理位置再次推动了唐王朝的政治行动。财富与
贸易固然是唐朝的利益所在，但是军事考虑不应该被忽视，
因为初建的唐王朝正向中亚地区扩张。从张骞到刘伯英，
乃至于后世，中国人的脑海里始终浮现西南边疆与中亚边
疆之间的关联以及（可能的）重要性。一旦有机会，中原
王朝便会努力打通云南与印度之间的道路以通往中亚区域。

很显然，如果不是吐蕃王国兴起并威胁唐朝的西北至西南边疆，唐王朝不会花费大量心力强化自身在西南的权威并削弱当地的自治性。与汉代情况相似，中亚地区的权力竞争决定了唐朝的西南边疆政策。两个时代的唯一差别在于，此时的南诏在当时的"国际"政治中扮演着非常积极威武的角色。

历史叙述是根据叙事者的观点而展开的。南诏对于自身的早期历史没有什么记录，幸好藏文史料为我们提供了南诏故事的另一面，显示出南诏与吐蕃之间在文化、婚姻和军事上的联盟，虽然此联盟为吐蕃所主宰。[40]敦煌石窟中发现的藏文文献记载，吐蕃国王赤都松赞曾领军出征洱海地区并逝世于该地；而且，赤都松赞的儿子可能娶了一位南诏公主。[41]在丽江发现的一块藏文碑铭则记载了8世纪中叶之前有位南诏王子或国王向吐蕃臣服。[42]这样的关系也为敦煌石窟的西藏编年史所确认，其中有段史料讲述了南诏（古藏文为 Vjang）处于吐蕃的统治之下。[43]如此密切的关系或许可以解释，吐蕃并未干涉南诏针对其他地方政权的军事行动，即便那些政权同时也是吐蕃的附庸。[44]

虽然藏文与汉文两方面的史料一致显示，南诏处于被动状态，为强邻所宰制；但另一方面，两方资料却有大半是矛盾的。比较两方史料之后，我们不禁好奇，南诏为什么一会儿与唐朝结盟、一会儿又与吐蕃联手，或者同时与双方联盟。作者此处试图吸收吐蕃与唐朝双方的观点，剔除其中各自的偏见，建构一个以南诏为基础的解读。如此，一个活力四射、深思熟虑的南诏呼之欲出：熟练地利用邻国与复杂多变的"国际"环境，以追逐自身的利益。鉴于此地区历史之三角关系颇为复杂，不妨先简介如下。

起初，南诏获得唐朝的支持，保障自己不为吐蕃王国的统一大业所吞并。后来，由于南诏占据东爨，南诏与唐朝关系破裂，转而对抗唐朝并与吐蕃结盟，甚至协助吐蕃对抗唐朝从中亚至西南边疆的进攻。此外，当唐朝忙于处置吐蕃－南诏威胁之际，南诏不必再面对北方的压力，于是着手向中南半岛扩张。此后，当唐朝企图稳定边疆并争取南诏的支持之时，南诏决定抛弃对自己索求大量物资与军事支持的吐蕃。最终，南诏进攻且击败了吐蕃。当吐蕃气力消耗殆尽自顾不暇之际，南诏开始劫掠唐朝的富饶之地四川以及唐朝相对孤立的边疆地区安南。至公元 9 世纪末期，这三个政权均已崩溃。

罗曼史之前：南诏统一五诏

南诏之扩张始于其吞并五诏，也就是蒙巂诏、越析诏、浪穹诏、邓睒诏与施浪诏。至公元 7 世纪下半叶，南诏国力相当强盛。那么，是什么力量造就南诏国力的急速增长？为什么唐朝与吐蕃会支持南诏？中国学者的典型做法是以经济生产力来解释内部发展[45]，而查尔斯·巴克斯强调的则是地理位置。[46]他认为，为南诏带来财富与力量的也许是贸易，因为南诏位于极南方，控制着主要经过洱海地区的西南丝路；而且南诏地理位置离吐蕃比较远，这也让南诏得以脱离吐蕃的影响，这正是唐朝在诸多地方政权中选择南诏来遏制吐蕃扩张的原因。

但另一方面，位置优越并不是故事的全貌。其余五诏也都位于大理平原上，倘若吐蕃入侵，距离并没有太大差别。所以，我们必须考虑其他因素，诸如南诏的统治者与其政治策略等。有些学者将南诏对唐朝的忠诚，列为唐朝对它予以支持的主要原因，乃至唯一原因[47]；可是，南诏与吐蕃的接触自7世纪后期以降也经常记载于西藏编年史中。[48]显然，南诏是在和这两个强大的邻居玩游戏，企图两面讨好，赢得唐朝的支持并避免吐蕃干涉其统一大业。

在这种策略的运作下，南诏在730年代已成功统一了整个洱海地区。[49]738年，唐朝封南诏统治者皮罗阁为"云南王"，当时皮罗阁统治着整个滇西地区。随后，皮罗阁将重心转移到滇东。正是南诏在滇东的扩张，很大程度上导致了它与唐朝联盟的破局。

争夺东爨

唐朝与南诏都对位于今日云南东部的爨氏颇有兴趣。爨氏阻绝了四川与安南都护府的联结。安南—四川的联结若能巩固，不但可以稳定唐朝的西南边疆，还能够完成对云南的包围。此外，掌握爨氏不但可以让唐朝有效制衡南诏，抑制吐蕃威胁，而且还可能有助于唐朝的反攻。当然，南诏则垂涎于爨氏利润丰厚的盐产。云南王皮罗阁的智慧在他对唐朝与爨氏的利用并最终占领东爨中表现得淋漓尽致。

唐朝通过对爨氏发动一系列进攻，于740年代夺得战略性城市安宁。对于爨氏而言，唐王朝的积极进取是一场灾难，爨氏不仅丧失盐产之利，而且要首次面对唐朝施加的税赋与劳役。不久，爨氏叛乱，夺回安宁，并将其摧毁。于是，唐朝便依循"以夷制夷"的传统智慧，请求皮罗阁出面干预。[50] 凑巧的是，正在这时，据说有位爨氏统治者在混乱中被杀害，他的遗孀也请求皮罗阁介入。[51] 对此，皮逻阁求之不得，他借机派兵占领了东爨，南诏由此完成了对东爨的控制。748年，皮罗阁之子阁罗凤将东爨的二十万个家庭迁徙到永昌，这使得东爨人口锐减，力量衰弱。至750年代，南诏已将滇东纳入它的王国之内，俨然成为唐朝的潜在对手。接下来，唐朝与南诏的冲突似乎无可避免。

此番冲突似乎是地方利益与宫廷政治两者的结果。[52] 据说姚州都督张虔陀对阁罗凤需索无度，甚至污辱了阁罗凤的妻子。史载，阁罗凤"常与其妻子谒见都督，虔陀皆私之。有所征求，阁罗凤多不应，虔陀遣人骂辱之，仍密奏其罪恶"。"阁罗凤忿怨，因发兵反攻，围虔陀，杀之。"[53] 750年，南诏出击并攻下姚州。751年，唐朝派遣剑南（四川）节度使鲜于仲通率军出征。阁罗凤或许将先前事件视为私事，他先是公开寻求和解，向鲜于仲通"遣使谢罪"，并说："吐蕃大兵压境，若不许，当归命吐蕃，云南之地，非唐所有也。"[54] 鲜于仲通无视阁罗凤的威胁，否决了阁罗凤的提议，还将南诏使节囚禁，但他的用兵却演变成一场灾难，死伤惨重。

一听对方否决，南诏立即投向吐蕃。吐蕃自然乐于看到南诏与唐朝互斗。双方互派使节之后，吐蕃与南诏正式结盟，约为"兄弟之国"：阁罗凤被吐蕃封为"赞普钟"（赞普之弟）和"东帝"。由此，吐蕃建立了对南诏名义上的权威。

虽然经历一次挫败，但唐朝并没有放弃。753年，唐王朝第二次出征，却又再度被南诏击败。[55] 754年，唐朝组织十万多人的大军进攻大理平原，结局却是另一场屠杀。据说，唐军几乎全军覆没，连将领李宓都溺水而死。史载："宓渡泸水，为蛮所诱，至和城，不战而败，李宓死于阵。"[56] 此次征伐是唐王朝在西南的最后一次大型军事行动，对唐朝造成了严重的恶果——对地方节度使控制不力的情况更加恶化。此次战役，唐朝丧失了一群最优良的士兵，而755年爆发的"安史之乱"最终耗尽了唐朝的国力。结果，唐朝再也没有能力或心思处置锐意进取的南诏。

南诏—吐蕃联盟

既然唐朝无力应付南诏，在随后的8世纪后期，南诏

便开始向四面八方进行前所未有的扩张。[57] 至 794 年南诏
与唐朝恢复前盟之时，南诏向北已扩及金沙江北岸，向东
控制了东爨，向南与西南则进入了今日之缅甸，并在当地
建立了朝贡制度。

南诏的力量日益增长，同时也导致它与吐蕃的关系日
益紧张，因为两者的联盟并不是平等关系。虽然吐蕃支持
南诏对唐朝作战并封赠南诏国王，但南诏却为这个名义上
的支持付出了沉重的代价。吐蕃索求各种物资与劳役，甚
至征用南诏军队至中亚为吐蕃作战。[58] 在吐蕃与唐朝的漫
长冲突之中，南诏对于双方力量的消长十分重要。[59]

为遏制南诏，吐蕃在南诏西北边疆扼守了数个战略性
要塞。其中最有名的是"铁桥"，这或许是世界上第一座铁
造吊桥。吐蕃在那里设置了"神川都督"这一军事要塞，
居高临下，暗暗威胁着大理平原——也就是南诏的中心。
此外，五诏遗留的统治者也多被移居至要塞附近，这显然
是对南诏的另一股潜在威胁。[60] 吐蕃对南诏的遏制与利用
激起了南诏的许多怨气，最终，南诏决定切断与吐蕃之间
的纽带。

南诏与吐蕃的结盟很大程度上是为回应唐朝的举动；
同理，联盟的瓦解很大程度上也是源于后来唐朝对于南诏
的友善和邀请。唐朝与南诏在 750 年代之前的关系尚好，
借此，唐朝得以专注于西北与西部地区的军事。可是，750
年代过后，情况却急转直下：吐蕃与南诏联盟，吐蕃骑兵
从西南至西北的漫长边疆大举进犯唐朝。结果，吐蕃竟将

长安郊区视为自己的边疆，长驱直进。763 年，吐蕃军队攻陷长安，其中或许有南诏的军士。[61]

最终，唐王朝设法遏制了吐蕃的侵袭。779 年，唐朝军队在四川大胜吐蕃与南诏的联军。此番胜利对三方都造成了重大的改变。首先，唐朝和吐蕃逐渐进入关系相对和平的时期，边疆地区的冲突减少，双方恢复交涉，于是有了 783 年的划界条约（清水之盟）。第二，本次战事之损失加剧了南诏与吐蕃之间的紧张。南诏王异牟寻将首都迁移至大理城，在空间上拉开了与吐蕃的距离。此举也显示出异牟寻的担心与谨慎。最后，吐蕃撤回原来封赠南诏的头衔，改封异牟寻为"日东王"[62]，更加恶化了双方原本就不平等的关系。由此，双方的猜疑及冲突增加。

形势变化如此之快，唐王朝也被迫重新思考边疆战略。唐朝宰相李泌建议唐德宗"北和回纥，南通云南，西结大食、天竺"，也就是与回纥、突厥、南诏、印度（天竺）、阿拉伯人（大食）结盟以抗吐蕃，这个计划颇类似当年汉武帝应对匈奴的计划。[63] 若能达成此联盟，唐王朝便可包围吐蕃，而吐蕃的力量分散，便无法威胁唐朝。李泌指出，这些联盟中最关键的乃是回纥与南诏，甚至将与南诏结盟比喻为断吐蕃之右臂。他说："回纥和，则吐蕃已不敢轻犯塞矣。次招云南，则是断吐蕃之右臂也。云南自汉以来臣属中国，杨国忠无故扰之使叛，臣于吐蕃，苦于吐蕃赋役重，未尝一日不思复为唐臣也。"李泌的建言又是一次"以夷制夷"的案例，也是汉朝结盟月氏以抗匈奴的新版本。

唐德宗同意将一位公主嫁给回纥可汗，回纥与唐朝之合作遂迅速达成。不过，唐朝恢复与南诏的联盟则花费了较久的时间，而韦皋是其中的关键人物。韦皋于785年担任剑南节度使，直到805年过世为止。在担任唐朝四川边疆指挥官长达二十年的这一时期，韦皋干练地使用当地族群来遏止——有时甚至击败——吐蕃的侵略。更重要的是，韦皋成功地执行唐朝制定的策略，激化南诏与吐蕃之间的紧张与猜疑，最终得以与南诏结盟。

南诏王面对吐蕃日益强大的威胁，也在考虑要恢复与唐王朝的合作。郑回是被俘虏的唐朝官员，后来他当上了南诏的宰相——"清平官"。他以吐蕃贪得无厌的索求与唐朝先前的友好态度相比较，建议南诏与唐王朝重续前缘。[64] 郑回乃是异牟寻的导师兼顾问，他的话颇具影响力。793年，异牟寻终于决定接受唐朝的友谊。鉴于吐蕃对地方势力的控制与影响，异牟寻派出了三个遣唐使团，由三条不同路线前往长安，以确定自己的心意能够传递给唐王朝。第一个使团取道四川，第二个穿越贵州，第三个则途经安南。794年，异牟寻接见了唐朝派来的使节，南诏遂重新缔结与唐朝的联盟。[65]

那时，吐蕃与回纥在中亚发生战争，丧失了不少军力，因而要求南诏提供一万士兵。异牟寻答应提供五千援军，但偷偷地派了一支南诏大军尾随在援兵之后，对吐蕃军队发动突然且残酷地袭击。吐蕃始料未及，结果惨败。随后，南诏占领了铁桥，吐蕃通往大理的通道受阻。[66] 此后数年，有了南诏这一关键助力，唐朝的军队在西部与西南边疆对吐蕃连连告捷。军事连连告败、政局动荡再加上自然灾害，这些使得吐蕃疲于应付唐王朝及其盟友。至 8 世纪末，吐蕃对唐王朝或南诏而言，均已不再是严重的威胁。

南诏的扩张

794 年的胜利，开启了南诏新一轮的扩张。南诏立刻占据了吐蕃与本国之间的边疆地区，并将先前五诏的后裔迁徙到永昌地区。同时，异牟寻之子寻阁劝给自己冠上了一个新头衔"骠信"，意思是"骠之王"。[67] 这表明南诏可能强化了对骠国的宗主权，建立了对骠国的朝贡制度。这可从 802 年南诏对唐朝的朝贡使团看出——此次朝贡使团里包括骠国乐师及舞者。[68] 骠国似乎并非唐朝而是南诏的直接附庸。

9 世纪的前二十年是唐朝与南诏的蜜月期，每年都有官方使团来往。唐朝甚至在成都设立一所学校供南诏王室青年就读；这所学校大约维持了近五十年，大量南诏青年因而接受了中国式的教育。[69] 其他史料则确认，南诏对于唐王朝而言意义特殊，据说在 808 年与 816 年，唐王朝曾为南诏王的死讯而辍朝。[70] 有位日本僧人曾经注意到，839 年在唐朝的五支使节当中，南诏排在第一，位列日本和其他朝贡王国之前。[71]

829 年，南诏忽然劫掠四川。南诏军队攻下邛州、戎州、嶲州，进入成都，并且在退兵时还将数以百计的四川人——包括技师和工匠——带回云南。[72] 该年的入侵事件标志着南诏往北扩张的开始，后来，唐朝与南诏的冲突又延续了数十年之久。[73]832 年，南诏军队占领位于今日上缅甸地区的骠国，超过三千骠人因此被掠到拓东。[74] 三年后，南诏出征并摧毁了位于今日下缅甸地区的弥臣国，两千至三千名俘虏被迁徙到云南西北部的丽水淘黄金。[75] 此外，南诏也进军攻击了真腊的高棉人以及昆仑国和女王国，不过后面这两次攻势皆以失败告终。[76] 整体而言，当时的南诏是中南半岛最强大的王国，而且在多国互动中扮演着极为积极主动的角色。

与此同时，南诏决心不再维持对唐朝的藩属关系。南诏的新统治者世隆自上尊号，自称"皇帝"，且将南诏重新命名为"大礼国"，不受唐朝册封，也就是拒绝接受唐朝名义上的宗主地位。[77] 接着，南诏继续向今日的贵州、广西、安南地区扩张。859 年，南诏攻陷播州（遵义），这更加剧了南诏与唐朝的冲突。860 年，唐朝的安南都护收复播州，南诏却趁唐朝军队移动至播州时，在安南本地人的帮助下占领了河内。当唐朝军队返回时，南诏军队又自河内撤退，转而攻击且掠夺邕州（南宁）。南诏灵活的游击战术让唐朝的军事防御十分艰辛。862 年冬季，南诏与当地人合作，组成了五万人的大军入侵安南。据说，在两次安南战役中，唐王朝丧失了十五万士兵（或被杀，或被南诏俘虏）。[78] 这一次，南诏不只是要劫掠安南，它还要控制安南——留下了两万士兵守御河内。[79] 南诏的这项决定，或许是考虑到南海贸易所带来的利润。

864 年，唐朝派遣名将高骈出任安南都护，最终，高骈夺回安南并巩固此边疆区域。866 年秋，唐军在河内取得胜利，驱走了南诏军队。[80] 但是，十年来的战事酿成了这些边疆地区的动荡和经济灾难，使得唐朝已经无力进攻南诏。虽然南诏在安南失利，但它仍不时进攻四川。869 年，世隆入侵四川，经过几次交战之后又撤退，但撤退也仅仅是因为他已经掠得了充足的战利品。[81] 874 年，南诏再度攻击四川，唐朝于是将高骈从安南调到四川，而高骈也确实让绝望的局面起死回生。[82]

唐朝与南诏在 876 年还互有使节往来，次年世隆死去，其子隆舜继位，双方谈判继续进行。南诏坚持两国地位必须平等并且要求联姻，这在唐王朝内部激起一番辩论。[83] 880 年，唐朝面临黄巢之乱，唐僖宗遂决定接受南诏的要求，但实际上对联姻却是一再拖延。[84] 此时的南诏也因为连年战事而日益衰弱，[85] 902 年，郑回后裔郑买嗣谋害南诏幼主，建立了一个短暂的政权。昔日强大的南诏王国就此消失。数年之后，唐王朝也被五代十国所取代。至 10 世纪初期，东亚舞台上的三位主角——唐朝、吐蕃、南诏——全部都垮了台。

古代和现代中国的学者对南诏与唐朝之衰亡的关系颇有兴趣，纷纷注意到了南诏、军事叛乱、唐朝衰亡三者之间的关联性。862 年，一些来自大运河城市徐州的士兵被派遣为对抗南诏的援军，两年之后，其中有三千人戍守于桂州。他们原先应该只要服役三年，却因为战事一直拖延到868年，服役六年之久。这一次，不满、抱怨与抗议延烧为叛乱。在庞勋的领导之下，这些士兵离开职守，开拔返乡，[86]沿途许多农民加入这趟漫长的行军。唐朝刚刚镇压了这起兵变，黄巢便煽动农民起义，而正是这场大乱实际上终结了唐朝的国运。

有些学者因此认为，正是南诏入侵迫使唐朝调动北方士兵并一再延长他们的服役期限，由此促成了庞勋之乱，而这又反过来激发了黄巢之乱。正所谓："藩镇屡畔，南诏内侮，屯戍思乱，庞勋乘之，倡戈横行。虽凶渠歼夷，兵连不解，唐遂以亡。"因此，宋代史家的结论是："唐亡于黄巢，而祸基于桂林。"[87]以研究唐代著称的史学大家陈寅恪，引用南诏的案例以及上述宋代史家之言，来证明外族与内政二者的相互作用[88]；而夏光南表示，唐朝崩溃的最重要原因便是南诏[89]；查尔斯·巴克斯则认为，《新唐书》的结论过于夸张而扭曲。其实，巴克斯的评论是有问题的。一方面，巴克斯点出，"确实，南诏在南方的侵略大大加剧了唐王朝的麻烦"，且"南诏国的确对于唐王朝的衰亡有重大影响"；但在另一方面，他的结论又表示，"即便是谈间接层面，南诏都没有造成唐的灭亡"。[90]总结来说，是南诏促成了唐朝的衰弱[91]，并且间接造成庞勋之乱，故而南诏确实是导致唐朝崩溃的因素之一。这样讲，合乎情理。

重新解读中古时代的南诏

南诏在东南亚的角色也不容忽视。研究缅甸的著名学者戈登·卢斯（Gordon Luce）指出，南诏进攻并统治上缅甸地区的骠国，对于后续缅甸诸王国的形成，具有极重大的影响。南诏灭骠国之后所造就的真空状态，成为"原型缅甸人"（proto-Burmans）自己建立王国的大好良机。[92] 许多中国文献记载了南诏与其他东南亚政权之间的冲突，确认了南诏对这些地区的影响。对于这些东南亚政权及族群间的复杂互动，人们所知实在不多。举例来说，我们可能会问，南诏与唐朝在安南的冲突对于 10 世纪大越国（Da Viet）的独立，到底有多大的影响呢？

上述讨论提醒我们，或许需要采取一种跨区域或全球性的历史地理取径来解读中古时代的南诏。南诏、吐蕃和唐朝之间密切而频繁的互动，换句话说，中亚边疆与西南边疆之间的互动，都已经跨越诸多边界——无论是真实或者想象的边界——而交错于中亚、东亚以及东南亚的广大区域。研究这三个王朝中的任何一者，都应该将其放在一个国际（全球）背景脉络中。再者，如果把南诏、吐蕃、唐朝以及其余中亚政权甚至阿拉伯与印度视为同一个世界，那么，我们或可开辟新的面向，因为这些政权的军事、政治、商业及文化交流互动，远比大多数人所想象得深切。

音乐便是一个典型的例子。794 年，异牟寻在接待唐朝使节时安排了中亚的乐师与舞者进行表演，而这些人乃是得自于唐朝的馈赠。八年之后，南诏为长安人献上骠国的音乐、舞蹈及歌曲。唐代大诗人白居易特地写下几首诗，其中的《骠国乐》描述的便是令人印象深刻的骠人表演。诗中写道："骠国乐，骠国乐，出自大海西南角。雍羌之子舒难陀，来献南音奉正朔。德宗立仗御紫庭，黈纩不塞为尔听。玉螺一吹椎髻耸，铜鼓千击文身踊。珠缨炫转星宿摇，花鬘斗薮龙蛇动。曲终王子启圣人，臣父愿为唐外臣。"[93]这个例子本身作为证据或许不够有力；不过，这些区域之间肯定有许多交流被低估或忽视了。因此，我们当然需要考虑这些互动交流是否已经创造了一个包含唐代中国（唐朝、南诏及吐蕃等）与其他中亚政权等地的世界体系。至少，这个"中古世界"内的频繁互动足以让任何国族性或区域性的取径相形见绌，从而呼唤跨区域或全球的视野。

大理与两宋："欲寇不能，欲臣不得"

南诏王国终结后的四十年内，云南出现了一系列短暂的政权，直到937年段思平建立大理王国为止。[94]大理国与两宋几乎同时，就像南诏与唐王朝平行发展一样。整体而言，大理国承继了南诏的领土，但统治者并不像南诏国君那般好战黩武，这也许是因为大理国王虔信佛教，想要避免战争带来的暴力与死亡。[95]大理与宋朝的关系被宋室人为抑制，不如南诏时代那般复杂。[96]宋王朝的节制可能来自历史教训与实际考虑，毕竟南诏作为麻烦制造者的印象还鲜明地存在于宋朝的心中。实际上，宋朝的统治者也衡量过对云南动武的风险与回报。宋将王全斌在平定四川之后请求进攻云南，但开国君主赵匡胤却下令停止，说："德化所及，蛮夷自服，何在用兵。"关于赵匡胤这一决定，有一浪漫传奇故事重复出现在中国的历史记载中：赵匡胤拿了把玉斧在帝国地图上沿着大渡河划下边界，说"此外非吾有也"。[97]宋挥玉斧象征着宋朝当时无意将云南纳入版图。

不过，来自北方边疆的沉重压力，才是了解宋朝对大理态度的关键。宋朝在军事方面不如唐朝强盛，它最担心的是北方诸王国，如西夏、辽、金、蒙古，它们都对宋朝造成巨大压力，迫使其对外族采取更为务实的态度。宋朝制定的在西南边界的防御政策，类似昔日汉武帝专事匈奴而放弃进取西南，因为宋朝无力应付南北两处危险的边疆，无力同时在南北两线作战。这样，我们再一次看到，长城边疆与西南边疆具有密切的联系与互动。因此，宋朝的政策乃是封闭西南边疆，孤立大理，将重心放在北方边疆。毕竟，北宋的政治、经济中心在黄河流域。

北宋的此等政策并不是没有遭到挑战。首先，在历史上，云南与四川有频繁的交流，官私皆然。第二，大理国对于发展与宋朝的关系有浓厚的兴趣。大理国王在965年听说北宋征服四川的消息后，便令其建昌（四川西昌）官员致信祝贺"云欲通好"；三年之后，大理国再次请求宋朝与自己建立关系。[98]面对这些请求，北宋决定"修大渡河船，渡进奉蛮人"，看来是为大理的朝贡使节提供便利。[99]
大理国或利用其控制之邛部州在969年、979年、985年、
989年、991年、997年、999年、1005年、1008年及1038年，
持续派遣贡使[100]，但遭到北宋之主西川者多次拒绝。大理
为何亟欲与北宋建立官方关系呢？也许是因为历史之鉴，大
理国对于前人的作为愈加警惕，南诏的好战不仅拖累了唐朝，
也危及云南本地。相对而言，一个和平的边疆有助于大理的
安定与繁荣，云南与四川都依赖彼此关系和睦以维持地区
贸易，云南许多畜牧、游牧部落尤其仰赖四川的农产品。

　　大理国修好"中原王朝—大理"关系的热切，与北宋
的节制态度形成强烈对比，这从989年的外交往来可知一
斑。该年，大理国王再度请求北宋封赐，但北宋朝廷却一
面鼓励大理好好治理其民，一面以干旱与北方纷乱为托词
拒绝大理之请求。[101]这次拒绝似乎没有让大理退缩，因
为大理的使节依然继续前往北宋朝廷。终于，北宋朝廷在
1115年时允大理之请，1117年大理使节抵达开封，献上
贡马、麝香、牛黄等特产，大理国王段和誉受封许多头衔，
如"金紫光禄大夫""检校司空""云南节度使""大理国王"
名号。[102]由此，双方建立了正式的朝贡关系。

　　政治层面的升级未必能带动贸易的成长。曾有人建议
在大渡河南方设置市场，北宋朝廷于是要求四川官员调查
可行性。[103]也许是因为地方官员不想徒增麻烦，于是引用
赵匡胤的玉斧划界故事反对该项建议，认为孤立政策换得
四川一百五十年的和平，而设置市场将会开门纳祸，"非'中

国'之福也"。[104] 在北方压力日增的情况下，北宋朝廷的
忧虑也日益增长。于是，大理增加贸易的需求，因北宋的
安全之忧而被拒绝。

1127 年，金国攻下北宋首都开封，残存的宋朝统治者
逃到江南建立了南宋王朝，以临安（杭州）为首都。宋朝
被从黄河流域驱赶到长江流域，一时如惊弓之鸟，无法肯
定自身能否抵抗金人的骑兵。惊恐的南宋统治者对大理的
疑心也就更重，再次想要减少与大理的联系。

1136 年，段和誉遣清平官入贡南宋，意图延续双方先
前的关系。大理使节携带的方物包括大象，大象在宋朝官
员眼中象征着臣服。然而有趣的是，南宋开国皇帝赵构
接受了除大象之外的所有礼物，并按照估价支付了贡物
的价值；退还大象的举动则表明南宋不欲与大理维持朝
贡关系。[105] 翰林学士朱震的一段言论最能揭示南宋之心态
与立场。朱震认为，要让大理"以大渡河为界，欲寇不能，
欲臣不得，最得御戎之上策"。[106] 然而，军事需求却反过
来迫使宋朝向大理国敞开门户，因为大理有一特产乃是宋
朝没有却亟须获得者，那便是战马。

宋代的市马

两宋对抗西夏、辽、金、蒙古的战事，需要数量庞大
的战马。因为宋朝的疆域无法养育充足的战马，宋朝遂向

游牧部落购买大量战马。北宋时期可以从西北边疆获取战马，还有少量马匹则得自贡品。举例而言，马匹一直都是大理国的主要礼物，1136 年南宋虽然拒收大象，却高兴地收下了马匹。但是，南宋丧失中原也就丧失获取西北马匹的管道。江南地区不产马，而持续的战情却导致南宋需马孔急。[107] 幸好，大理国以出产良马著称，南宋朝廷别无选择只能与大理贸易。吊诡的是，跨区域权争起初促使两宋遏制与云南之往来，后来却迫使两宋与云南之贸易。

虽然北宋时期的战马主要得自于西北，但大理马匹也通过私人与官方管道卖至北宋。黎州（四川汉源）铜山寨便建立了一处市场，为北宋购买战马。此外，北宋在西北马匹来源受阻时，也只好扩增与云南的马匹贸易。例如，1074 年，北宋公开招募志愿者前往大理买马，四川进士杨佐变卖家产，翻山越岭深入大理国内，招募当地人将马匹赶来贩卖。令人玩味的是，当"云南蕃人"听到消息后将大群马匹赶到四川要塞处，当地官员却拒绝交易，宣称"本路未尝有杨佐也，马竟不留"。[108]

与北宋不同，市马在南宋时期变得极其紧迫。为避免边疆贸易之风险，南宋朝廷甚至设置了一套市马的官僚系统以求获取足够的马匹。为马匹问题，朝廷曾于 1133 年和 1136 年有过两次辩论[109]，即便如此，对战马的需求仍迫使南宋朝廷甘冒对大理国开放门户之风险。邕州（南宁）设立了"买马提举司"，专门负责向大理国买马之事宜。朝廷研究了诸多关于市马的作法与规范[110]，并嘱咐地方官员要密切注意市马；同时在榷场（宋、辽、金、元时在边境所设的同邻国互市的市场）部署士兵以防万一。更发人深省的是，被选作官方市场的地点居然是位于今日广西的邕州而非四川，原因或许是四川太过接近北方，且与大理直接相邻。万一因市马发生冲突，广西与贵州则有许多当地族群区域能够形成缓冲区。再者，市马仅限于少数几个固定地点，其余地区一律不准买卖马匹。1240 年，四川宣抚使孟珙拒绝在四川开辟官方市场，所持理由是广西与大理的贸易已然存在，所以经由四川贸易并无必要。[111]

　　大理的马匹是南宋骑兵战马的唯一来源，而赵宋政权之所以能在失去黄河故地后苟延一百五十多年，正是因为大理的马匹在其中扮演着重要角色。这样讲，也是平心之论。或许可以说，大理国在很大程度上参与并塑造了金国及蒙古国等与占据江南的南宋王朝之间的斗争。更为重要的是，在这个东亚世界的权力斗争中，大理的角色远不只是提供马匹。再进一步说，宋朝对大理的孤立政策，不仅让自己在抗金和后来与蒙古军队的战争期间丧失一个潜在盟友，还在某种程度上留下了一个空缺，使蒙古人得以渗透，并完成对南宋的包围。

蒙古征服大理

　　13 世纪初，中亚政治角力发生了剧变。1234 年，蒙古与南宋联手灭金，虽然宋室一雪靖康之耻，但它却没有料到，蒙古骑兵竟立即拔马南征。1235 年，蒙古与南宋的战争正式开始。不过，蒙古人显然没预料到南宋的反抗是如此顽强，残酷的战役沿着长江一线爆发。战事胶着，蒙古大汗蒙哥意识到正面进攻不会有多少进展，于是派遣蒙古骑兵攻打大理国，以达成包围南宋之势。[112]1253 年，忽必烈率军远征，军队跨越青藏高原而抵达大理。[113] 不到一年的光景，段氏投降，大理灭国。

蒙古人习惯吸收使用熟悉各地气候与地形的土军，他们因此吸纳了段氏军队，这不只是为了征服云南与南宋，还为了征服缅甸与安南。主事云南的蒙古将领兀良合台于 1257 年率领联合军队进攻安南，安南陈朝遂于第二年春天投降。更重要的是，占领云南为蒙古人提供了一个袭击南宋的基地与通道。

一旦兀良合台成功平定了云南地区的抵抗，蒙哥随即发动对南宋的全面战事。1258 年，蒙哥本人抵达四川战场，忽必烈与另一位蒙古次将塔察儿则率军攻打长江中游与下游地区。兀良合台同时领军自云南入侵南宋，期望能与忽必烈会合。虽然蒙哥的突然死亡缓解了这三面攻势，但蒙古对南宋的包围已经启动。二十年之后，蒙古灭南宋。古代中国的一些学者批评宋朝之战略错误，比如清代学者倪蜕就指出，宋朝不应该对大理国采取孤立主义政策，大理与宋朝之间建立联盟有助于宋朝的防御。[114] 这也是为何明朝开国君主朱元璋在将蒙古人逐出北京之后，决意要征讨云南。

不妨先作一小结。10世纪至13世纪欧亚大陆东部权力竞争导致的军事冲突，最终造成云南归附中原王朝。同时，因为中国的长城边疆与西南边疆有密切的联动关系，所以云南本身对于这个持续剧变的地区也有很大的影响。因此，我们不能只是简单地将宋、金、辽等政权及区域之间的互动纳入国史或区域史的范畴，还必须引入全球或世界体系的视角，否则无法对云南在全球性中的角色给予切合的评价。

明初统一云南

1368年，明军攻占北京，元朝灭亡。蒙古人从中原撤回蒙古草原，但继续控制着云南。明太祖朱元璋在1369年、1370年、1372年、1374年、1375年曾先后五次派遣使节到云南，企图说服蒙古人放弃云南。但蒙古人并没有答应，有些使节还被杀害，因此朱元璋决定诉诸武力。

中国历代政权罕能将其统治有效深入云南，那么，明朝为什么决定要统一云南这块充满崇山、丛林、疾病、各类族群，并在历史上导致成千上万兵士丧生的地方呢？"理学"之流行或许是一个原因。

理学将中原中心论的意识形态灌输给宋朝及此后的皇帝，敦促他们积极伸张自己的权力与价值观。也许，此意识形态下的现实状况是，明朝固然已将蒙古人逐出中原，但蒙古人依然占据着蒙古草原及云南，也随时随地可以发动南征。倘若蒙古人同时从北方与西南方进攻，明朝就得两面作战。因此，1370年代的明朝所面对的情势其实颇类似于当年的南宋。在忽必烈占领大理之后，南宋不得不同时面对北方与西南方的蒙古人的两面进攻。这似曾相识的地缘政治刺激着明朝统治者向云南用兵，以免重蹈南宋之覆辙。

1383年，朱元璋命傅友德、蓝玉、沐英领兵三十余万人出征。明军迅速击败蒙古势力，占领了昆明与云南东部。但是，在元朝统治时期的大理段氏，其实处于半自治状态，段氏此刻正想借此良机恢复自身的自治。傅友德写信要求段氏投降，大理总管段世则引用历史经验来正当化他的自治声明。段世认为，唐朝时的大理便是自治，且大理还位于宋朝玉斧划界之外；此外，大理占地太小，人口太少，不足以成为明朝的行政区且不值得明军为此而来，"得此云南于汝何益？不得于汝何损？"

段世建议明朝可以循唐宋模式重建朝贡关系[115]，但傅友德却无视此建议并重申要求。恼怒的段世遂在第二封信里威胁明军，强调大理在军事防御上有地理与生态的巨大优势，明军只会重复从前征伐行动的灾难而已。[116]愤怒的傅友德遂扣留了段氏使节，段世便接着又送出第三封信，其内容更加傲慢。傅友德意识到和平解决已不可能，于是发动攻势，段氏的势力最终被摧毁，但地方酋长所领导的叛乱则在十年之后才一一平定。

明朝的征伐不仅承继了元朝所建立的对云南的中央控制，而且进一步推广与巩固了这种控制。元朝开始了一套中央行政体系，但段氏依然能维持自治状态且控制大理地区。明代以降，大理地区与滇池区域便不再有强大的地方政权。整体而论，明、清朝开始注重且努力达成了在经济、文化上将云南统合入中原王朝的根本目标——虽然地方叛乱偶尔发生。由此，它们意在让云南永久成为中原王朝的一部分。

* * *

中原王朝在军事上征服云南一事，源自跨区域的互动交流与权力斗争。云南所处的地缘政治位置是其在亚洲大陆权力竞争中彰显其重要性的关键因素。

读者如果能将上述跨区域贸易与政治、军事互动联系起来讨论，或有一些启发。首先，军事行动往往会利用现有的贸易路线；第二，跨区域贸易有时是冲突爆发的动机之一，例如南诏和唐朝在东爨与安南的竞争；第三，尽管西南丝路的贸易兼顾南北，但军事性互动则与北方更为相关；第四，政治、军事上的作为有时会促进贸易，例如中国历代王朝对道路的修筑或扩充；最后，贸易与军事征伐都跨越了现代边界，故需以跨区域取径加以考察。

全球性的力量促进了中原王朝对云南的军事征服，此后中原王朝所要做的就是统合这块土地及其人民,使得云南真正成为中原王朝的一部分。以下章节会详述中原王朝的制度如何与本地政权发生摩擦、冲突,以及最后如何扎根于云南,由此塑造出一个"中国的云南"。

第三章

"因俗而治"

土司制度的兴衰

元朝以来，历代中原王朝迁徙了上百万移民至云南，改变了当地社会的人口结构。中央行政管辖、移民、赋税、教育、经济与宗教的基础建设将中原王朝的风俗制度引入云南，从而造成该地区的"华化"（sinicization）。与此同时，云南当地族群对于中原移民也有诸多影响，造成了移民的"土著化"（indigenization）。"华化"与"土著化"是云南历史进程的一体两面，而通过这种交互作用的进程，一个中间地带（the Middle Ground）便得以出现。

本章考察中国历代中原王朝实施于云南、重组地方权力结构的行政体系。为求管治所谓的"西南夷"，中原王朝借用、创造、调适、发展了一种特别的行政机制，这便是"土司制度"。土司被授予官阶、头衔、职位，各自管治他们的土地与人民。只要没有大型叛乱发生，朝廷鲜少干涉土司内部事务。一言以蔽之，"因俗而治"是历代中原王朝西南边疆政策的指导原则。

中原王朝与土司之间的权力关系是动态变化的，因而中间地带经常摇摆不定。一旦朝廷力量充足，便企图加大对边疆的"教化"。在此进程中，土司或被打垮，或受到压制。经过数百年的努力，朝廷的流官制度最终代替了土司制度。在长达五百年的进程中，土司体系的建立、制度化，以及其最终的改革——"改土归流"，高度反映着中原王朝"教化"边疆及其族群的自觉、决心与力量。

边郡制度

中原王朝的边疆行政体系可以追溯至秦、汉，尤其是汉朝。一旦中原王朝扩张至边疆区域，它便开始为边疆创造一种异于中原的行政系统。虽然中原王朝治理边疆族群的指导原则是"因俗而治"，但"教化"的最终目标乃是要在边疆地区复制出一个类似中原的社会。因此，一旦中央政府认为时机成熟，它就会迅速废除、管控、转变地方体制，有时还诉诸暴力。本节考察边疆行政制度的历史进程，以呈现中原王朝对云南的逐步渗透与统合。

楚国将军庄蹻在公元前 3 世纪晚期征服滇国，为中原政权立下了统治策略。根据记载，庄蹻自封为滇王，但他决定"变服从其俗"，依循当地习俗进行统治。[1] 庄蹻的策略与做法为历代中原王朝统治者遵循，他对本地习俗的尊重也一再被提及。渐渐地,一种特殊的行政阶层体系被发明、改良出来,用以管辖边疆地区及族群。在云南乃至中国所有边疆地区的案例中可以辨识出一个清楚的历史逻辑,那便是中原王朝一直在增强管辖的同时努力维持边疆的安全与稳定,虽然其结果各地有别。

汉朝依循秦朝发明的郡县制度,发展出朝贡制度来处置边疆地区众多的"蛮夷"社会。由于这些族群与中原居民不同,也异于那些"化外之民",汉朝遂创造出一套新体制。新兴的边疆行政制度如余英时所研究可以分成三类:"属国""郡县"与"部"(军事单位)。[2]西汉不只是在西南夷地区建立属国,还增置了郡县,更于武帝期间设立四郡——犍为、牂牁、越嶲与益州。根据余英时所言,只有相对汉化的"夷人"才会置于郡县体制内。[3]所以,在汉朝的眼中,置于郡县之内的西南夷相对已受教化。东汉王朝继续南向扩张,在它所征服的各个"蛮夷"地区设置了更多的行政单位。

一般而言,在中原地区处于郡县制度管辖之下的汉人,需要承担税赋与劳役;但是,西南边疆的郡县制度则大异其趣。首先,虽然朝廷会安排官员前往边疆郡县就任,但这些官员有时并没有亲自进入被派任的郡县。相反,他们的管治大多仰赖所任郡县的土酋夷帅。汉朝大多承认并维持着这些土酋夷帅的权威,封赠其荣誉头衔如王、侯等。其次,边疆地区郡县缴纳的税赋低于中原的标准,在某些情况下,税率是由朝廷派驻的官员与土酋协调出来的。这大致就是汉朝的"边郡制度"。

边郡制度的发明，有双重目标。一方面，汉朝将土著置于统辖之下，期望他们接受儒家文化而获得"教化"；另一方面，边疆"蛮夷"对于国防十分重要。某种程度上，汉朝就是借着边郡制度来羁縻西南夷。官僚体系的建立让西南夷与朝廷的互动更加频繁，反过来也导致当地社会出现剧烈的改变，后者成为紧张、冲突、叛乱的来源。公元前86年，益州郡西部（鹤庆与剑川）的廉头、姑缯部落杀害了朝廷官吏；同年，牂柯、谈指（贵州兴义、贞丰）和同并（弥勒）西南夷三万余人反叛。三年之后，也就是公元前83年，叶榆郡（大理）内的姑缯与其他部落再次反叛。叛乱规模之大，使得汉军将领不敢进军，益州太守因此被杀。靠着牂柯郡本地军队的支持，汉朝军队才得以平复这次叛乱。[4]

汉成帝河平年间，夜郎王、钩町王、漏卧侯举兵互攻。因为路途遥远，朝廷不愿出兵平乱，而是派遣官员前往调解。根据记载，夜郎王粗暴地蔑视朝廷官员，甚至刻木象征汉吏，向其射箭。后来，朝廷派遣的第二位使节设计诱杀夜郎王，将其斩首。钩町王、漏卧侯颇为惊恐，遂献上粟、牛、羊以示臣服。但朝廷插手阻止边郡地区部落之间的战争，反而加剧了地方与中央的冲突。稍后，夜郎王岳父与夜郎王之子反叛，最终又导致朝廷的武力干预。[5]

西南夷下一波叛乱发生在王莽时代。王莽篡夺西汉政权，建立新朝，是一个企图恢复周代礼制的"乌托邦主义者"。他在中原王朝的内部与边疆推出激进的改革政策，让原本已经不稳定的西南夷地区情势更加恶化。公元9年，钩町王被王莽降格为钩町侯，因而叛变。这起事件在西南地区造成前所未有的混乱，益州、越巂、牂牁的土著纷纷起而反抗王莽的新朝。16年，王莽派出大军镇压西南夷。根据记载，约有十之六七的士兵死于疾病或饥饿，情势完全没有改善。巴、蜀地区也随之骚动。王莽又另外发动十万人军队前去镇压，结果造成数万死者。此番军事行动持续了六年之久，直到王莽政权最终崩溃。[6]

42年，西南夷反叛并击败益州太守，后者逃至朱提。次年，东汉将领刘尚率领一万三千多人的军队，其中包括朱提的"夷"兵，进攻益州。45年，刘尚击溃地方叛军，俘虏五千七百人。[7]76年，哀牢王与永昌太守因赋役多寡问题爆发争执，他最终杀害县令并攻打嶲唐（云南云龙县）和博南（云南永平县），永昌太守被迫撤退至叶榆（大理）。东汉王朝组织了一支夷汉混合军队——包括来自越巂、益州、永昌的"夷"兵——以镇压叛乱。哀牢王后来受戮而死，帮助东汉王朝的一位昆明夷贵族卤承则受到奖赏而被封为"破虏傍邑侯"，意即"摧毁敌人区域的侯爵"。[8]

118年，永昌、益州及蜀郡诸夷爆发大规模叛乱，十万余叛众杀死朝廷官吏，劫掠城镇，剽虏百姓，"骸骨委积，千里无人"。震惊的汉将杨竦一时不敢进军。经过策划，汉军密征三郡武士，而后进军，叛军遭斩首者三万余人，随后有许多土酋背叛作乱者向朝廷投诚。[9]"以夷制夷"的策略再度奏效。

这次平叛仅仅稳定了西南局势五十年。176年，益州诸夷再次揭竿而起，俘虏益州太守，整个益州都落入叛军控制之下。有些官员建议朝廷放弃益州，因为实在无能平乱。后来在巴郡"板楯蛮"的帮助之下，朝廷方才平定此次事件。这场军事冲突严重摧残了地方的经济与民生，土酋已无资源反叛，而新任朝廷官员也不得已采取了宽和的政策。[10]

东汉王朝在3世纪初的瓦解，让西南边疆地区恢复了自治状态。然而三百年来汉朝对边疆地区的干预，已经大大改变了西南夷的发展轨迹。前述的频繁骚乱显示，汉朝在西南边疆的存在已打乱了西南夷的权力结构，并成为各种斗争的源泉。

上述直接或间接由朝廷激起的军事冲突可以分为两种类型：第一种类型是土著叛乱寻求自治；第二种类型是土著社会内部的部落在彼此攻伐时会企图利用朝廷的力量来谋取自身利益。有些冲突是朝廷"以夷制夷"政策直接造成的。朝廷选中某族群或某地方政权，有可能会加剧地方内部的紧张与仇恨。一旦被选中的族群或政权借此欺凌邻人，许多时候动武便无可避免。

经济因素是土著叛乱的重要原因。一般来说，西南夷所缴的税赋相对轻微，有时还可以获得豁免，例如郑纯治理期间的哀牢人。汉朝任命郑纯为永昌太守后，他与哀牢人约定:"邑豪岁输布贯头衣二领、盐一斛,以为常赋。"在郑纯任期之内,哀牢人未曾制造麻烦。[11]虽然税赋较轻,但是朝廷派驻地方的官吏倘若贪得无厌,也常常会激起边郡地区的反叛。例如,118年的叛乱就是因此而起。叛乱平定之际,朝廷惩处了"长吏奸猾侵犯蛮夷者九十人"。此外,沉重的税捐或劳役往往对西南夷构成另一项经济负担。相较于税赋,西南夷经常承担更重的徭役。[12]汉武帝降伏夜郎、邛筰之后,下令唐蒙和司马相如修建"南夷道"与"西夷道",这两项工程在当地征召了大量的劳力,激起了西南夷的叛乱。

此外,还有其他义务如从军等,也是地方叛乱的原因。公元前112年,朝廷征召夜郎人加入攻打南越王国的军事行动,且兰王担心如果参与征伐,一则前去南越路途遥远,二则邻国可能趁机攻己,于是杀害了朝廷派出的使者与犍为太守。不过,叛乱只是朝廷介入西南夷诸多后果的其中之一而已。"夷帅"与"大姓"的出现,是东汉中期以降中原王朝与边郡社会互动的产物。在接下来的数百年间,夷帅与大姓主宰了云南,维系自治,并竭力抵抗朝廷的军事行动。

"夷帅"与"大姓"不见于《史记》《汉书》等早期汉文典籍。多项证据显示,"夷帅"与"大姓"乃是中原移民与边疆地区的先民的"生物文化混合体"(biocultural hybrids)。[13]首先,许多大姓实是中原移民的后裔,如雍氏、吕氏、霍氏和孟氏。这些家族的姓氏都是中原姓氏。大姓

的祖先经常是有势力的官员，他们被朝廷任命或被强迫迁
徙到西南地区。第二，夷帅通常指深受中原文化影响的当
地首领。在朝廷的认可下，他们往往接受头衔、品阶与职位，
得以统治下辖的人民与领地。统治云南东部长达数百年的
爨氏家族，便是一个典型的例子。[14] 根据爨龙颜的墓碑碑
文记录，爨氏将其祖先追溯及今日山西省境内的一位著名
官员，虽然爨氏其实很有可能就是土生土长的当地人。[15]
爨龙颜碑揭示了土著精英如何与中原王朝互动并在受到儒
家文化影响后，又利用中华习俗来合法化自身地位，强化
自身的权力。[16] 当时，夷帅与大姓是西南或南中地区的真
正统治者。 他们生动地揭示了西南夷与中原王朝互动的双
面性。"夷帅"象征着当地人的华化，"大姓"则象征着中
原移民的土著化。

　　政治与军事互动确实剧烈而快速地改变了地方社会。
然而，同样带有变革性力量的商业交流则发生在这些变化
之前。西南夷的经济形态十分多样，包括农业、畜牧、渔业、
狩猎。他们分成相对小型的族群或政权，在很大程度上是
互相依赖的关系，物资交换是他们生存与发展的关键。再
者，文献显示，巴蜀商人因与西南夷贸易而致富；反过来，
西南夷也从此贸易中获利。最后，本地精英的进贡和战争
的战利品也是另一种形式的物资交换。当时的史料频繁记
录着朝廷的军队取得或土著上缴数以千计的牲口。简而言
之，中原王朝与西南地区之间的贸易形塑了当地先民及其
社会，造成了缓慢却长期且深远的影响。

国以富饶：蜀汉的传奇与历史

3世纪初，四川的蜀汉政权自称为东汉的真正继承者，企图统一中国。蜀汉丞相诸葛亮所定的国策是与江南的孙吴政权结盟，然后对北方的曹魏政权发起军事进攻。然而，作为蜀汉后方重镇的南中地区却爆发了夷帅与大姓的反叛，这迫使诸葛亮将注意力先放到平定南中上，否则北伐中原无从谈起。

诸葛亮在中国民间文化中鼎鼎有名，被视为"智圣"，近乎人人皆知，这当然主要归功于《三国演义》。诸葛亮225年平定南中的传奇故事，反映了他的过人智慧。传说诸葛亮之所以能安定南中，在于他和平而仁慈的战略，采取了"攻心为上，攻城为下"的方针。南中平定之后，诸葛亮让土酋夷帅继续治理地方事务与百姓。此后一直到诸葛亮过世之前，南中再也没有发生过骚乱。许多民间故事与西南少数族群的传说重复诉说了诸葛亮如何引入先进的生产技术来帮助南中的百姓。不过，仔细考察蜀汉的南征便可以看出，上述叙事与其说是史实，不如说是文人士大夫的发明。

第一，与和平征服的普遍印象不同，诸葛亮征服南中之中和之后都爆发了血腥的战斗，也就是说，他主要还是依靠武力征服。第二，诸葛亮或任命地方精英担任本地官员，或将他们迁至蜀汉朝廷任职，但这些地方精英多数是大姓，也就是汉人的后裔，而且其中有些人在叛乱期间一直忠于蜀汉政权。相较之下，没有任何夷帅被任命为地方长官。第三，诸葛亮重建了南中的行政单位，将南中四郡扩充为七郡，并设立了几个新的县；同时，他还设置了"庲降都督"一职负责监督南中七郡（越巂、云南、朱提、兴古、牂柯、建宁、永昌）。诸葛亮采取"分而治之"的策略，减少了地方精英影响力，同时也增强了蜀汉朝廷的权威。再者，有些土著族群被迁徙到成都，并被征召加入蜀汉军队。与从前不同，蜀汉实施的税征已不止于象征意义，而是常态。南中地区为蜀汉政权提供人力、兵力、水牛、战马、金、银、皮革、盐、布、铁、漆器等资源，以"给军国之用"。[17] 事实上，南中的丰富资源乃是蜀汉频繁发动北伐的物质基础。蜀汉政权对资源的榨取使得南中百姓负担沉重，这也部分解释了为何在诸葛亮的征讨之后依然有"南夷复叛"的情景。[18]

某种意义上，诸葛亮的传奇代表了中原文人士大夫对云南历史的一种想象，其中蕴含着一种把"蛮夷""文而化之"的观念迷思，甚至当时在云南的本地族群中也广为流传，但其中遗漏的叙事核心是中原王朝的武力征服以及对地方资源的榨取。诸葛亮对南中的治理，最引人注目的其实是他如何娴熟地运用"羁縻"之道。确实，诸葛亮的治理策略，如重建行政单位、分而治之、迁调地方精英至中央职位、利用土著武力、榨取地方资源等，都可以在后世王朝的政策中发现。

南诏与大理

三国时代开启的混乱，直到隋朝一统天下才停止。在这三百年之间，中原王朝虽然在宁州（云南）设置行政单位，但土酋夷帅其实统领各自的政权。事实上，有许多朝廷任命的地方长官原本应当前去管理宁州，但他们根本就没办法走马上任。[19]

隋朝统一中国后，大约在 590 年设置南宁州，任命韦冲为南宁州总管。爨氏家族领袖爨震遂拜访韦冲，表达了对朝廷的效忠之意。[20] 此外，隋朝在四川西昌地区设置西宁州，与南宁州合作协调；云南西北部和滇池地区则设有三个羁縻州（恭州、协州与昆州），地方酋长被任命为"刺史"。然而，隋朝官员、士兵的鲁莽行径，促使爨氏起兵反抗朝廷；爨氏之反抗又进而导致隋朝的两度征伐。[21]

简而言之，短命的隋朝无力支持地方官员对南中实施有效的管辖。西宁州刺史梁毗曾经受地方蛮夷酋长馈赠大量黄金，因为他们彼此斗争故而企图贿赂梁毗寻求帮助。史载，梁毗"置金左侧，对之恸哭而谓之曰：'此物饥不可食，寒不可衣。汝等以此相灭，不可胜数。今将此来，欲杀我邪？'"于是退还黄金。蛮夷土酋因而感悟，不相攻击。[22] 梁毗的故事颇具启发性。首先，这表明隋朝的权威无法阻止土著间的战争。其次，土酋意识到臣属于隋朝对他们自己是有好处的，而贿赂地方官员更是赢得朝廷支持的重要手段。地方土酋这种蓄意的作为表明，他们是在自觉地利用朝廷这把双刃剑。短期而言，某些土酋、精英、族群可以从中获利，得到朝廷给予的许多特殊待遇。长期而言，朝廷则获得了干预地方事务的绝佳机会。换句话说，地方酋长在利用朝廷，朝廷则"以夷制夷"，推动并加剧地方势力的分裂。最终，梁毗只靠着儒家伦理便成功地减少了战乱。这种诉诸道德的治理模式，一方面反映了朝廷的无力，但另一方面也显示了地方精英已经理解甚至部分接受了儒家伦理。

云南的自治状态一直延续至唐朝势力来临为止。唐朝在云南设置了许多羁縻州、县，并以土酋为其君长。与此同时，吐蕃迅速将势力拓展至云南西北部。事实上，唐朝与吐蕃都企图赢得西南族群的支持。令人玩味的是，许多地方土酋其实是同时臣服于唐朝和吐蕃，进而利用这两个强大的竞争对手，南诏是其中最为成功者。立足于大理平原的南诏获得唐朝及吐蕃的支持，并且首度统一云南地区。从那时开始，南诏、唐朝和吐蕃便在中国大地上演了一出"国际"政治的大戏（本书第二章已有讨论）。

南诏政权存续了三百多年，在历代十三位南诏国王中，有十位南诏王接受唐朝册封的头衔，诸如刺史、台登郡王、云南王、南诏王。政治联盟当然会促进文化交流。举例来说，南诏宫廷派遣皇族青年至成都特别为此等青年而设的学校就读，由此促进了儒学的传播。有些南诏国王与高级官员还能够创作优美的唐诗。[23] 诗文互和似乎是南诏皇室饮宴集会上的一种文化活动，仿佛往昔汉朝的宫廷活动。更重要的是，南诏设立了仿照唐朝的"六部"制度。[24]

其他异质文化也纷纷进入南诏。与当地萨满教混合的密教成为南诏的国教，这可以确定是从南方传播而来的。[25] 此外，有位南诏国王自封为"骠信"，也就是骠王之意，反映出南诏与南方地区的密切关系。《南诏野史》记载，位于中南半岛的昆仑国曾奉献美女给南诏宫廷。[26] 除此之外，吐蕃的因素也不可被低估。事实表明，南诏擅长统合周围的文化，并发展出自身的制度。如此一来，南诏不只达成了政治上的自治，也展现出文化的创造性。有些学者断定南诏是属于唐朝的地方政权，其实不全然如此；唐朝对南诏的政策有异于汉朝，唐朝已不再视南诏为边疆地区，而是对手或盟友。

宋朝对大理国采取孤立政策，期望交流越少越好。虽然宋朝仍封赠大理国王不少朝贡头衔，诸如"云南八国郡王""云南大理国主""忠顺王""云南节度使""大理王"，但当时背景已经大不相同。此时的东亚大陆是一个诸国势均力敌的世界。大理国是独立的政权，直到蒙古人兴起，此局势才有所转变。

元朝三足鼎立的行政体系

行省之建立

　　蒙古人对于云南的影响巨大。云南被并入中原王朝，正是发生在元朝；元朝在创造三足鼎立的行政体系（tripod administrative system）时，不仅重组了地方权力结构，同时形塑了明、清时代的云南。

　　首先，为重新组织地方权力结构，元军摧毁了大理国的高氏家族。高氏自 11 世纪后期以来就是大理国的实际统治者。[27] 高氏为避免丧失权力，曾经激烈地抵抗元军。[28] 其次，从前的征服者没有能力长期驻守和控制云南，但蒙古人不同，不仅成功夺得整个大理国，并且得以继续进军，其关键就在于对段氏的利用。或许是因为元军消灭了自大理国后期以来欺凌段氏的高氏家族，段氏非常感激元朝统治者且对其忠心耿耿。当元军到达之际，段氏献上大理地图，以示臣服。元朝承认前大理王段兴智的影响力，仍守其地，并授予他"摩诃罗嵯"（maharajah）的头衔，梵文意思是"大王"。[29] 再者，段氏被任命为世袭的"大理总管"，负责监管云南的众多族群。[30]

　　段氏担任大理总管这个职位共十一代，直到蒙古统治告终为止。段兴智及其军队理所当然被蒙古人利用，以进一步向中国的中原地区及东南亚扩张。令人惊奇的是，负责云南的蒙古将军兀良合台受命围攻南宋，然蒙古骑兵仅有三千人[31]，主力是由段氏领导的地方军队，其中包括爨人与僰人组成的"爨僰军"。[32]段氏的爨僰军也参与了长江中游地区的惨烈战役。[33]此外，由于元朝统治之初对土著族群控制薄弱，所以由段氏领军镇压了元朝治下云南的大型叛乱。[34]此番动乱促使元朝统治者重新改组其地方行政制度。

1267年，忽必烈派他的第五子忽哥赤去当"云南王"，此举反映了云南对元朝扩张之重要性。[35]然而，"云南王"的到来却加剧了权力冲突。1271年，两个蒙古高官毒害云南王之后叛变。[36]这场叛乱虽被平定，却透露出朝廷控制松散以及缺乏忠诚的地方官员这些弱点。这也是为什么忽必烈要任命赛典赤·赡思丁负责主持云南政局。[37]

赛典赤·赡思丁是忽必烈信任的一位穆斯林。忽必烈要求他采取"谨厚"政策，意即谨慎而稳重地安定云南。[38]1274年，元朝设置云南行省，赛典赤任平章政事。自此之后，云南成为中原王朝的一个重要的基本行政单位，地方认同开始进入酝酿萌芽的状态，第四章会对此加以探讨。

事实证明，赛典赤是第一位"云南行省"长官的不二之选。首先，他缓解了驻云南蒙古王子间的紧张关系。其次，他将统治权加以集中，让民政与军政部门都置于行省之下。举例而言，赛典赤曾设法抑制蒙古将领，以避免军事征伐期间的残酷屠杀。[39]再者，赛典赤将原本的战时体制转化为常态体制，以"路""府""州""县"取代"万户""千户""百户"的制度。最后，赛典赤的另一关键措施就是熟练地利用地方土酋。某些学者认为这是著名的土司制度的开端。[40]

在探讨土司制度之前，需要强调的是，"本地"（native）、"土著"（indigenous）、"地方"（local）这些词语应该要谨慎处理。我们知道，历史上各式各样的互动交流，在创造这些强大的族群或前族群"实体"时，扮演了关键的角色；而这些实体在云南的出现，主要是仰赖与邻居在生物、文化、经济、政治上的交流。在此意义下，他们已不再是"土著"或"原住民"。同理，"地方"这个词也未必一定反对"中央"。虽然云南的地方王国在传统中华王朝的朝贡体制内，属于藩属国，但它们（尤其是位于云南西南或南部的地方王国）有时候也同时向缅甸进贡。其实，在某种意义上，朝贡或进贡并不必然代表这些王国就低人一等，有时反倒是它们的统治者利用外部资源以强化自身的合法性和延续自己的统治。因此，这些王国的社会与制度之活力，不应因为云南最终臣服于中原王朝而被忽视或低估。

土司制度之滥觞

赛典赤虽然企图引入民政体制，但他无法忽视地方土酋之存在及其影响力。即便力量强大如蒙古人，也无法进行直接统治，而必须依赖地方精英和采纳地方制度。蒙古人虽依然利用段氏监督其他土酋与族群，但善待段氏的做法被推而广之成为一种模式，从而安抚了其他被任命为州、县长官的土酋。确实，许多土酋在1253—1254年臣服于忽必烈之后，便被授予荣誉头衔及职位。这套统治体制后来被称作"土司制度"。

土司制度有以下几个特点。第一，土司设立于省级政府之下，所以土司的职品不可能高过此一等级。这点对于我们了解元代以降的国家行政体制相当重要，因为中华王朝晚期的基本架构就是由省级单位所构成。此外，土司制度主要实施于西南地区。[41] 原因很简单，此地山脉纵横，族群复杂多样。

第二，元朝授予土酋诸多品阶与职位，许多头衔之创造是为呈现土司制度的活动，诸如"宣慰使""宣抚使""安抚使""招讨使"（这几个头衔的意思全都是"绥抚专员"），还有"长官司"等等。这些职位的等级为二品或二品以下。[42]

第三，地方土酋被统合入官僚系统之后，需要承担责任与义务。土司有三种类型的义务，其中以军事义务为首要。其一，元军经常利用投降的地方军队来征服、进驻与蒙古人习惯之气候大不相同的热带、亚热带地区。其二，元朝利用土司来扑灭地方叛乱，这是常例。其三，土司要定期向朝廷进贡以示臣服，遣使频率根据当地与北京的距离而定。贡使规模是定制，从数人至数十人不等。进贡的物品通常是地方特产，如金、银、马匹、大象、老虎、刀具，以及其他异域风物。进贡者常被赏赐许多礼物。朝廷也会要求土司缴纳常赋，其种类如贡品。

最后，元朝详细制定了有关土司任命、继承、升迁、降级、奖赏、惩罚的条例。朝廷一旦任命某土司，便会授予代表其阶层的"信物"，象征此关系之建立。这个信物乃是官方的认可，土司在与地方或朝廷互动时必须出示。土司职位是世袭的，但元朝对承袭顺序有所规范。一般而言，承袭名单是按照儿子—侄子—兄弟—妻子的顺序，不过继承者必须要是"土人"。该顺序实际上是依循地方习俗，犹如《元史》记载："宜从本俗。"[43] 元朝也规定了土司之晋升、奖惩的条例。[44] 每三年对土司进行一次评等，但即使土司犯了罪，他们的官方头衔也不会被剥夺，这表明元朝对土司的管辖较为薄弱。这也许是因为元朝对废黜运作良好的地方权力结构与下层建筑有所担忧，也或许是因为元朝缺乏采取高压统治的资源或能力。事实上，土司制度乃是朝廷（中央权威）与地方政权之间的某种妥协。土司制度承认地方势力，它是"因俗而治"的制度化结果。对于土司制度的形成与发展，地方势力和朝廷的作用相当。很大程度上，地方土司享有自治权，段氏即是范例。[45] 鉴于段氏历史上的重要性及其对整个云南的影响力，朝廷赐予段氏特殊的荣誉以及头衔，而段氏管辖大理地区并维持自主状态，直至元末明军的到来。同理，其他土司也在各自层面上维系了自己的权力。他们主要担任府、县职位，因而朝廷的力量很少渗入县级以下的地区。总结而言，元代的土司制度仍处于其历史发展的初期阶段，其规范会随个案而有所不同，其制度化有待完善。

元朝在云南的统治阶层为明、清两代奠定了一个三足鼎立的模式。理论上，云南王以及梁王代表了元朝的皇家权威，此二王掌握权力并享受诸多特权。[46]举例来说，当赛典赤甫一到任，他做的第一件事情就是打消云南王对自身权力可能遭到压缩的担忧。三足鼎立体系的第二足就是云南的行省，虽然王侯的存在夺去了行省的大量权力并经常挑战地方官员。[47]第三，地方土酋的存在，让云南行省的权威局限于城镇。在昆明之外的地区，还有着众多的土司，他们才是山区、森林、河流地带等区域的实际统治者。

帝国王侯、行省、地方土司的行政结构一直延续到清代。由此可见，中原王朝因为自身的弱点必须在边疆族群地区妥协。然而，当朝廷集权的程度逐渐提高，三足鼎立结构遂转型为单一体系。明、清时期的"改土归流"，即改革土司并使其成为帝国行政体系的一部分，就是朝廷集中权力及渗透地方所迈进的一大步，并且是关键的一步。

元朝统治为云南留下的另一影响就是中亚人士的到来。中亚人士因为蒙古的军事行动及统治而进入云南，其中绝大多数人是穆斯林。不过，当时的文献史料没有记录其确切人数。以赛典赤为代表，许多穆斯林担任了云南的官职，增强了元朝对云南的控制。[48]逐渐地，穆斯林人打造出自己社群并融入当地社会。最令人惊异的是，云南的穆斯林积极地参与既有的国际贸易网络，后来还主宰与中南半岛之间的著名商队贸易。[49]整体来说，外来者与移民在贸易方面的表现更有成就。

　　待蒙古人出局之后，穆斯林便成为云南的活跃角色，这一点既有趣又令人稍有不解。等到明、清时代，当中原移民蜂拥进入云南之际，这两个晚近外来群体之间的紧张与冲突日益增长，虽然他们的经济与生活彼此依存。19 世纪中期，在太平天国起义影响下，小争吵终于酿成大冲突，这便是云南著名的"杜文秀起义"。

除段立沐

　　清朝的"改土归流"广受中外学界的注意。其实，在清代改革之前，明朝也曾大力重组并缩减地方的权力与自治。明朝的一大进展，就是在云南建立相对单一的行政阶层。为此，明朝采取了数项重要的步骤，其中就包括移除段氏政权而扶持沐氏家族，并推动土司制度更进一步的制度化。

　　元朝承认段氏的权力，但明朝从一开始便决心除掉这个深具影响力的"族群政体"，因为后者是朝廷加强控制边疆的潜在绊脚石。段氏的清除，象征着朝廷压倒地方土司的里程碑式的胜利。自 10 世纪以来，段氏对于云南整体或部分的控制已经超过四百年，其权力已深深地嵌入地方机制。段氏政权在土著社会的重要性（无论是实际或象征）非常巨大。即使如元朝那般成功统治云南，也没办法驱逐段氏；反之，元朝还要仰赖段氏去抑制或安抚众多大大小小的土司，必要时镇压地方叛乱。在元朝统治的最后数十年间，段氏曾企图恢复他们在大理地区的自主。这也正是为何段氏会认为自己拥有充分的力量和资源与明朝这一西南地区新的外来者交涉。

但是，段氏对自治的要求被明朝的将领拒绝。段氏的领袖段明与其二子被俘至南京，一子被派到长城边疆的雁门关，另一子被派到长江中游的港口城市武昌。当然，他们的职位属于荣誉性质，这是朝廷给地方土司的一种礼遇。其余的段氏精英就没这么幸运了，他们有些人战死，有些人改变姓氏逃到其他省份，甚至被迫迁徙至遥远的山东省。[50] 此外，还有许多段氏土司被捉到南京处决。[51] 简而言之，段氏政权在云南被清除殆尽，此情形可见于明代土司的名单：大理地区有二十九个土司，其中只有一位姓段。[52] 这位姓段的是否属于前述之段氏，详情不得而知。结果，象征当地居民及其力量的段氏，在云南就此消失。

不妨对照隋唐时代的爨氏与明代初期的段氏。爨氏虽被隋朝征服并迁移到隋都，首领被斩首，但其子后来被唐朝送返云南并负责地方事务。爨氏的遭遇显示了朝廷与地方政权的妥协。中原王朝虽有能力统一云南，但若无地方酋长协助难以进行有效的统治。明朝则不同，它不仅大动干戈并俘虏段氏，以彰显其力量，更重要的是，段氏成员或者被杀，或被迁徙至他处，段氏势力被连根拔起。这说明，明王朝认为有能力或至少是有信心在云南进行直接统治，已经无法容忍地方势力的挑战及潜在的威胁，即便这个潜在的挑战者其实也可以提供一臂之力。对于云南的当地族群而言，不管其他的土司力量多大，他们都无法取代在当地社会享有崇高威望的段氏。唯有段氏才能协调和驾驭分歧众多的族群，无论这么做是为了段氏自身还是为了朝廷权威。虽然明王朝在面对其他土司时遇到了很多麻烦，尤其是在云南的南部边境地区，不过在除掉段氏政权之后，已经再也没有影响力及于整个云南的竞争对手了。毕竟，地方土司群龙无首的局面更有助于朝廷对云南的掌控，同时这也符合传统的政治智慧——"分而治之"。

虽然明朝铲除了段氏政权，但在某种程度上，明朝还是延续着元朝的三足鼎立体系，即帝国王侯、省与土司三者。为此，明朝采取的方法是给云南空降一个外来者。当朱元璋决定统一云南时，他可能没料到会遇到这么大的困难。三十万明军打垮蒙古人与段氏是绰绰有余，但是，诸多地方土司却造成了永无休止的麻烦。明军一到，土司便屈服；明军一走，土司就叛变，这让明军将士疲于奔命。朱元璋说明军如"风行草偃，风去草仰"，这个评论颇为妥切。[53] 事实上，明军攻下昆明与大理只花费了不到半年时间，但抚平各地土司却花费了好几年的时间。因此，朱元璋决定增加驻守云南的兵力，总共大约有九万士兵驻于云南地区的九个"卫"[54]，每个卫有近一万士兵，人数远高于中原地区的卫（平均五千六百人）。[55] 如此庞大的驻军当然需要经验丰富且让疑心病畸重的皇帝放心的将领。[56] 沐英是三位率军出征云南的将领之一，其他两位将军傅友德及蓝玉的官衔虽都高过沐英，但沐英有一个这两人无法相比的优势，那就是他是朱元璋的养子。因而，选择沐英驻滇似乎是朱元璋一个审慎的决定。[57] 在朱元璋崛起的那段时间，沐英与朱元璋同吃同睡。因此，这位开国皇帝和沐英的亲密关系，使得沐英成为朱元璋派驻这个遥远边疆省份之最佳人选。

统一云南之后，傅友德和蓝玉班师回南京，沐英则受命平息地方叛乱，并留下完成使命。沐英不仅镇压了叛乱，还控制住广大南部边疆地区的土司，恢复了社会秩序，云南也由此脱离了战争状态。朱元璋对此很是欢喜，称赞沐英道："使我高枕无南顾忧者，汝英也。"[58]

1384 年，朱元璋决定让沐英永驻云南。从那时候开始，直到明代灭亡，沐家在云南共待了两百七十余年，曾出现两个王、一个侯、一个伯、九个国公与四个都督。[59] 这些头衔显示明王朝对其信任之深厚。沐英所担任的职位乃是世袭的军职，也就是云南"总兵"（当地最高军衔），有权指挥"都指挥使司"（明朝地方最高军事领导机构）。确实，在整个明朝时期，沐家始终是云南所有军事行动的主导者。

沐家的特殊角色，使其得以树立并培养在云南的影响力与权力。首先，沐家被赏赐大片土地以及随之而来的大量劳力[60]，全数财产享有免税特权。不到五十年间，沐家就拥有田园三百六十"区"。[61] 明神宗万历年间,云南省"承宣布政使司"之下的二十五个行政单位（"府"），其中十六个有沐家的庄园。[62] 而且，这十六个府之下的每一个州、县里也都有沐家庄园。[63]16 世纪末，沐家共拥有超过一万顷的肥沃土地，几乎等同于云南承宣布政使司或都指挥使司治下的土地面积。[64]

沐家庄园的大肆扩张导致朝廷多次出现弹劾之议。愤怒的官员们要求对沐家庄园发起调查，明朝也因此发布谕令，但不曾严格执行；而且，皇帝也准许了沐家终止调查的请求。[65]1610 年，朝廷终于在大臣施压之下发起调查，调查结果显示，沐家庄园八千八百四十二顷田地中，只有一千三百五十八顷经过朝廷允许，其余或是购买而来（也许是强迫的），或是没收而来。[66]调查最终不了了之，因为朝廷并无进一步的动作。明熹宗天启年间，有官员数度请求朝廷向沐家征税以纾解地方财政困难，但这些请求都被皇帝掷之一旁。[67]

沐家势力更是超越经济范围而进入政治领域。1396 年，朱元璋第十八子"岷王"朱楩驻守云南，沐英之子沐晟向朝廷"奏其过"，结果岷王被自己的侄子建文帝"废为庶人，徙漳州（福建）"。数年之后，明成祖又让岷王返回云南，此举自然无可避免地导致岷王和沐晟之间关系的紧张。岷王"益骄恣，晟稍持之。王怒"。为了调解双方，明成祖分别告诫两人："贻书岷王，称其父功"（提醒岷王谨记沐英的功劳），同时"诏诫晟"。[68]这件事清楚地显示了明朝的藩王在此番冲突中并非赢家。

沐晟上报岷王行为失当一事，或许暗示沐家被赋予了某种监视皇室成员及地方官员的职责，这也使得沐家不大尊重地方官员。举例来说，沐昆曾让云南省三司从他家的"角门"进入，这显然是对地方大员的严重蔑视。[69]虽然这可能是个孤立的个案，但由此可以想见沐家对于其他云南官员的态度。

事实上，虽然明代皇帝通过地方或中央官员得知沐家的行径，但皇帝却容忍了沐家的傲慢与不当行为。为了安抚官员普遍的不满与怨怼，皇帝曾多次发布诏令警告沐家不要滥权或擅用特权。但诏令的口气固然严厉，却罕有实际行动。[70]皇帝之所以待沐家如此宽厚，是因为他们需要确保边疆地区的安宁，而朝廷对云南的控制必须仰赖沐家。根据《明史·沐英传》的记载，多数封有朝廷头衔的沐氏继承人都亲冒矢石，这为沐家累积了非常充分的政治资本。[71]只要沐氏家族仍然亲上战场，他们的行为不检与滥权都可以被皇室容忍或接受。简而言之，只要忠诚于皇室，个人的恶行无关紧要。

毋庸置疑，沐家的财富超过元朝时期的云南王和梁王。然而，在法律上沐家并没有被赋予民政权力。如前所述，元朝朝廷对云南的控制颇弱，至元末时，梁王已经主宰着云南省的行政。相对而言，沐家就没有这样的民政权力，明代民政事务是由三足鼎立体系的第二足即省级行政单位负责。

有趣之处在于，明朝的省级行政也是一套三足鼎立体系，包括承宣布政使司、都指挥使司、提刑按察使司。在每个省当中，三司各自有两个高级长官，这六个长官所组成的委员会共同分担全省事务之责任。[72] 省级行政的瓜分再次反映地方官员的分权化，同时又呈现朝廷对地方控制的强化。

明代省级行政体制的一大特色就是"卫所"制度，其功能是"军屯"，这是稳定边疆省份的关键步骤。军队驻守在云南的大城市或者重要的交通要道与城镇，如此一来，土著势力受到抑制，供给得以保障。虽然云南的"卫"、"所"数量与地点随时而变[73]，但此等级系统与机制依然建立，成为中央控制之基础，并在边疆地区输入和复制了中华文化。

在云南的卫所制度之下，十分之三的士兵要进行操练，其他则参与农业生产，为驻军生产必需品。理论上，每个卫所士兵会分配有五十亩的土地，以确保补给充足无虞[74]，但由于地形的缘故，这一额度在云南无法达成。士兵与其家庭被归类为世袭的"军户"，但有些士兵会设法脱逃，或者被纳入沐家的庄园。

明朝军屯的一大特色在于，朝廷鼓励士兵带着妻子一起迁到驻地，也鼓励单身汉在移至新驻地之前先结婚。地方受命负责护送士兵的妻子或未婚妻前往军屯驻地。某些状况下，驻地的单身汉甚至会被开除。[75] 朝廷通常会为军户家庭提供交通上的协助，目的是要鼓励士兵及其家庭永久定居于驻区。因此，军屯不只成功将云南纳入中原王朝，而且也成为一种复制中原农业文化的媒介。明朝的士兵、士兵的妻子与后裔大幅度地改变了云南，为当地开启了一条新的发展途径。

明朝在西南地区的另一重大决议就是设立贵州省。之后，它便作为一个独立的省份出现。[76] 也是从这年起，西南地区的行政格局于焉创建，并延续至今。

虽然明朝派驻云南的军队数量之多，史无前例，但明军只能控制主要的城市、通道与贸易市镇，广大的乡村依然在土司的控制之中。明朝承认这些地方势力，采用了诸多手段将土司制度进一步规范化，并尝试渗透到土司的权力结构当中。

土司制度的规范化

元代与明代：规范化的策略

土司制度的雏形始于元代。为规范土司的行为，元朝发布了一系列关于奖赏、惩罚、废黜与承袭的规定，但这些规定却鲜少真正付诸实施。相比之下，明朝的规定更加详尽，而且也有能力加以执行。

整体而言，虽然中国的学者大都认为土司制度始于元代，然而，仔细研读元朝档案之后会发现，元朝的土司制度还处在非常初级的阶段。首先，土司会被授予和一般官员无异的头衔与职位，皆会得到"宣慰使""宣抚使""安抚使""招讨使"等官衔。第二，元朝颁布了一些规则来管理土司，但这些规则缺乏系统性。更重要的是，从本质上讲，这些规则代表的是官方对地方习俗的认可。举例来说，在土司承袭事宜上，元朝通常会接受当地习俗。[77] 此外，最能说明问题的是元朝对于违犯规则或法律的土司，采取的是一种宽松的态度。泰定年间，花脚蛮叛乱，皇帝的处置是下诏安抚，而不是出兵讨伐。[78] 1325 年，大理与威楚有土著叛乱，云南行省敦请朝廷派兵剿除，但皇帝拒绝出兵并遣使与"蛮夷"交涉。[79] 既然叛乱都能免受惩处，小罪或不当的行为当然也就忽略不计。元朝的土司可能被朝廷警告、罚款，但总是"罚而不废"。[80] 显然，这种容忍政策是中央控制薄弱的结果。这并不是元朝缺乏强化控制的意图，问题在于能力不足。有鉴于此，约翰·赫尔曼（John Herman）主张土司制度创建于明初，也是言之有理。[81]

等到明朝除去段氏政权之后，明代的所有土司都真正成为"地方的"，即属于省以下的等级。不只如此，朝廷还致力于将土司制度规范化。1383 年，当明朝对云南发动征讨时，许多土司臣服，并受封先前元朝赏赐给他们的头衔。[82] 土司分为民与军两类，民政的"土官"受吏部监督，而军政的"土司"则受兵部监督。[83] 军政性质的土司包括"宣慰司""宣抚司""安抚司""招讨司""土长官"，还有在卫所制度之下加上"土"字的各种军事职位。民政性质的土官包括了"土知府""土同知""土知州""土知县"等。一般来说，民政性质的土官设在云南内部区域，而军政性质的土司则会在朝廷权威鞭长莫及之边疆或遥远偏僻的地区。因此，明代云南大约可以分作三种区域：保山—元江以北称为"内地"，这里是由"土官"所主宰的区域，包括楚雄、姚安、鹤庆、寻甸、武定、丽江的"土府"，以及罗雄、赵州、路南、剑川、弥勒、师宗、安宁、阿弥、陆凉、沾益的"土州"，还有罗次、云南及元谋的"土县"；保山—元江以南是"土司"管辖的"蛮夷"地区，包括车里、八百、潞川、南甸、干崖、陇川、潞江、耿马、孟卯、孟连等地；最南方的区域称为"御夷"地带，虽然设有长官司，但明朝在此几无权威可言。[84]

综观明代，云南共有179位有授衔的土司以及255位有授衔的土官。[85] 他们的官衔从正三品到从九品不等。[86] 明朝会颁予土司诰敕、印章（银制或铜制）、帽子、腰带以及某些信物（如"符"与"牌"）。当明朝在云南之统治由战争转变为和平状态后，它开始将"朝廷—土司"的关系加以制度化，并对土司施加了更多的行政规范。明朝发布了详尽的诏令、法令和规则来管制土司的承袭、进贡、奖赏、升迁、惩处、废黜等事宜。

朝廷与土司之间的关系，关键就在于土司承袭的规范。明朝对土官应袭者，勘定造册在案。不过，承袭名单很大程度上依然遵循着地方习俗，其人选往往是土司的儿子、兄弟、妻子、女儿、女婿、侄子和外甥。但是，明朝发布关于承袭规范的诏令一事表明，朝廷已经开始干预土司政治中的关键环节。在某些案例中，承袭人必须向朝廷相关部门呈上族谱，而地方官员也需要对此事背书。[87] 为了避免混淆，甚至引发残酷斗争的可能，1436 年朝廷下令土司必须提供列有子辈与侄辈名字的族谱。这样一来，一旦土司过世，便可依次承袭，以免争端。[88]

1441 年，明朝规定土司要准备四份族谱的副本，分别交给云南省三司以及吏部，同时必须每三年更新一次。[89]1485 年，明王朝再次重申土司必须每三年更新一次族谱。[90]1489 年，朝廷决议，若土司年龄低于十五岁，朝廷会指派官员协助土司进行统治。[91] 至 16 世纪初期，明朝铸造派发了许多"信符"和"金牌"给土司。[92]1530 年，明朝发布了更多关于族谱事宜的细节规定，要求土司在其中列上全部子辈与孙辈以及他们生母的姓名，并注明他们的继承顺序；假若某一土司没有儿子，可以列上他的兄弟、侄儿、外甥或女儿为自己的继承人。[93]

这些朝廷饬令主要是有关承袭方式的规范，也就是这些承袭者需要如何行事才被允许承袭土司职位。其余规定则是关于惩处之细节，包括罚款、贬职、撤职、流放、处决、废除等。1535 年，朝廷明确规定，若土司互相仇杀，或借兵助恶，残害军民者，其子孙不许承袭。[94]1555 年，朝廷规定，土司之间的通婚，只许本地、本类，不得逾越省的边界，而且土司"不许与外夷交接往来"，若有违犯者，最严重的处罚乃是废除其土司地位。[95] 此等规定鲜明地呈现出"族群联系"（ethnic connection）与朝廷行政管辖之间的紧张与冲突，因为族群间的交流互动早于朝廷的行政管辖，当然也超出朝廷行政的划界。自此以降，明朝与后来的清朝便企图形塑及禁锢族群交流于行政疆域之内。

最能够体现朝廷控制的，莫过于朝廷能够执行惩处。元朝时期，"犯罪"的土酋通常会被朝廷原谅，惩处也就不过是一种象征而已；明朝则能够真正有效地执行惩罚。1395 年，广南府的土同知（正五品）侬郎金因为父亲侬真佑叛乱被官军擒杀，而被贬为土通判（正六品）。[96] 此次贬职之前，侬郎金的祖父侬即金在 1385 年"不服粮差，官军剿杀间逃亡"；侬即金之后于 1409 年赴北京自首认罪，被流放至辽东。[97] 虽然许多惩处相对轻微（有时是以罚款或赦免的形式），但明代也曾执行过死刑。明英宗正统年间，鹤庆土知府高伦被处决。[98]1528 年，凤朝文与安铨这两位叛乱的武定州土司受刑处决，其家族遭到流放。[99]

起源于明代的"改土归流"，是指朝廷直接派流官以取代土司统治，是朝廷控制地方的一项关键步骤。死刑不过是终结土司的生命，改土归流则是终结某区域的整个土司制度。鹤庆土知府高伦或许是改土归流最早的案例。高伦被处决之后，该土司职位遂于 1443 年被废止，因为其家族的可能候选人都被认为不具继承资格。[100]1478 年，寻甸土知府安晟过世，安氏兄弟爆发权力争夺，于是该土知府职位遭废。[101]1481 年，广西府的土知府昂贵过世，该职位后来也被废除。[102]1580 年代中期，罗雄土知州者继荣的叛乱被平定，罗雄由政府改派流官。[103]1607 年，在经历数十年的混乱与叛乱之后，武定州终于由明朝直接管辖。[104]另外，

1621 年，云龙土州被废止。[105] 根据龚荫统计得知，整个
明代共有 26 个土知县或以上的土司职位被废除。[106]

虽然有众多土司职位被废除，但有少数案例则是恢复
土司职位来取代流官。1433 年，南安州的"乡老"以本州
岛蛮夷杂处需要土官约束为由要求建置土司，吏部虽拒绝
所请，但皇帝本人以"治在顺民情"从之。[107] 此外，宁州
原先是由朝廷直接统治，但是有位土酋贿赂了权倾一时的
太监刘瑾，结果宁州恢复了土知州职，直到 1522 年才被
废止。[108]

毋庸惊异，许多罪行若是由流官所犯，其后果非常严
重；但若是土司所犯，朝廷则经常予以宽宥。1384 年，云
南布政使上奏说，土官有选用者，有世袭者，但无论何种，
土官犯罪，律无所据，请求制定相关条例。六部所做的决
议是，凡土官选者犯罪，按流官治罪；世袭者，"所司不许
擅问，先以干政之人推得其实，定议奏文，杖以下则纪录
在案，徒、流则徙之北平"。对世袭土司也是多一分宽容，
判决时相对谨慎，而且从轻发落。[109] 1430 年，巡按云南监
察御史杜琮上奏，建议对土司犯罪所用的法律与流官等，
但皇帝的批示是，"蛮夷不可以中国之治治之也"，继续维
持原有作法。[110]

明代土司制度的规范化，对于"朝廷－土司"关系有
重大影响。土司承袭的相关规范实际上影响了后来清代的
改革。约翰·赫尔曼指出，清代对于"朝廷－土司"关系
之改革，产生了一个始料未及的后果，也就是土司之间和

土司内部的暴力冲突。[111] 其实，这类暴力事件在晚明时期已频繁出现。武定土州的改制就是一例。

武定之乱

1381 年，武定女土官商胜首先归附明朝，掌管新设的武定军民府。[112]1528 年，武定土舍凤朝文杀害官员后叛乱，土知府凤诏与其母瞿氏逃过这次屠杀。后来明军平定叛乱，凤诏与其母回到武定城。到了 1538 年，明朝同意让瞿氏继承她死去儿子遗留下来的土知府职位。到 1563 年，瞿氏推荐她的媳妇索林（凤诏之妻）继承该职。索林任土知府以后，瞿氏又对索林"失事姑礼"感到愤怒，于是领养了一名叫继祖的异姓儿。此后瞿氏企图废黜儿媳索林，但没有成功，于是转而求援于明王朝。她派继祖上报朝廷，在报告中，瞿氏宣称自己已被索林囚禁。我们虽无法得知究竟继祖有没有到达北京，很可能是没有。据说继祖诈称受朝命袭职，并率兵包围索林要求对方交出官印。索林带着官印逃到省城，抚按官加以调解，重申索林的地位，索林于是又回到武定。

然而，瞿氏与索林间的紧张冲突愈见恶化。索林的手下郑竑建议她谋划杀害继祖，后来计划败露，继祖的兵力遂包围索林，还掠夺了和曲县、禄劝县。索林别无他法，只能逃到昆明，可这次省府却没站在她那边。巡抚曹忭取走她的官印，郑竑入狱，并下令瞿氏担任代理人（暂理府事），继祖的罪行也获得宽宥。

　　1566年，新武定城竣工。巡抚吕光洵释放了郑竑，并让他回到武定"回府复业"。郑竑却被继祖俘虏后杀死，继祖接着进攻新武定城并击败地方明军，还擒杀了当地的明朝将领与土官索林。后来明军追捕甚急，继祖被迫逃亡东川并准备进入四川，因为他与四川建昌的凤氏有故。但是，当大批明军与土军到来之后，凤氏却背叛了继祖。最后，一位当地首领杀死继祖并将尸首献给明军。可是，继祖虽死，武定之乱却未告落。

　　动乱之后，明朝废除了武定府土司，派遣流官任知府，同时念旧情，"不欲绝凤氏，授索林支属凤历子思尧经历，给庄百余"。凤历却对官府废除土知州职颇感不满，遂与贵州水西宣慰安国亨及四川七州的土司勾结，率军攻向省城，并且宣布思尧为知府。流官知府刘宗寅严加守御，并于夜间出兵反击消灭了叛军，凤历被擒，后来遭到处决。

　　一波未平，一波又起。索林与其属下虽已受到明朝的遏制，但其他派系又从中起事。1607年，继祖的侄儿阿克与金沙江外诸蛮结党叛乱，攻下了武定，大肆劫掠，而后夺下元谋县及罗次县，并要求官府交出府印。恰好知府在会城，阿克没能取得官印，却索得了官帽、腰带、印信等来合理化自己的口号。由于明军尚未集合，当地镇抚司出于恐惧，遂派使者将府印送给阿克。阿克于是退回武定城，自封为知府。不久之后，镇抚司调动军队，五路进剿，逐一夺回失陷府县。阿克被俘虏之后押送到北京处决。在继祖与其追随者被扫除之后，明朝废除了武定所有的土司职位。[113]

"武定之乱"揭示了土司制度的规范化是如何影响朝廷与土司之间的关系以及土司内部的权力结构的。首先，土司承袭必须经由朝廷同意。其次，爆发权力斗争时，冲突双方均诉诸朝廷的支持。无论是瞿氏或后来的索林，当需要外援来压制挑战者之时，她们便转而向朝廷求援。第三，朝廷信物被土司视为一种合法性的来源。阿克起初索取知府印，当他没能获得时，他便向其他信物如冠带、印信等下手。最后，朝廷利用这类权力斗争，不只是支持一方来打击另一方而已，还将其视为一个拓展朝廷影响力的良机。在武定事件的第一回合中，朝廷拒绝瞿氏的请求而继续支持索林的土司地位，但是它并没有惩罚谎称有朝廷支持的继祖。到第二回合时，朝廷变成支持瞿氏，郑竑被关进牢里。然而几年之后，郑竑却被释放，还回到武定继续任职。鉴于此前郑竑与继祖两人之间的冲突，朝廷的这项决定似嫌轻率，但似乎也暗示地方官员或是有意挑动这些土司争权者互斗，以便"以夷制夷"。不过，后续事态发展实在出人意料，土司间的斗争延烧成为叛乱，甚至连四川、贵州的土司都涉入其中。经历诸多艰苦的战斗之后，明朝终于镇压叛乱，一举取消武定土司。明朝晚期的云南爆发了许多关涉土司承袭的事件，简直都是武定的翻版。朝廷与土司的互动最终成为明朝晚期云南地方政局的特色，并从中形成了一个新的社会变动模式。

文以化之

明朝积极地强化对云南控制的同时，地方的土司、土舍也灵活地利用朝廷的资源来强化自身的合法性、权力及影响力。于朝廷而言，土司制度是一种控制土著精英与百姓的形式；于土司而言，则是出于利益而加诸己身的官僚体制。借此制度，明朝宣称朝廷对土司及其治下百姓的统治权，土司则以担任朝廷官职来增强统领土著居民的政治合法性，同时抑制相邻部落政治和经济力量的增长。简而言之，朝廷与边疆地区土司之间的合作，实基于双方对彼此文化习俗的认知落差（misperceived cultural practices），而这给双方都带来了好处。再者，在土司制度之下，部落、氏族以及其他地方关系纽带依然得以运作，而这种纽带有时也会被土司用来对抗朝廷——武定之乱就充分显示了这种地方性纽带的存在和能量。

当瞿氏后悔自己当初让索林承接土知府一职时，她并不是立刻就要求朝廷撤换索林；相反，瞿氏将此事视为家族／氏族／部落的问题，邀请贵州的安氏与四川的凤氏（两家都是她的亲戚）加以干涉。等到瞿氏失败之后，她才转而请求朝廷。到了事件的最终阶段，阿克再一次诉诸贵州、四川的亲族纽带寻求援助。据史料显示，四川凤氏曾答应要支持阿克，但是在朝廷武力的威逼之下，凤氏背弃了承诺。显然，云南的土著酋长依然与贵州和四川的土酋保持着密切关系，这个跨越省界的宗族网络已经行之有年，它在 16 世纪后期虽然被削弱，但并没有遭到毁灭。明朝禁止土司跨省通婚的诏令，亦从反面说明了此等族群／氏族联系的角色，而跨省的部落／氏族／族群的纽带在清代依然显著。

教育是明代对土司体制进行规范化的另一项关键措施。最初，土司家族的孩童会被挑选送往北京的"国子监"就读，这是一种特殊恩惠。[114] 此外，云南至四川各地也设立学校教授土官子弟，如 1395 年，朱元璋下令四川、云南"边夷土官，皆设儒学，选其子孙弟侄之俊秀者以教之，使其知君臣父子之义，而无悖礼争斗之事，亦安边之道也"。[115] 朱元璋还不断给国子监的云南儒生赏赐礼物。到了 1481 年，选择土司的男性成员进入国家官学已成定制。[116]

对明朝而言，将土司子弟送往北京乃是一石二鸟之计。首先，这些子弟或是土司的子侄，或是其他近亲，他们等同于人质，朝廷可以借此削弱土司叛乱的可能性。其次，给这些年轻人灌输明朝的意识形态和文化礼仪，可以将这些"蛮夷"改造为开化的臣民，当他们返回地方后也能够教化自己的子民。毕竟，这些年轻学子来自精英家族，其中许多人将会接任土司的职位。

由于国子监能容纳的人数有限，朝廷遂下令在土司区域设立学校。[117] 如前所述，1395 年朝廷发布谕旨，要在土官地区设立儒学。[118] 虽然我们不知道这项命令的执行程度，但它能呈现出朝廷的认知，即将教育视为教化"蛮夷"的有效之道。另一方面，许多土司也了解到熟悉中华文化会带来许多好处，因此他们积极地响应政府，世袭丽江土知府职位的木氏家族就是其中的代表。木氏家族从明代中期开始便以实践儒家文化而著称，甚至被视作众土司当中最有"教养"者，史载："云南诸土官，知诗书好礼守义，以丽江木氏为首。"[119]

约翰·赫尔曼曾经细述清代初年如何强化土司承袭的管理模式，其主要方法是引入汉人的父权形态（Han patrilineal pattern），或者是将教育纳为继承者条件。[120]审读史料，这些做法其实始于明朝，虽然其效果还需要进一步研究。很清楚地，明朝努力将土司制度规范化，清朝加以继承，并投入更多的资源与力量。简而言之，随着土司制度的建立、规范、管制，乃至最后废除，地方的自治程度一步步、一次次减少，朝廷对边疆的渗透程度一步步、一次次加强。

土司制度是一项引人注目的突破，不仅是对云南历史而言，对中国边疆史与族群史而言也是如此。这是历史上第一次朝廷借用云南土著的官僚体系并加以移植、调制。这种制度是中国边疆政策长期发展的结果，反映出"中国国家建构"（Chinese state-building）的成熟度。如前简述，早在秦朝时期，朝廷就开始创建官僚系统来处理与边疆地区及其族群的关系。"因俗而治"的观念被践行后，朝廷在边疆地区创造出一种独特的官制与机制，例如汉代的边郡制度及唐代的羁縻体制，而土司制度实质上是这些前人做法的系统发展成果。

这项制度的运作必然包含了一种内在的紧张性。对朝廷而言，土司制度同时具有战略与战术考虑。只要边疆与少数族群存在，它就是一项长期的战略；而一旦朝廷认为改革边疆地区的时机已然成熟，土司制度就转变为短期的策略。朝廷若要建立并巩固对少数族群为主的边疆地区的控制，那么，土司制度便是此种发展的第一步，而且是必要的一步。然而，朝廷的最终目标是要教化边疆族群，因此，一旦条件成熟，它就会撤换该制度，改为直接统治。这种变化实属必然。长期战略与短期策略之间的冲突与抵触，说明为何从该制度形成以来，土司职位便频繁地设立与废除。虽然明朝延续这样的趋势，但规模最大且似乎最"激进"（radical）的措施发生在雍正统治期间。他推行的"改土归流"导致了土司制度的最终衰亡。

土司制度的衰落

清朝在云南统治之初，也采用了三足鼎立的体系。1661 年，吴三桂杀害了永历皇帝，南明政权至此终结。考虑到吴三桂的功绩，朝廷给予他特殊的荣衔"平西王"。然而，吴三桂很大程度上将中国的西南地区变成了自己的权力基地。虽然备受恩宠，但随着吴三桂权势日增，怀疑与警惕的暗潮也日渐汹涌。1673 年，吴三桂与另外两位掌握福建、广东的藩王起兵反叛。历时八年的"三藩之乱"，最终被年轻的康熙皇帝所扑灭，清朝直接统治云南。

清朝大体继承了明朝于 15 世纪初建立的西南省级结构，但增设了"云贵总督"一职。这是朝廷中央集权的一大推进。像明代沐氏那样的地方世袭家族或王侯，在吴三桂之后都已不复存在。至此，元、明时期三足鼎立的行政体系在云南也不复存在。逻辑上来说，清朝中央集权的目标在于省级之下的区域，也就是土司。在整个清代，朝廷的力量逐渐扩大，而土司控制的区域则相应减少。清朝取得如此成功的重要一步，就是"改土归流"。[121]

清朝初期对于土司制度的规范，大致仍然如明代，不过是限制土司职位继承的条件，要求土司每年与地方官员会面，同时将儒学教育列入土司继承的必要条件。[122] 这些规范最终削弱了土司与土著社会之间的联结，土司开始更加密切地与朝廷保持关系，以免丧失头衔与权力。土著社会之疏离与朝廷权力之强化，这两者是同时发生的。[123] 这么一来，清朝就进一步推动了明朝始创的作法，即将朝廷对边疆社会的干预及影响法制化。

清朝不只接受了归顺的诸多土司，还触及明朝鲜能到达的区域，并且承认当地许多小头领，也就是所谓的土舍、土目。这体现了朝廷对地方社会更进一步的渗透。[124] 总体而言，相较于明代的 434 位土司[125]，清代云南共有各类土司 273 人。[126]

表 3.1 明、清时代的云南土司品秩表

品秩	明代（人）	清代（人）
正、从三品	15	1
正、从四品	38	15
正、从五品	64	31
正、从六品	83	51
正、从七品	28	85
正、从八品	13	8
正、从九品	12	30
九品以下	151	43
品秩不明	20	9
总计	434 人	273 人

数据来源：龚荫：《中国土司制度》，昆明：云南民族出版社，1992年，第58、61、113—114、1461—1464页。明、清时代的土司官品秩大致相同，仅有一些小差异。举例而言，明代土知府是正四品，但在清代则是从四品。此外，清代的土巡检一职为从九品，在明代，这个职位没有官品。

表 3.1 呈现的是由明到清，朝廷权力的提升与土司制度的衰弱。第一，清代官方所承认的土司人数（273人）远少于明代官方所承认者（434人）。第二，随着时代演变，高阶土司（三品至六品）的人数大幅减少。举例来说，明代三品土司有15人，清代则仅有1人。这一趋势显示，土知府等高阶职位被流官所取代，省级到府级的土司基本被废除了。第三，相较于明代，清代的七品土司人数整整增加三倍，有85人之多，这表明清代的土司多是县级或县

级以下官员（知县为正七品）。在清代云南有官品的土司之中，七品土司占总数的三分之一。如果将七、八、九品土司合计，则共占土司总数的一半之多。换句话说，朝廷的权威已开始渗透至县级及以下区域。

但是，我们该怎么解释从明代到清代低于九品的土司人数的急遽减少呢？仔细阅读资料我们可以发现，这个统计数字有误导性。在明代，低于九品的151位土司之中有95位是土巡检，而土巡检在清代属于从九品官；另外还有25位土驿丞，其地位与巡检类似。此外，明代资料上还列出19位土舍。以相对应部分而言，清代的人数要少得多（3位驿丞和6位土舍）。因此，此一对比并不违背明、清时代转变的大趋势。

如前所述，土司数量剧烈减少并不是自然的现象，而是朝廷的刻意设计。起初，清朝承认臣服的土司地位，同时毫不犹豫地剿灭那些忠于明朝的土司。举例而言，因元江土知府那嵩反抗清军的到来，元江土知府职遂在1659年废除。另外，宁州（华宁）、嶍峨（峨山）、蒙自、王弄山、文山、石屏等地叛乱的诸多土司，其职位也被废除。[127] 在1720年代，雍正皇帝与他所信任的云贵总督鄂尔泰发动了颇具进取心的"改土归流"。1723年是雍正继位的第一年，当年丽江土知府职被撤废；次年，威远土州也被撤废；1725年姚安土府亦遭受相同命运。从1726年到1731年的六年是清代改土归流的高潮，在此期间，云南东北部与南部地区的土司职位也陆续遭到撤废。

1726 年，云贵广西总督（管辖云南、贵州、广西）鄂尔泰向雍正皇帝上奏，提出改土归流事宜，其意是要从土司的"残暴统治"之下"解放"当地族群，同时强化朝廷对边疆社会的控制。雍正皇帝立即接受了鄂尔泰的意见，指派鄂尔泰执行这项庞大的计划，云南则是重点。1726 年夏天，鄂尔泰下令逮捕沾益土知州和镇沅土知府，没收他们的田产与资产，将其流放到江南地区。[128] 在朝廷强大的压力下，者勒甸土司刀联斗"自愿"上缴官印并恳请朝廷"改流"直辖。[129] 与此同时，鄂尔泰向东川发兵，废除控制当地势力的土目。[130] 乌蒙和镇雄的土司同样被鄂尔泰以武力废除。

虽然土司头衔与职位被撤废，但土司的权力与影响则无法迅速清除。1730 年，乌蒙土酋禄鼎坤以当地清军的残暴为由，起而叛乱。禄鼎坤是乌蒙前任土知府禄万钟的叔叔，他曾帮助清廷镇压禄万钟以及镇沅和车里的土司。禄鼎坤或许是期望此举能使自己升任土知府一职，岂料清廷却决定将他迁移到河南。失望的禄鼎坤便与儿子禄万福号召其他土司一起叛乱。他们迅速攻克了乌蒙，杀死清军将领。这个事件立刻引发了新近才改土归流的镇雄和东川两土府的叛乱。[131] 全省为之动荡。鄂尔泰调动云南与贵州的两万军队，包括清军和土兵，来对付叛军。最终，鄂尔泰残酷地镇压了叛乱，一些土司逃窜至四川的大凉山地区。[132]

除了乌蒙、镇雄、东川府所在的滇东与滇北，滇南也是改土归流的重点区域。1726 年，镇沅府土司被朝廷指派的同知刘洪度所取代。刘洪度企图将清廷在中原地区施行的体制引入镇沅，引起土著的强烈不满。苛征重税也使得当地百姓极为愤慨，暗中发誓要杀死刘氏。刘洪度已经得知消息，但他并不相信。1728 年阴历一月十七日晚上，刘氏观赏地方戏曲时，叛军蜂拥而入。刘躲到马厩附近，但叛军还是发现了他。刘洪度告诉对方："你们想要的只是官印。就拿去吧。"他献上官印，然而叛军却说："我们要官印，也要你死！"刘洪度于是被杀，据传他的心脏还被吃掉。此外，还有许多清军将领受戕。当朝廷派军讨伐时，该次叛乱的领袖刀如珍自愿出来自首，表示他的愤恨已经因为杀死刘氏而平息。刀如珍后来遭到处决。[133] 镇压镇沅之后，清军继续南进扑灭了车里的叛乱，并在此新设普洱府。普洱府是清廷改土归流触及的最南端。

雍正的改土归流政策以废除土司制度为目的，积极进取且气势汹汹，但它绝非鲁莽肆意之举。鄂尔泰根据自己的原则来确定哪些地区可以受益于改流。他仅仅选择那些他认为条件成熟、直接统治应能成功的地区。一言以蔽之，改土归流的原则是"江内宜流不宜土，江外宜土不宜流"，也就是澜沧江以东的区域宜设流官，澜沧江以西的区域宜设土司。这项原则是根据地方与社会的变化而制定的。鄂尔泰所划定的界线，从此决定了云南土司的命运。至 18 世纪初期，中原移民及其后裔已经散布在云南诸多区域，云南发生了巨大的社会与生态文化（ecocultural）的变迁，为此政治转型提供了人口与文化上的基础。[134] 再者，清朝正进入其鼎盛时代，军力强大，足以击溃任何土司的起事。

最终，改土归流在雍正统治期间得以完成，它剧烈地改变了云南的行政结构。土司数量锐减至 22 位，其中多数位于滇南与滇西南，那些地区有许多土酋与朝廷保持着松散的关系。[135] 云南内地少数得以保住位置的土司，其权势也受到很大的钳制。多数土司职位撤废，这是中央权威压制地方势力的重大胜利。虽然如此，我们应当留意，土司的威望与影响力依然持续盘桓。地方族群之中非正式的权力及文化传统消逝得非常缓慢，大大小小的土舍、土目们依然主宰当地族群的村落、氏族与部落。

* * *

中原王朝与云南及边疆的关系、朝廷与土司的关系，这二者所发生的历史性变化，揭示了朝廷权威以及对边疆管辖的日趋强化。汉朝虽然最早发起军事征伐，但当地的夷帅依然享有高度自治；一旦朝廷对地方征敛过度，地方叛乱与反抗便层出不穷。三国时期的蜀汉政权在诸葛亮南征以后，实施了相对有效的政策，利用当地的精英、军队及各种资源来帮助蜀汉推行其统一大计。

3 世纪以降，中原历代王朝的权力鲜少直接施于云南。隋朝与唐朝初期均企图恢复并推展汉朝经略云南的成果，但是它们的努力或因隋朝崩溃而停止，或因吐蕃兴起而受阻。南诏统一云南开启了一段新时代——直到蒙古征服为止，云南都是自治于中原王朝之外。忽必烈的南征是云南历史的转折点，此后，云南逐渐被纳入中原王朝的直接管辖。此后的朝代更迭都没有改变云南作为中原王朝一部分这一行政地位。元朝也相对成功地在云南施行了一系列管辖政策，并为后来的明、清王朝所效法。

元、明、清时期的"朝廷—土司"关系之转型，说明朝廷对云南的渗透力相较于前代已日趋加强。元代尚有省级的土司（段氏家族）；到了明代，虽然没有那么显赫的土司首领，但还是有许多府级的土司；到了清代，土司的职位则已经大多是县级或以下，土司辖制的区域鲜有超过一个县的空间。此外，土司官衔与数量的急降，也反映出朝廷控制力加强的趋势。

元朝与明朝皆有王侯封于云南，他们的权力也显示了朝廷逐渐强化的中央控制。在元代，云南王和梁王力量强盛。到了明代，沐家虽享有军事领导权以及诸多特权，但也受到行政制度和法令的限制与规范。到了清代，除吴三桂以外，云南就再没有分封的王侯了。

最后，1413年，贵州的独立建省将广阔的西南边疆分为两个省级单位，这使得云南变得相对容易管辖。这项决策也标志着中国西南地区之基本行政形态的形成，至今未变。

伴随着云南行政制度变迁过程而来的，是朝廷日渐增强的渗透，其整体趋势是从北向南，从城镇到乡村；主要是沿着贸易路线进行。支持此一剧烈行政变迁的要素，乃是移民所造成的人口转型。

第四章

云南人的形成

　　从明朝始，朝廷就开始派遣军人及其家眷驻守云南。因此，明代的军眷遂成为移民的主要部分。除士兵之外，移民还包括渴望土地的农民、被流放的官员、牟利的商人。到了明末，来自中原地区的移民及其后裔已然成为云南人数最庞大的族群。移民不仅数量庞大，而且内部也多样化，他们急剧地改变了云南的人口结构、经济与文化，为当代云南的社会构成奠定了基础。

　　大量移民与云南本地族群的接触互动，创造出一个新的混合社会，形成了云南历史上第一次自称为"云南人"的省级身份认同。在此之前，"云南人"这个身份概念并不存在，因为本地居民是根据族群、氏族和部落关系来分别彼此。本章将探索"云南人"这一新身份认同的形成过程及其对"中国性"（Chineseness）概念的影响。作者将借助第一手史料，首先介绍在移民蜂拥而入之前，元代与明初的云南本地族群及其社会风俗。而后，作者将回顾明代的移民潮，分析移民与本地族群之间的互动交流，以及伴随军屯而来的教育科举和经济交流。作者认为，"华化"与"土著化"是一个过程的两面，这一过程创造出了云南的新文化，也为中国人这个身份认同增添了新的成分。

李京笔下的"诸夷风俗"

元朝官员李京1310年编纂的《云南志略》，概括介绍了元代云南的"诸夷风俗"。[1] 李京曾被委任为乌撒乌蒙道宣慰副使，佩虎符兼管军万户府，因此，他的记载是对云南诸夷的亲身观察。[2] 李京对地方族群的社会风俗做了生动且颇为宏观的介绍，他所介绍的族群包括"白人""罗罗""金齿百夷""末些蛮"（么些）"土僚蛮""野蛮""斡泥蛮""蒲蛮"。[3]

李京观察到，云南诸夷有许多习俗与内地大相径庭，其中最显著的差异也许是女性的角色，涉及层面包括女性服装、婚姻、社会与经济角色。以白人为例，"处子孀妇，出入无禁"，即女孩与寡妇可以因自己的意愿与男人发生性关系，所谓"情通私耦，然后成婚"。至于罗罗，"妇人披发，衣布衣，贵者锦缘，贱者披羊皮"，"室女耳穿大环，剪发齐眉，裙不过膝，男女无贵贱皆披毡跣足"。金齿百夷则"男女纹身，妇女去眉睫，不施脂粉，发分两髻"，男子

"不事稼穑"，妇女则"尽力农事，勤苦不辍，及产方得少暇"，其婚姻风俗为"嫁娶不分宗族，不重处女，淫乱同狗彘"，"女子红帕首，余发下垂。未嫁而死，所通之男子持一幡相送，幡至百者为绝美，父母哭曰：'女爱者众，何期夭耶！'"位于云南与西藏交界地区的么些妇女的风俗则是"披毡、皂衣、跣足，风鬟高髻。女子剪发齐眉，以毛绳为裙，裸裎不以为耻。既嫁易之，淫乱无禁忌"。[4]

诸夷婚礼也很特殊。中原不允许宗族、近亲联姻，但金齿百夷却不区分血缘或宗族关系。罗罗女性在成亲之前，必须先与萨满（大奚婆）发生关系，再跟新郎的兄弟跳舞，然后才能嫁给自己的丈夫；如果兄弟拒绝跳舞，他会被视为犯有过失，而这会危及兄弟之间的关系。女性在罗罗政治中扮演重要角色，有很大的影响力。罗罗若有酋长过世却没有男性继承人，则死者的妻子或女儿可以继承酋长之位；女酋长"无女侍，惟男子十数奉左右，皆私之"。么些人的妇女往往在两家仇杀时，作为和解人出现；史载，"两家妇人中间和解之，乃罢"。

李京也记录了云南诸夷出生、埋葬、饮食方面的不同习俗。金齿百夷的女性生育之后，她会立即抱起婴儿，浸入河水中清洗，然后将婴儿交给丈夫，自己则一如既往地工作。[5]至于饮食方面，白人喜欢吃生肉（猪牛鸡等）、生鱼配上大蒜酱。[6]此外，刺青文身也是很普遍的事情。

李京的某些观察与马可·波罗相似。马可·波罗曾经云南到缅甸旅行，时间大概比李京早了五十年。[7]土著的衣着、节日、饮食、性关系及社会阶层是如此不同，从儒家伦理观念看来，他们实在是"野蛮、不受教化、粗鲁"。可以肯定的是，根据葬礼、婚姻习俗与女性角色判断，云南西北地区的么些人深受西藏文化的影响，同时也有许多族群深受东南亚文化影响。

中原的丧葬礼仪多是将死者放置在棺材内埋葬，但云南地区是以火葬为主。这种作法有违儒家的孝道观念。更重要的是，云南诸夷女性的行为与中原女性重视童贞、贞洁的伦理观念大相径庭。与中原地区不同，金齿百夷的女性在经济活动方面扮演重要的角色，她们会用海贝进行交易并且从事农业。此外，直到明清时代，云南地方女性继承死去丈夫或父亲地位的权利才被废除。土著的这些社会习俗——尤其是女性地位——反映出云南的风俗整体上更接近东南亚而非中原。然而，中原移民的大量到来逐渐改变了云南的社会及文化状况。

云南的移民：历史回顾

从很早的时代开始，中原王朝便鼓励移民迁徙边疆，并将之定为国策。[8]中原王朝一旦统一云南，朝廷强迫或支持的移民就会立即出现。虽然很难估计云南早期的移民人口，但文献中时常记载云南的移民，而且根据儒家伦理，这些文献的作者与编纂者会清楚地将移民（"民"）与本地人（"夷"）区分开来。[9]

　　早期迁徙至云南的移民包括三种类型：军屯、战俘与自发性的移民。战国时代的庄蹻与他的军队是文献记载中最早到云南的军事移民，某项史料称楚军有两万人，方国瑜认为这个数字合理。[10] 根据方的说法，庄蹻的远征可能是循着先前商人探索的贸易路线[11]，所以，在庄蹻前往之前，就可能已经有商人旅居云南了。

　　大规模移民至云南始于西汉。[12] 首批移民乃是军人，这批人之所以抵达当地，是因为西汉在云南重要通道、城市皆有驻军，他们要保护政府机关并抑制地方威胁。渐渐地，有些移民被纳入地方社会。[13] 此外，汉朝还强迫人们迁徙到西南地区。元封年间，汉武帝下令迁徙有罪的"奸豪"充实益州。[14] 举例来说，因吕不韦而命名的"不韦县"，就是吕氏家族被流放的地点。[15] 迁徙豪强到边疆，不仅可以使朝廷得以剪除有权有势的地方精英，还可以通过重新安置移民（虽然是些罪犯跟危险人物）移植中原文化，这有助于稳固边疆。

　　汉代对西南地区的军事征讨达十多次，一次行动的兵力少则数千，多则一二十万。根据有人数记录的行动来看，动员的士兵与劳役大约有四十万。[16] 出征者有的死亡，有的返家，有些人则被俘虏或是逃跑而进入当地社会。因此，战俘与逃兵的人数绝对不容小觑。

　　南诏时期，唐朝在西南地区实施军屯。[17] 664 年以降，姚州都督府便每年招募五百名士兵镇守。[18] 姚州的控制持续了八十多年，驻守的士兵总数超过四万人。虽然有许多士兵于服役期间战死或病死，但应该也有相当一部分的人——不论是志愿或是被迫——最终留在当地社会。

唐朝与南诏之间的战争使得很多人移居云南。根据记载，受征召的唐朝士兵超过二十万人，多数未能返家。[19]这个数字可能有夸张，但是军事冲突的规模之大，从此番冲突对于唐朝的不利影响可以看出。唐代诗人白居易曾经作《新丰折臂翁》，讲述一个人折断自己的手臂，以求能逃避出征南诏的兵役的故事。"点得驱将何处去，五月万里云南行。闻道云南有泸水，椒花落时瘴烟起。大军徒涉水如汤，未过十人二三死。村南村北哭声哀，儿别爷娘夫别妻。皆云前后征蛮者，千万人行无一回。是时翁年二十四，兵部牒中有名字。夜深不敢使人知，偷将大石捶折臂。张弓簸旗俱不堪，从兹始免征云南。骨碎筋伤非不苦，且图拣退归乡土。此臂折来六十年，一肢虽废一身全。"[20]诗中的"新丰老翁"应当有现实的人物原型。

宋代还流传了一则故事，诉说唐朝将领郭仲翔被南诏俘虏，在南诏境内多次被土酋转卖，最后靠其忠诚友人之协助才得以返家的事迹。[21]这项记载很可能是真的，因为795年出使南诏的唐朝使节曾将两位被俘的唐朝将领送回长安，而他们被俘虏已是四十多年前的事了。[22]所谓"没蕃将卫景升、韩演等"，他们可能是被吐蕃俘虏的唐朝将领，而后又被南诏俘虏到云南。

南诏劫掠周遭地区，俘获了许多汉人作为奴隶。成都

平原之战也许是劫掠最惨的一次。829年，南诏军队占据
成都并掳走数万居民，其中包括众多织工，这大大促进了
南诏的纺织业。翌年，南诏释放约四千名俘虏，其中包括
工匠与僧侣。[23]可以想见，有更多人也许是被南诏诸酋拘留，
前面提及的郭仲翔，就是被土酋屡次转卖。被俘虏者不
乏名人，如诗人雍陶，他在返回之后还于834年考中进
士。[24]不过其中最有名的人物或许是郑回，他后来在南诏
当上了等同宰相地位的清平官，成为南诏朝廷中极重要的
角色（第二章已经述及）。

南诏征服安南时也俘虏了大量汉人，据《资治通鉴》
记载，安南一役，"南诏两陷交趾，所杀虏且十五万"。[25]
被俘虏者中，甚至还包括唐宗室之女李遥，其夫为安南经
略判官杜骧，稍后李遥则被送返。[26]

除了朝廷涉入的移民如军屯或战俘之外，其他非组织
性的移民活动一直都存在[27]，后者主要是为了逃离饥荒、
战争、苛政的汉人，或者受异国商品及可观利润所诱惑的
商人。7世纪末的唐朝宰相张柬之曾经提及，因朝廷苛政
求索之恐怖，有超过二千个汉人家庭被迫逃至姚州。[28]

因此，许多云南的土著其实是汉人的后裔。《蛮书》提
到，云南东北部有一个称为"裳人"的部落，他们"本汉
人也"。[29]《通典》提及，当地人民或有许多属于"华人"[30]，
或者"自云其先本汉人"。[31] 1074年四川进士杨佐志愿去
云南买马的旅途中，曾遇见一位老妇，她就表示自己是在
二十年前逃荒而从四川迁入云南。

总而言之，13 世纪之前便有许多汉人迁徙至云南，他们或出于自愿，或是受到强迫。移民也促进了当地社会的发展，而他们多数也被当地社会所吸收。然而，随着明、清时期朝廷支持向云南大规模移民，移民被当地社会同化的潮流发生了扭转。

明代云南的移民与人口

13 世纪中叶的蒙古征服不只将汉人带到云南，也带来了穆斯林。云南的穆斯林是元朝统治留下的主要人口标志，遗憾的是，相关文献没有记载移民数量。不过，到了明代，少数记录使我们得以推算出移民的数量。[32]

明代在云南的驻军人数庞大。卫所制度就是为让驻地成为士兵的永久家园而设立——士兵与他们的妻儿受命要永久驻留在其垦殖的农庄，他们属于世袭性质的军户。云南的军户数量尤其庞大，因为这一边疆地域广阔，地形多变。明朝统一云南之后驻留了第一批屯军，近九万士兵驻守在九个卫。[33] 但是，这样的兵力仍然不足以稳固云南，在明太祖洪武年间、明英宗正统年间以及 16 世纪末，明朝数度发兵出征云南。根据所有这些军事征伐的统计，明朝在云南留下了约二十八万的士兵。[34] 然而，这个数字只占了实际军事移民者的三分之一，因为每个士兵会带着妻儿驻守。粗粗核算，明朝第一代云南军户的人口就超过八十万。

　　还有其他类型的移民也到了云南，如流放者、农民、商人、难民等；这些人当中可能包含了士大夫、将领、士兵及罪犯。当中有些人是和家族一起抵达云南的。明末著名旅行家徐霞客在云南曾经受到许多当地学者及士绅的接待，其中有些便是士大夫移民的后裔。明代也鼓励农人移民，有些史料显示朝廷曾将江南人口稠密区的农民与富人迁徙至云南。[35] 边疆贸易也吸引着江南地区的商人，这从云南历史上数量众多的会馆（同业、同乡或同姓等关系之人所建立的组织）上可见一斑。另外，明末曾经出现过一次政治大移民，忠于明室的人追随永历皇帝前往云南。然而，我们无法估计这些移民的数量。

　　以上这些移民构成了李中清所谓的"西南地区第一移民潮"。李中清估计，军屯大约带来了一百万人，这是中国历史上规模最大、最持久的官方移民行动之一。[36] 陆韧估计，至 16 世纪初期，云南的移民及其后裔人数约达三百万。[37] 云南的移民与土著人口之间的比例难以估算。李中清谨慎估计，16 世纪云南人口有两百万以上[38]，而西南地区的移民人口约占总人口数的三分之一。[39] 虽然当时本地族群总人数依然远超移民，但移民可能已经是云南人数最大的族群了。[40] 这是一个翻天覆地的变化。

　　李中清估量的一百万移民与陆韧估量的三百万人之间差距悬殊，但我们可视前者为下限而后者为上限。这超过一百万的移民，虽然散布在广大的边疆区域，但已开始对当地社会产生巨大影响。首先，移民强化了西南地区与中原之间的政治纽带。不仅如此，随他们而来的中原文化还在西南地区社会形成"一道深刻且长久的缝隙"。[41] 在13世纪之前，几乎所有的移民都被吸收进本地人群当中；然而，明代以降，这个趋势基本被扭转。在"华化"的历程里，移民开始对地方社会施展前所未见的影响，由此，明代的移民及其后裔开启了云南历史的新时期。

土著的"华化"

从很早的时代开始，云南就已经有"华化"的情形发生。在蒙古人之前，中原王朝已经在当地实施内地的制度，引入中原农业经济，传播儒家伦理。举例来说，1世纪初任益州郡太守的文齐，就在任内完成了许多灌溉工程，并开垦土地，种植稻米，当地人民对此非常欢迎。[42] 土著精英们也采用许多他们认为很有用的儒家文化要素。因此，在元朝统治之前，云南已有诸多儒家文化要素存在。本节会将重点放在农业制度、儒家教育、社会习俗变迁上，以此来呈现明代云南的华化过程。

中原农业体制在云南城镇与乡村地区的扩张

在移民大举涌入之前，云南的先民已从事农业有千百年之久。他们根据当地地形与气候，发展出了自己的农业方式。他们多数居住在人口密度高的"坝子"之内。在南诏时期，先民已会牛耕，并且种植稻、麦、豆、粟。[43]在最大的坝子如洱海与滇池地区，农业生产技术相对先进，樊绰和李京都曾经将大理地区与江南相比拟，可见其经济和社会之发达。[44]

李中清指出，在1250年至1600年间，西南地区人口从三百万增长至五百万，这要归功于元朝尤其是明朝促成的农业扩张。[45]明代的军屯是人口定居及成长之关键。一项明代史料指出："云南屯田最为重要，盖云南之民多夷少汉，云南之地多山少田，云南之兵食无所仰。不耕而待哺，则输之者必怨；弃地以资人，则得之者益强。此前代之所以不能久安此土也。今诸卫错布于州县，千屯罗列于原野。收入富饶，既足以纾齐民之供亿；营垒连络，又足以防盗贼之出没。此云南屯田之制所以甚利最善，而视内地相倍蓰也。"[46]

至15世纪后期，云南的军事部署已经确立。云南都指挥使司底下设有十七个"卫"、三个"军民指挥使司"、六个"守御千户所"。[47]编纂于1510年的云南省志《云南志》记录了"卫""千户所""屯"的数量，反映了军屯的规模。《云南志》列举了三百多个屯，多数包括名称、地点，有些还会标记与最近城市的距离。[48]此外，有数十个屯是在所处地点下提及，并没有提供具体名称，例如北胜州、澜沧卫的屯。有些地区应当有军屯，例如新化州、金齿，但在

《云南志》当中却没有记录。每一个屯都是一个军事性质的庄园，为军队提供补给。"屯仓"便是这些军事庄园生产成果的辅证。编纂于1570年代的《云南通志》逐一列举了一百六十五个屯仓的名称。[49]

虽然"卫""千户所""百户所"是军屯的基本单位，但是因防御及地理条件所需，卫所还有一些更小的驻军单位。某些地方会设有五十名士兵组成的"总旗"，以及十名士兵组成的"小旗"。

卫所制度伴随并保护着明代的行政制度，军屯首先改变了城镇人口的构成。云南每座主要城镇会有军队驻守，占地开垦以供应所需。有时候，建有城墙的城市会被强化或重建；如果当地原本没有城墙城市，则会新建。整体而言，明朝在云南修筑了近七十座州／县等级的城市。[50]因此，有许多移民居住在城市内部或周围。云南主要城市昆明城内曾有六卫的衙门[51]，当时昆明的移民可能有十万之多。[52]大理、曲靖、楚雄、景东、永昌、临安、鹤庆、蒙化与姚安等地的卫与知府都位于同一座城内。州城、县城内也会设卫，例如北胜（永胜）、宾川、永平、宜良、安宁、马龙、罗雄、宁远及大姚。城镇或边疆要地会驻守大量军队协助防御，例如位于云南西部边疆的城墙城市腾冲。城镇内军事及行政机构的存在促进了城镇化，开启了云南的城镇人口模式。移民也因此成为云南城镇的主要人口。

1386年之后，云南的大规模军事行动暂告一段落，明军遂将主要心力投注于农业上。军屯中大约有70%的士兵从事农业，剩下 30% 履行军事职责。⁵³ 当靠近城市的耕地都被开发使用之后，军队便开始渗透远离城镇的区域，正如时人所记："诸卫错布于州县，千屯罗列于原野。"⁵⁴

除了军屯，其他半军事性的设施也有助于农业的拓展，这包括作为邮政网络的"驿"。元朝在云南实施站赤制度，共设有七十八座站赤，提供马匹、货运、船只、住宿与补给。明朝在恢复邮政网络时，还在重要交通路线上增设"堡"，作为邮政系统的补充。举例而言，1387 年，明朝在永宁与大理之间的道路上，每六十里设一堡。⁵⁵ 明代的"驿"模仿元代，但"堡"则是明代的发明。明代云南共有三十九座堡，其中有二十七座堡与驿同处，其余则是设在新的地点。⁵⁶ 一座堡驻有一个百户所的士兵。⁵⁷ 如同卫所制度，堡目的职位是世袭的，而且还配有土地。⁵⁸ 每座堡的士兵人数从几十到几百不等。举例而言，安宁堡大约派驻有两百士兵，意味着大约有两百个家庭生活在那里，这已经算是一个不小的村庄了。⁵⁹ 根据堡的规模与周围的土地数量，每座堡所分配的土地大小也不同。例如楚雄的吕合堡的五十二名士兵占有四百三十亩地，广通的舍子堡的五十名士兵则占有四百八十亩地。⁶⁰ 由于堡设在交通要道上，所以有些堡很自然地发展成贸易市镇，愈来愈多的人定居其中。

除了驿与堡之外，还有"铺"和"哨"。铺跟哨与前者性质类似，只是规模更小。"铺"是设在交通支线的邮务站，根据不甚完整的数据显示，云南大约有三百座铺，虽然其中有许多铺的地点与驿、堡相同。[61]内地的"铺"是由平民任职，但云南的"铺"则是兼有平民与世袭军户，而且分配土地。史载"或以民户，或系国初调来军士，俱环铺居住耕种，子孙世袭"。[62]

"哨"是设来同时保卫交通与地方安全的驻军处，明代中期才出现。[63]《云南志》记载："云南地方汉夷杂处，盗贼出没无常，故于各道路每十里或二三十里，各设哨戍守之。大哨五十人，小哨二三十人，俱以指挥、千百户等官主之。官及各哨兵俱连家小住扎，一年一换，亦有民哨，与军哨相兼守戍。"[64]

虽然有些哨是由地方平民任职，但多数的哨则属于军事性质。[65]《云南志》记录了云南各地共一百九十个哨。[66]这些驻军的土地是由朝廷提供，免缴税赋，处于自给自足状态。举例而言，在明武宗正德年间，弥勒州有十一个哨，五百五十位士兵，配有一万一千亩旱地，平均每人占有二十亩地。[67]

"哨"代表着朝廷力量最远能够触及的地方，因为它处于偏远、多山的区域，是当地族群支配的地区。有些哨位于远超出卫所的控制范围，深入土司势力区。根据徐霞客所记，维摩州此前从来没有驻军或汉人村落，然而，到了明末，这里一度拥有五个以上的哨，每个哨派有十五名士兵及十五名民兵。[68]哨作为军事性与文化性的边疆据点，不但是一股控制土著的力量，也是一个扩张"儒家文化体制"（Confucian cultural regime）的基地。在这个新奇有时是严酷的环境里，某些哨落地生根并且复制儒家文化；然而在多数案例中，它们则是被"土著化"，或者说被统合入当地土著社会。

军屯与驿站的农庄是云南推行中原农业的先驱。随着卫所制度从明代中期以后衰废，它们逐渐转变为民间村落。因此，说明代军屯奠定云南乡村的基础并对清代以降造成巨大影响，并非夸张。云南村落名称便可一见明代军屯的痕迹。许多村庄与贸易市镇的名字里有"堡""所""哨""营""庄""屯"等军事性字眼，有些村落甚至是以军官或军户之姓氏命名。徐霞客在云南旅行期间，记下了许多这类名称的村落。清代所编县志也包含众多如此命名的村落。[69]以明代的寻甸地区为例，军屯村落与平民村落的比例是1:2。[70]陆凉卫设立后也充满了军户——直到明初此地主要人口都还是土著居民。在村落数量大增的同时，族群结构也转变了。编纂于清代道光年间的《陆凉州志》列出了陆凉境内的二百二十多个村庄，其中约有近半数的名字都有前述军事性字眼。[71]

明代的军屯大举推进了农业扩张，这从耕地的面积之增长可见一斑。至1605年，云南已有超过一千万亩的耕地。[72]那么，农地的来源是什么呢？首先，明军征收了元代官员或各地地主的耕地。当明军征讨云南时，元朝的财产被没收，大量土地被分给军屯。此外，卫所建立之后，会从附近征用土地，重新安置原土地所有者。有时候，土司会将土地献给驻军。比如，在景东卫建立时，景东陶氏土司不仅献出自己的房舍给驻军居住，还献出自己的土地作为军屯农田。[73]《景东府志》也确认了此事，指出这些捐献的稻田，原本是所谓的"夷田"与"土米"。[74]

占用耕地是常见的现象。云南多数可耕地位于坝子之中，坝子居民本是土著居民。居于河谷与盆地中的白人、彝人、僰人，早就从事农业。当其土地被征收之后，他们或迁徙到丘陵山区，或者被迫改变职业。事实上，明代军屯开启了新的人口地理模式，移民逐渐主宰云南城镇并向乡村地区扩散，于是某种族群空间（ethnic territory）形成了。城镇与郊区被称作"汉界"，丘陵与山区则是以土著族群为主，一如宋代四川南部的情况。[75]1772 年至 1787 年间，吴大勋在云南做官时，他惊讶地看到"至今城市中皆汉人，山谷荒野中皆夷人。反客为主，竟成乐国"。[76]吴大勋看到的 18 世纪的景象，其基础奠基于 15 世纪。

另一种增加耕地的方法就是开垦。明代鼓励军士开垦土地。沐英在 1393 年过世之前，已经开垦了超过一百万亩的土地；[77]沐英之子沐春则继续开垦了超过三十万亩的土地。[78]虽然有些土地可能是自土著地主处掠夺取得，但其开垦成果确实惊人。

军屯的同时，农民也奋力开垦荒地，虽然其成果无法估计。比较元代与明代的土地数量，大致可以了解明代开垦之规模。元朝努力在云南扩大农业生产，1290 年，中庆（昆明）约有二万二千五百"双"，即十一万二千五百亩。[79]1510 年时，昆明的"官田"及"民田"已是前述数字的三倍之多，达到三十六万七千一百八十六亩，这个数目还不包括军屯农地与沐氏的庄园。[80] 以临安府为例，据记载，元朝时期临安路的耕地有二万五千七百六十亩 [81]，明代这个数字增加七倍之多。[82] 以上这些数字显示，明代的农地开垦规模颇为巨大。

开垦活动在 15 世纪末达到高潮。1510 年，云南布政使司治下有一百七十二万七千九百一十二亩地，而云南都指挥使司治下有一百二十七万六千六百三十一亩地。[83] 到 1575 年，云南布政使司治下有一百七十八万八千四百五十亩地，而云南都指挥使司治下有一百一十万七千八百八十亩地 [84]；与此同时，沐家拥有的农地有近一百万亩之数。[85] 几十年间数字有涨有跌，大致说明当时云南的土地开垦达到了极限。

耕地的扩大，必须伴随着灌溉工程的修建，因为中原农业体制需要对水源进行控制及利用。云南土著早就与河流、湖泊打交道，在元朝统治之前就已经兴建许多灌溉渠道。赛典赤在滇池地区兴建了大规模灌溉工程，这不但减少了洪涝，而且增加了十万顷的肥沃良田。[86] 此外，元朝还在云南各地兴建了诸多规模较小的灌溉工程，农业生产力因此提升。

明朝在灌溉方面也花费了许多心思。滇池与洱海地区原先的灌溉基础建设或受到修护，或加以改良，新垦的农田也兴建了水渠与水坝以满足水稻种植的需求。[87] 1386 年，沐春动用一万五千名士兵兴建宜良的汤池渠，渠道宽一丈二尺，长三十六里："逾月工竣。引流分灌，得膄田若干顷。春种秋获，实颖实粟，岁获其饶，军民赖之。"[88] 景泰年间，滇池的大型工程开工。[89] 弘治年间，"军民夫卒数万"清排滇池之水，"于是池水顿落数丈，得池旁膄田数千顷，夷汉利之"。[90] 这些工程不仅增加了肥沃土地，而且还减少了干旱与洪患，提升了耕地的质量。

其他地区也完成了类似的灌溉工程，兴建了不少水坝、水渠、人工水库，许多河流、湖泊、池塘、田野得以改善。这些水利系统在云南创造出诸多小型中原农业体系。例如陆凉坝子原先只种植耐旱植物，产量低下，军屯之后，灌溉系统逐步完成，陆凉遂成为米仓。[91]

土地开垦与灌溉改良大幅度增加了农业产量。明代初年，云南生产的谷物还不足以自给。经过四十多年的军垦之后，1431 年的云南近乎达成自给自足。总兵沐晟报告，都指挥使司辖下产出的粮食"可足各卫旗军十一月粮"。[92] 不过，一直要到正统年间，云南产粮才真正达到自给自足的地步。[93]

粮税有助于我们了解农业扩张的成果。1393 年，云南承宣布政使司收到的谷物税如下：小麦（夏税）一万八千七百三十石，稻米（秋税）五万八千三百四十九石。[94] 至公元 1502 年，这两项数字都几乎增加了两倍（小麦三万三千七百零八石；稻米十万零六千九百一十三石）。[95] 1502 年的税赋数量似乎在往后几年得以维持，如 1575 年所显示（小麦三万六千零一十九石；稻米十万零六千九百九十石）[96]，暗示着农业生产在当时已达到极限。

儒学：学校与科举

在中原农业体制剧烈改变云南的人口、经济、生态模式的同时，还有一项"教化"原住民心灵、观念、社会风俗的措施，那就是儒学教育。[97]远在明代之前，儒家思想已传入云南。唐朝曾经在成都设立学校，教育南诏王室青年；大理国商人从邕州不只带回了佛经，还有儒家典籍。不过，一直要到元朝统治时，云南才开始推行全面的教育计划，在各路设有负责教育的官员"提学"[98]，开建学校、孔庙，宣扬儒家礼仪与伦理。

元代的穆斯林官员赛典赤是推动云南教育的先锋。他说："夷俗资性悍戾，瞀不畏义，求所以渐摩化服其心者，其惟学乎？"他倡导修建庙学，并和官员一起"割己俸以资之"。[99]因为本地缺乏人才，赛典赤还从四川请来儒生任教。[100]其他各路也以昆明为榜样，下令设立儒学。[101]为维持运作，朝廷为各地儒学提供"学田"。举例来说，起初官府在中庆路购置八"双"地作为学田，后来学田的规模扩大至五百九十二"双"。[102]1356 年，当时元朝政权已经摇摇欲坠，而负责督察云南治理的官员、云南诸路肃政廉访使蒲机仍将主要心力放在建设学校及学田方面。[103]

儒学的推广必然促进科举这一朝廷统治之象征。云南科举何时开始，无从得知。1313 年，参与元廷"会试"的七十五位蒙古应考者当中，有一位应当来自云南；七十五位"色目"（元朝时中国西部族群之统称）应考者之中，两位应来自云南；七十五位"汉人"（中国北部的汉人）应考者当中，两位应来自云南；至于七十五位"南人"（中国南部的汉人）应考者，就没有提及云南，这也许是因为元代统治者认为，云南在元朝统一之前并没有"汉人"。[104] 虽然云南所获配额颇少，但这是云南儒学教育推进的里程碑。在元代，云南共出了五位进士。[105]

明朝对设立儒学校的重视程度一如军屯。借助一系列举措，明朝将云南的教育推入了一个新时代。朝廷于行政官员中设立"教授"等职负责教育，并在云南多数地区创建了系统的儒学体制；最终，一个儒生与学者组成的社会群体出现了。这是上述诸多努力的结果。首先，明王朝进入云南初始，随即恢复或设立"官学"。云南的官学有两类，一类置于常规的行政单位（府、州、县）之下，供子民就读；另一类则置于卫所制度之下，称为"卫学"，专为军户而设。

明朝在各府、州、县内派任"教授""训导"。教授及训导以"文庙"或"学宫"为基地，负责官学管理与儒生教育，推动地方教育。至于卫所制度的情况则有所变化，倘若卫所坐落的城市与府、州相同，就没必要设置卫学；否则，就会新设卫学并派遣一位教授与两位训导。[106] 与教育层级所伴随的是官学的学生配额。每年每间配额如下：府学四十位，州学三十位，县学二十位。另外，学校有田产用以支付教授、训导薪资，并在经济上支持学生。至于卫学，根据该卫等级高低，学生配额则在四十至八十人之间不等。

　　至 14 世纪末，在元、明政权更迭后不久，衰废的云南官学不但得以重振，而且拓展至其他原先未有之地区。景泰年间出现十所府学（位于云南府、曲靖、临安、楚雄、姚安、大理、蒙化、鹤庆、澄江、金齿）、十一所县学（位于建水、宁州、镇南、南安、北胜、赵州、剑川、楚雄、太和、云南［县］与浪穹）、一所卫学（景东）。[107] 随后，土司领地内也建起儒学。1410 年代，有数道奏折提议在武定、寻甸、广西、临安、鹤庆及丽江等地为夷民设立儒学，朝廷一一从之。[108] 未设学校的土府及土州仅剩二十个左右。[109] 朝廷亦要求官学选拔儒生之优秀者进入国子监就读。《明实录》记载，1389 年至 1416 年间，明朝皇帝几乎每年都分赐礼物给国子监内的云南儒生，史料亦显示国子监内云南儒生人数逐渐增长。[110]

　　官学有其名额，无法满足日益增加的学生人数。朝廷意识到中央资源之有限，于是鼓励将地方资源投入教育。补充性质的"社学"遂如雨后春笋般出现。社学通常设立在等级低于县级的城镇，儒生可在此就地受训，为去官学研读学问作准备。云南的社学最晚是在明宪宗成化年间设置，此时明朝统辖云南已近一个世纪。社学最初出现在移民相对聚集、经济相对繁荣的城镇。昆明县内的社学共有三十一所，这意味着教育已经渗透至社会最基础的单位；鹤庆府有三十五所社学，而姚安府有二十八所社学。[111] 以上三个案例属于云南本地特别突出者，因为全云南总共约有一百六十五座社学。[112] 显然，土司领地内罕有社学。

为了使学生在科举考试中更具竞争力，朝廷赞助的私人教育机构"书院"也在云南蓬勃发展。[113] 云南的书院出现于15世纪末，其时间稍稍晚于社学，至16世纪初时，云南总共有五十六所书院。[114]

明朝也鼓励土司、土目送自己的子弟到学校就读。明初，土司子弟被鼓励（部分原因是没有限额）前往国子监就读。比如洪武年间就有许多土司将子弟送去学校。[115] 后来，土司领地内也设立了许多学校：17世纪初的谢肇淛便注意到，"近来内地皆有其人，间有读书入庠者矣"。[116]

整个明代期间，云南的教育机构数量达到三百所左右。明熹宗天启年间，云南有超过一万两千名儒生在学校就读。[117] 因此，一个由儒生与学者所构成的社会群体出现了，而其中之关键指标就是云南进士人数的增长。

1411年之前，云南还没有自己的省级考试"乡试"，这表明此前云南儒家教育发展之低落。1411年前，云南的考生必须前往南京应试。1389年，云南首度被分配到名额，"滇之贡额当二人"，但"版籍无秀民，无一人出应者"。[118] 突破发生在1393年，李忠与杨嵩这两位昆明人通过南京乡试成为"举人"；李忠后来又通过会试，成为明代首位来自云南的进士。随着教育的发展，1411年后，朝廷准许云南举办自身的乡试，分配十个会试名额。当年有二十八位士人通过乡试，两位后来考取进士。但是，云南的配额太少，而学生人数增加很快，因此朝廷一再扩充名

额，从 1429 年的十五人，增加至 1453 年的二十五人，至
1473 年为三十人，1535 年为四十人，1573 年为四十五
人，最后定在四十七人之数额。[119] 可是，这个名额依然不
敷需求，1621 年，云南提学副使樊良枢提议将名额增加到
五十人。[120] 整个明朝时期，云南共产生了两千多位举人和
二百三十六位进士。

　　如果没有自中原移居至云南的诸多儒学学者，云南科
举不可能取得上述成果。虽然元朝已成功在云南发起儒学
教育，但云南当时缺乏高明的学者来教导学生。明代则不
然，有众多士大夫来到云南；有些人是因为任职，有很多
人则是流放。这些在云南的士大夫对于儒学知识与伦理之
传播贡献良多。与此同时，云南的官员也投入了大量资源
创办学校、教导儒生、提倡学风。被流放的士人往往担任
教职，在官学或书院中任教。士大夫的著述及其教学、讲
学与文化活动，激发并促进了云南的学术氛围，启迪了地
方学子。

　　流放云南的士大夫当中最知名者，当属四川的杨慎。
他是 1508 年的状元，学识渊博，著述等身。杨慎人生中
的最后二十三年足迹遍布云南，他四处演讲、教学、写作，
并与当地学者交游颇密。云南当时有七位学者被称为"杨
门七子"，其中包括李元阳这位知名的白人学者和进士。杨
慎在云南的影响久远，《明史》推崇备至，称他"明世记诵
之博，著作之富，推慎为第一"；云南多数地方志也把他
的作品看作云南文化的一部分。[121]

儒家思想对土著的影响

儒学教育不只影响移民，而且大大改变了云南的土著。元代便开始提倡改变土著习俗，日后随着中原农业生产体系与儒家教育的引入，云南社会的诸多重要变迁便开始了。由朝廷所推行的儒家观念、服饰、礼仪（例如婚礼、丧礼、节日等）、节庆，逐渐落地生根。举例而言，赛典赤教导土著人民执行儒家礼仪，如"拜跪"、婚姻行媒、婚礼、丧礼、祭祖。赛典赤还为土酋"制衣冠袜履，易其卉服草履。酋皆感悦"。[122] 在朝廷的努力之下，"虽爨、僰亦遣子入学"。[123] 这样，土著精英们开始送子弟去上学，为家族追求政治利益。王氏家族便是其中一例。

王惠生于僰人（白人）精英家庭，他的祖先因归顺元朝而被授予官职。王惠本人曾数度在云南任官，临终之际，他教训子孙们要谨守"忠、孝"，并要求自己的"丧礼一则古，勿从僰俗"，这表明王惠已经接受了儒家伦理。[124] 王惠之子王升从诸师研读"经""诗""文"，后被选为"儒学教授"。王升最重要的成就在教育领域，并记载于他的墓志铭中。[125] 王氏家族的情况反映了儒学对于土著精英之影响，尤其是与汉文化接触最密切的僰人。于是，元代云南"人习礼让，风俗稍变"。[126]

元代人口、经济、教育层面之变迁在明代延续发展，很自然地导致了云南社会风俗的显著变化。14 世纪中期，云南普遍可见移民与土著（尤其白人）混居。编纂于 1455

年的云南省志《云南图经志书》记录，城市与郊区常有"汉僰杂处"或"夷汉杂处"的情形，例如该书提及曲靖府时写道："郡中亦夷汉杂处，列屋于府卫州县之近者，大抵多汉僰。"[127] 此番叙述生动地描绘了明代中期移民定居在云南城镇或肥沃坝子与土著居民竞争生活空间的情况。明孝宗弘治年间，白人学者杨南金曾著有长诗，其内容关乎白人丧失的土地如何落入军官与商人手中。[128] 由于这一转变，云南城镇在16世纪后半叶发生了剧烈的人口变迁。据1579年代编纂的《云南通志》记录，在云南府（昆明），"土著者少，宦戍大多江东南人，熏陶渐染，彬彬文献与中州埒矣"。[129]

至16世纪初，大半土著习俗已有所转变。如《云南志》所示，大理"民多士类"，编纂者解释说："郡中汉、僰人，少工商而多士类。悦其经史，隆重师友。开科之年，举子恒胜他郡。"[130] 这段叙述足以说明儒学对于僰人的影响。如今他们阅读儒家经典，遵循儒家道德，积极参与科举。的确有许多土著家族（精英家族尤其如此）会送子弟去上学，鼓励子弟参加科举，将目光放在通过考试后朝廷保证的官职之上。土著家族开始将教育视为对子孙未来的一项投资，例如鄂嘉县知县杨江永就于1551年重建学校，并网罗学者来此教导"夷方子弟"。[131]

云南偏远地区的社会风俗也有所改变。曲靖一地虽然"山川夷广"，然"士风渐盛"，其科举考生可以与内地府郡相媲美。在以彝人为主的楚雄，"土壤肥沃，士人务学"。姚安府则因广建学校，"气习渐迁，士人务文，科第日起"。[132] 编纂于 1632 年的《滇志》，即明代云南最后一部省志，记录着白人风俗的变化，说："白人，迤西诸郡强半有之；习俗与华人不甚远，上者能读书。"[133] 由于与汉人交错杂处，许多族群具备了双语能力，他们在族群之内讲自己的语言，对汉人则讲汉话。[134] 其中白人乃是云南最为"华化"的族群，原因如下：首先，历史上，白人与汉人的接触最为频繁，他们采纳了许多汉文化要素。其次，白人是云南最为城镇化的族群。他们或居住在城镇，或住在肥沃的坝子，因此，他们日常便与汉人移民来往密切，也更有机会接触儒学教育机构。1940 年代许烺光（Francis L. K. Hsu）进行田野调查时，就注意到白人虽然带有地方特色，但基本遵循汉人习俗。[135]

云南其他族群也受到儒家文化之影响。《滇志》记载，澄江地区的白罗罗"渐习王化，同于编氓"，也就是逐渐变得更像朝廷之臣民。[136] 临安南部的土罗罗和窝泥原本没有名字，或遵循"父子连名制"，弘治年间，临安新任知府陈晟根据《百家姓》为罗罗和窝泥取了姓氏。[137]

相较于一般土著百姓，土著精英似乎借用了更多中原文化习俗，显得更加有"教化"；他们之所以如此，主要是因为明朝要求土司将子弟送去学习儒学。其中最著名者当属丽江的木氏家族。作为西藏-云南-四川边界地区的土司，木氏最初投降蒙古人，后来又归顺明朝，朱元璋赐予该家族"木"姓。虽然丽江土府没有儒学，木氏却似乎受到良好的儒家教育。有几位木氏土司因为自身的儒学文化素养而享有盛名，他们能够写出优美的诗词与文章，少数撰有个人文集，还建有一个家族图书馆。木公著有《雪山诗选》；木增不只有自己的著作，还与同时代云南最重要学者如李元阳等人交流作品；[138] 木增还邀请著名旅行家徐霞客教导其子。[139] 由此，《明史》评论说："云南诸土官，知诗书好礼守义，以丽江木氏为首。"[140] 木氏代表着那些土著精英们"三百年来，渐染华风，土司之居城郭者，亦与汉人无异"。举例来说，姚安与蒙化的土司们也如木氏一般，有意表现出他们在诗文方面的造诣。[141]

　　某些土著精英接受并实践了儒家中心思想观念（如"忠""孝""节"等），其中姚州土司高氏的案例颇具启发性。高栋因为镇压 1503 年的叛乱而被杀，高鸰在 1541 年叛乱期间为拯救布政使徐樾而死去。[142] 邓川阿氏的故事堪与高氏相比拟。土知州阿钰协助朝廷扑灭岳凤叛乱，还抵抗了缅甸的侵略。[143] 万历年间，在贵州任职的阿天麒也在镇压叛乱中战死。[144] 又如，元江土知府那嵩拒绝向吴三桂投降，并且在抵抗过程中自焚而死[145]；那嵩曾提及吴三桂在明朝的山海关总兵职位，以此讽刺吴三桂背叛明室，反映出这位土司接受了"忠"的思想。此外，土著女性（通常为精英）的忠贞也记录在《滇志》上，例如景东土知府陶瓒的祖母阿曩，指示陶瓒去镇压来自潞川的入侵。[146] 丽江土知府木青之妻罗氏，在木青卧病在床之际领衔作战，将敌人逐出边境。[147] 明代的腾越土著妇女（土酋的妻子或母亲）同样有此忠诚之举。[148]

　　儒家文化提倡的伦理观念（如"孝道"），也为土著社会所奉行。成化年间，姚州土司高梓潼赐曾因奉行孝道而受朝廷表彰。[149] 阿天麒之父阿朝藩，则以对待继母的高贵以及慈善行为而著称。[150] 丽江木氏亦有类似的表现。[151]

　　同时，"贞节"观也在明代云南土著妇女中逐渐扎根。[152] 她们在丈夫过世之后拒绝再婚，即便父母亲对此施加巨大压力；有的甚至以自杀来避免再婚。另外，还有一些土著寡妇独力抚养孩子长大。[153] 有时候，一位贞节女性能够改变整个地方的道德习俗，比如阿昌的一位寡妇。根据阿昌原有习俗，新寡之妇会嫁给死去丈夫的儿子或兄弟，然而，嫁给早正的土司之女在丈夫死后却拒绝遵循此习俗并绝食自杀。她的牺牲从此让这项收继婚传统消失。[154] 此处应强调的是，这些并不是孤立案例；相反，她们代表的是一种新趋势。这也就是为什么18世纪的张履程会在他的诗集当中将论及土著妇女贞节的那章标题定为"变夷风"。[155]

　　除了儒家文化之外，中原其他习俗如节庆等也为云南土著所接纳。《滇略》记载，云南地区庆祝节庆的方式与中原地区相似，重要的节日也包括新年、元宵节、清明节、端午节、中秋节以及除夕。[156] 在云南某些地区，由于移民数量庞大，该地于是变成以中原习俗为主流。例如边疆城市永昌，明代有大量士兵与移民前来，其中多数又是来自江南地区，因此带来南京的风俗，到了清代，永昌遂有"小南京"之称。[157]事实上,大理地区的白人也发明了一种传说,即他们的祖先来自中原省份,其中大多数来自南京。[158]

　　当西方探险家在19世纪末到达云南时,他们惊讶地发现有那么多族群受到儒家文化的深刻影响。例如,在19世纪和20世纪之交旅行穿越云南的戴维斯少校,如此描述"华化"历程:

　　　　由于汉人文明的影响力扩散,邻近部落发现讲汉文更方便,并且某种程度采用了汉人习俗。终于,有些部落族人开始蔑视自己的语言、风俗与服装……这样的过程可见于中国西部地区。当你经过那些各方面都在转变中的部落时……男人已经受到汉人的影响,乃至于穿着汉人服饰。至于女人的状况则不一样,女性服饰通常有其特点,由此可以辨别不同的部落。男人在穿着汉人服饰之后,他们的下一步就是学习汉人语言。再过几代,说不定连女人都会学习讲汉文。一旦此阶段达成,不用再过多久,整个部落就会以自己的方式完全变成了汉人;而当女人们开始穿起汉人服装并裹起小脚,这个转变历程便完成了……我看见这个过程在罗罗族、掸族……发生,而且无疑这也在中国西部地区的每一个部落中发生……[159]

　　总而言之,到了17世纪初期,儒家文化(中华文化)已经透入云南城镇以及肥沃的坝子地区。云南最为"华化"

的族群是白人，最为"华化"的阶层则是土司精英。但在另一方面，土著文化也影响了汉人移民，尤其是在以土著人口为主、汉人分散的山丘区域，汉人移民实际上吸取了许多土著习俗。因此，在很多案例中，是土著社会吸收了孤立的汉人社群。这一历程便是本书所称的"土著化"。

移民的"土著化"

在中国边疆研究领域中，儒家文化对于边疆"蛮夷"的巨大影响受到研究者一面倒的赞赏。此等观点所忽略的事实是，任何交流互动都是双向的。当儒家文化转变边疆社会之际，土著文化也对中原移民有着类似的冲击，尤其当一些边疆族群被整合入中原王朝之时。余英时在其关于汉朝扩张与贸易的研究当中，对此曾有论述。[160]

余英时将汉帝国与边疆"蛮夷"间互动的两个方向的过程描述为"华化"(sinicization)与"胡化"(barbarization)。随着汉朝往北、往西、往南扩张，诸多"蛮夷"日益处在汉朝的政治、经济、文化影响之下，由此开始华化的过程；但在另一方面，"蛮夷"的生活方式也改变了中原王朝，余英时称之为"胡化"。[161] 中原王朝的精英们（包括皇帝）很喜欢异国事物，如汉灵帝就喜爱"蛮夷"的音乐、服装、帘幔、床椅、舞蹈；[162] 而且，就是在汉代时期，中国接受了佛教这个来自"蛮夷"的宗教——接受佛教者首先是贵族，后来则是普通百姓。

中原的社会生活中借用"蛮夷"文化要素一事并不罕见，因此也无须惊异于某些中国人在政治、族群、文化方面的认同转移，不仅如此，其程度还足以凸显胡化的规模与深度。汉代有许多臣民居住在边疆地区，而且常常服侍"蛮夷"君主，有些中原地区的汉人臣民甚至前去效忠匈奴。比如，西汉初年的韩王与燕王都曾投降于匈奴；[163] 背叛西汉皇帝而投靠匈奴单于的中行说，有段著名的为自己辩护的言论，他说匈奴文化不亚于中原文化，并且还分析了"蛮夷"习俗背后的理由来加以论证。[164] 余英时对汉代的研究，确实提出了一个关于中国人定义的关键问题：边疆族群在中国文化与中国身份认同／中国性的形成、发展、转变中，究竟扮演了什么样的角色？

汉代所发生的胡化，在中原王朝继续扩张、收缩、再扩张的过程中，当然不会停止。近来，陆韧在她对于云南明代移民的研究中，开始考察"云南人"一词，并使用"土著化"一词来将移民定居云南加以概念化。[165] "土著化"的意思是"indigenization"或"indigenizing"，但遗憾的是，陆韧只是将土著化解释为"（汉人移民）附着于土著"，反而忽略文化互动的层面——后者可丰富地呈现土著文化的活力及对于汉人之影响。[166] 毕竟，明朝末年云南土著人口总数依然超过汉人，而且大小土司依然控制着云南广阔的空间。因此，我们在讨论地方身份认同之形成时，如果不去分析土著文化造成的冲击，那未免过于简单。[167] 著名的云南历史学家方国瑜虽然注意到了土著化，却没有探索此一现象，给予进一步重视，实在遗憾。[168]

作者将延伸余英时的华化与胡化理论，以此来解释中国身份认同的流动、富有弹性、充满活力的特征，但作者会用"土著化"来代替"胡化"一词。作者认为，长远来看，"华化"与"土著化"为一历程之两面，它们都为中国认同增添了新的内容，从而修订了"中国性"这个概念。本节着重描述土著居民如何"土著化"汉人移民，而明末的云南也因此逐渐浮现出一个复杂的新社会。

13 世纪之前的土著化

大致而言，元代以前进入云南的移民，全都被吸纳入土著社会。庄蹻采纳土著习俗来进行统治，士兵生活在当地社会中，与土著女性结合，他们的后裔所拥有的楚人认同日益衰微。汉代出现的西南地区的第一波移民潮，几乎所有移民都淹没于广大的土著人口之中。汉代日益频繁的军事、政治、经济接触与互动，造就出许多地方酋长与氏族，也就是所谓的"夷帅"与"大姓"。夷帅是通过与朝廷接触而增加权力的土酋，大姓为力量最强大的移民及其后裔，他们皆利用朝廷来增进自身在当地事务中的影响力。大姓多是汉代官员或精英的后裔，不过他们已适应地方社会。大姓的例子揭橥土著文化所具有的力量，驱使移民采纳土著习俗以求生存并累积势力。当时土著人口占绝大多数，所以土著化全面压倒华化。

南诏时期，主流趋势亦为土著化。据《通典》记载，有些邻近大理地区的人们宣称自己是汉人后代，虽然他们的汉人特质已经因为土著化而消磨殆尽了。[169]《蛮书》也有类似的论述，说有些当地人本是汉人。此外，有些汉人开始服务于西南土著政权，这是一种政治认同的转变，恰恰证实了中原王朝的担忧——在边疆的汉人臣民可能丧失自己的文化和身份意识而效忠或服务于"蛮夷"君主。

总结而言，西汉以降，中原王朝便持续向西南移民，但移民的数量无法与土著人口相比。此种人口比例足以解释为什么移民会被整体同化入当地土著社会。[170] 到了明、清时期，虽然有百万移民迁入云南，从根本上改变了人口组成，从而使华化成为主流；但是，在塑造"后统一时代"的云南社会时，土著化依然扮演着重要角色。[171]

吸收土著之经济模式

气候、地形、矿产以及土著的经济习惯，这一切都迫使中原移民在特定时刻采纳云南本地的经济结构与模式。元、明、清在引入并移植中原农业生产体制时，也受到云南当地气候与地形的挑战。"男耕女织"在云南的很多地方都难以实施。一位明代学者指出，滇民"知农而不知桑"。[172]即便是在那些气候适合养蚕的区域，地方官员要求人们养蚕的呼吁也常常难以奏效。举例而言，即便到 19 世纪末期，鹤庆府地区的女性也并不参与纺织，地方官员认为这是本地的经济与文化的一个严重缺点。[173]

　　由于矿产资源丰富，许多移民在云南从事矿业与贸易。尽管云南农民的人数确实远高过矿工，但矿工在当地所占的人口比例绝对远远高于在中原地区。云南是当时中国的主要矿产区，采矿业的蓬勃事实上促成了云南的城镇化。[174]这样的城镇化模式鲜少发生在中原地区。

　　云南原有的地方货币制度也形塑了当时中国的货币体系。在元代，纸钞被指定为全中国的官方通用货币，这是元朝的重大经济措施之一，中央王朝也是首次发行纸币。然而，该制度以失败告终。纸币在云南的流通情况也许是全国最糟的，因为云南使用海贝作为货币已经有好几百年的时间。因此，朝廷所推行的纸币并不被土著社会所接受，这显然妨碍了元代行政体系的运作。赛典赤注意到此事，允许云南继续沿用贝币。[175]结果，贝币不只被允许继续在民间贸易与其他经济活动中使用，而且还被官方接受（比如允许用来缴税）。明朝在云南继续沿用贝币。在整个元明时期，云南的主要流通货币是贝币，而不是铜钱。贝币这一经济习俗生动地证明了边疆社会如何迫使朝廷妥协。

　　地方市场也能证明土著社会的影响。土著居民有定期贸易或赶集的习惯，来自中原的移民立刻参与了云南的本地集市，虽然后者在许多方面与中原地区有别。一般而论，定期集市白天聚集，但是在喜洲（大理）地区，集市却是在夜晚进行。[176]此外，云南本地也有独特的节庆日，也是各地商人聚集开市的日子。大理在每年三月十五日和二十日之间会有"观音市"，很多商人会前来买卖，而政府也会动用差役和士兵来维持治安，保护商贸。[177]

土著文化的幸存及其对于移民的影响

云南的移民借用了土著生活方式的许多层面，服饰便是其一。大理土著会用一片蓝布盖住头顶并戴上"毡笠"——一种由本地植物作成凸显地方风格的帽子，而移民也马上仿效[178]，以便在强风拂面的大理地区内保护自己。在金齿卫（永昌）地区，移民女性穿着与僰人相同的服饰。[179] 有时候，即使是城里的移民，为了适应环境也会改穿土著服装。[180] "鹤庆之俗，妇帽三尖，以布为之。"鹤庆知府周赞对此风俗感到愤怒，命令"易以髻簪"，即改为中原女性发饰。当时民间有歌谣曰："我周公，变夷服，易簪髻，去布幪。"[181] 这反而说明了当时夷服之流行。

地方食物当然也影响了移民的饮食习惯。土著喜欢吃生肉，将猪肉、鱼肉、鹅肉、鸭肉切块，再混上各式各样的调味品。雍正年间，有些士绅与学者接受了这种吃法，甚至将其变成一种风尚。[182]

很多地方文化活动或受到朝廷的接纳，或有移民参与其中。佛教是云南最为盛行的宗教。大理国王曾经自称"摩诃罗嵯"（maharajah，梵语意为"大王"）。蒙古人到来之后，他们认可并接受此项传统，将此头衔授予段氏。当企图与土著酋长结盟之时，清朝有时会举办佛教式的立誓仪式，以获得土著的支持。[183] 移民也会参加本地许多佛教节日，有的是内地没有的庆祝活动。[184] 云南全省都盛行的佛教节日包括"浴佛节"以及大理的"观音市"。移民还参与了其他族群的节日，其中最有名的便是花市、火把节以及泼水节。

地方萨满教的存在也表现于诸多日常活动，例如遍布四川、云南、贵州的"土主"崇拜。"土主"即村社保护神，是很早以前留下来的土著萨满教遗物，在西南民间有广泛的信众和影响力。南诏时期就已经有土主崇拜仪式，云南的少数族群与汉人至今依然保持着这项传统。17 世纪初刘文征所著之《滇志》记载，全云南几乎每一个府都有土主庙宇，有些府甚至有二座或三座土主庙。[185] 有部地方志甚至歌颂土主是最为"灵异"的神明，称土主庙中的蜂群驱逐了万历年间的安南侵略者。[186]

移民到了云南之后，很快便接受而且学习当地的语言。"滇"本是土著用词，大致用来指称整个云南，之后"滇"字成为官方对于云南的简称而且被沿用至今。"滇人"是一个新的中文词语，这个词出现在明代，指称"全云南的人"，包括土著与汉民。其他的土著词语，例如"海"（意思是湖泊）、"赕"（河、湖），至今依然广为使用。此外，众多当地地名也提醒我们，土著居民的分布异常广泛。为了方便与土著沟通（例如进行贸易），移民（如蒙自县的汉人）自然开始学习土著语言。[187] 孤立的汉人社群在经过几个世代

之后，其后裔已经不太会说先人的方言，他们的日常沟通
都是用土著语言进行。有些明、清时代的地方志里，会有
关于土著语言的篇幅（列入"方言"之下）。[188]

云南当地不同族群之间的通婚颇为普遍，这可能是让
移民土著化的最有效方法。许多汉人士兵娶了土著女人，
这是边疆社会性别比例失衡的结果。"夷娘汉老子"的结合
颇为流行，这大大促进了移民群体的土著化——在绝大多
数情况下，儿童是整天跟随在"蛮夷"母亲身边的。[189] 早
在 16 世纪末、17 世纪初，许多孤立的明代军事社群便经
历了土著化的过程。明末，徐霞客抵达纳西人（么些）居
住的丽江地区时，他写道："其地土人皆为么些。国初，汉
人之戍此者，今皆从其俗矣。"[190] 这样的案例在滇西北并
非特例，事实上，同样的情形在由土司主宰的滇南更为常
见。例如腾越地区的明代士兵与其后裔，根据记载，他们
在乾隆年间已经变作"蛮夷"了。[191] 今日，云南（贵州也是）
有许多群体与周遭族群并无差异，却被认定为"汉族"，理
由只是因为他们是明代移民的后裔。[192]

应当指出，性别比例并不是通婚的唯一原因。通婚能
够带来经济利益，并且提供了移民在边疆地区普遍欠缺，
但又亟欲获得的文化与政治纽带。举例而言，商人往往会
娶土著妻子，就像是欧洲商人在东南亚或北美洲的情况一
样。无论哪种案例，土著女性都以擅长贸易与交涉而著称。
许多移民以通婚的方式，开始进入地方政治或精英圈子。
值得注意的是，土著精英也需要这类汉人移民来增进自身

利益，因为这些汉人顾问能够熟练地运用中原文化帮助土酋与朝廷交涉。一代接一代，移民的后裔在地方社会上的力量变得愈来愈强大，有时甚至成为主宰的势力。

经济与文化的互动往往造就双重的政治与文化认同。纪若诚曾经探讨移民及其后裔是如何成为矿业领导者的。他们有时与土司及朝廷官员合作，有时则会发展自治力量，甚至足以威胁朝廷利益。[193] 这种土著化的例子最早出现在明代，而且不限于矿工社群。如前所述，诸多位于山区之军屯田庄的移民，就像是汹涌的土著海洋上的小船，逐渐被纳入土著社会之中。他们开始讲土著语言，采取土著的生产方式，享用土著饮食。

更重要的是，移民后裔开始了"多重族群"（multiethnically）、"多重文化"（multiculturally）的身份认同。他们既认同自己的祖先，也接受自己的本地身份标签。有时候，他们对自身土著身份之认同还要更强。[194] 更有甚者，移民及其后裔会站在土司一方来对抗朝廷，因为统治该区域且掌握资源者不是别人，乃是地方土司。身在南方边疆的江西商人之子岳凤，就是一个很好的例子。岳凤的故事不但呈现了移民（及其后裔）文化与政治认同的转换，也告诉我们土著文化如何传播到了遥远的中原地区。

岳凤，史载"江西抚州人，黠而多智，商于陇川"，因此，陇川宣抚使多士宁将自己的妹妹嫁给岳凤，对他颇为信任。但是岳凤野心勃勃，阴谋取代多士宁。他勾结其他土司，尤其是木邦宣抚使罕拔，两人一拍即合并歃血为盟，引诱多士宁前往摆古去面见莽瑞体（缅甸国王），然后对多士宁下毒并杀害他的妻小。而后，岳凤夺得明王朝授予多士宁的陇川金牌印符，将其献给莽瑞体。此时，莽瑞体正在扩张领土，他很热切地接纳了岳凤，并授予他多士宁原来的头衔。

莽应里登上缅甸王位之后，岳凤与其子曩乌伏击打败了明朝的军队，虏获多士宁之母与六百多位族人，并将俘虏献给莽应里。[195] 岳凤于是接管了多士宁的子民。此外，岳凤还秘密与孟连土司刀落参结盟，然后说服莽应里入侵明朝边界，占领并烧毁了顺宁府。岳凤之子曩乌领六万缅甸兵攻打孟连，云南指挥使吴继勋在该役中身亡。邓川土知州何钰是岳凤朋友的女婿，他派遣使者至岳凤处，岳凤却将使者逮捕后交给了莽应里。

当时，木邦宣慰使司土舍罕拔与其子罕效忘投降明朝。莽应里大怒，占领了罕拔的城市。在援军前来之际，何钰又派了一次使者招降岳凤。此时孟连土司刀落参在战役中被杀，岳凤感到忧心，遂派遣侄儿岳亨至永昌与明军谈判。明军将领刘綖接受了他们的投降，并保证岳凤可以免于明朝法律的惩罚。

1585 年正月，岳凤与其妻子、儿子、兄弟、侄甥、军队（包括夷人与汉人）全都投降，"尽献所受缅书、缅银及缅赐伞袄、器甲、刀枪。鞍马、蟒衣并伪给关防一颗，抚臣刘世曾张大其功"，岳凤被送往北京献俘。[196]

接下来发生的事情最能够彰显土著文化对岳凤的影

响。被送往北京处决之时，岳凤被发现全身都有刺青（这是典型的土著文化标志），而且他的"阳道"亦嵌数颗"缅铃"，令人啧啧称奇。明代学者沈德符慨叹："凤本华人入缅，性淫侈，装饰诡异。肌肤刻画异锦，如宋人所谓雕青者。阳道亦嵌数缅铃于首。寻为行刑者割去，以重价售于勋臣家。最上者值至数百金。铃本震撼之物，即握之手臂犹摇荡不自制。不知此酋何以宁居也？"[197] 这段文献记载让人好奇的是，朝廷勋臣家购买阳具与"缅铃"意欲何为？

成文于明代中期最有名的情色小说《金瓶梅》，或许能对我们理解明代精英的色情文化有所帮助。《金瓶梅》的主角西门庆是山东省的一个有钱商人、花花公子、地方精英。小说当中，西门庆在性生活中便使用过缅铃。当西门庆最喜爱的小妾潘金莲向他问起缅铃时，西门庆回答："唤做勉铃，南方勉（缅）甸国出产的。"[198] 接着两人便关门欢娱。这就是勋臣购买岳凤缅铃的原因了。

正如17世纪初云南官员谢肇淛的观察，缅铃之使用在云南颇为盛行。[199] 谢氏指出，缅甸男子为了性趣会将缅铃嵌入阳具；他注意到，缅铃也被卖给中国人。更有趣的是，谢肇淛表示缅铃有一个中国式名称，叫作"太极丸"，中国人把它当成礼物送人，官方或私人的书信中都曾经提起它。谢肇淛的记录显示，勋臣或许真购买了岳凤的阳具，因为缅铃的使用情况很广泛。

性工具之使用，尤其是将这种珠子嵌入阳具，确实是东南亚流行的习俗。东南亚女性在其社会当中享有颇高的地位。所谓缅铃便是证据，表明当地男人愿意接受痛苦的阳具手术来增加女性的性快感。同时代的中国人及欧洲人都注意到了东南亚的这一习俗。[200] 其中最令人震惊的手术就是嵌入金属针，附带各式各样的轮、刺、钉。一位亲眼见过的欧洲人曾写道：

> 男性——无论大小——会用大如鹅羽毛的金栓或锡栓，在自己的阳具近首处，从一端穿到另一端。同一只栓的两端，有些看起来像是马刺，顶端有凸点；有些看起来则像是猫爪的尖端。我常常请他们——无论老少——给我看他们的阳具，因为我对此不敢相信。在那只栓的中间有一个洞，他们才能够排尿……他们说，是他们的女人希望如此；如果他们不这样做的话，他们的女人就不愿意跟他们性交了。[201]

另外有一种不怎么痛的手术，是 15 世纪的中国旅行家马欢在暹罗所观察到的："凡男子年二十余岁，则将阳物周围之皮，用如韭菜叶样细刀挑开，嵌入锡珠十数颗，皮肉用药封护，待疮口好时才出行走，如葡萄一般。自有一等人开铺，专与人嵌妆以为艺业。如国王或大头目或富人，则以金为空珠，内安砂子一粒嵌之，行动扱扱有声为美。不嵌珠之男子，则为下等人也，最为可笑也。"[202]

中文的"铃"，可以指会发出声响的珠、轮、刺、针。岳凤是真的接受过那类手术，西门庆则是使用自缅甸引入的类似工具，来让自己的女人增加性快感。岳凤和西门庆的故事，显示东南亚的性习俗被中国精英分子所引入、仿效，而这些性习俗最初可能是经由云南所传播的，这更进一步显示了云南在"中国—东南亚"交流互动中的角色。[203]

土著化在此后的时代继续进行，尤其是在滇南地区。明清之交，有许多忠于明室的人士——尤其是士兵——辗转到了西南边境地区，他们在此地方化而融入当地族群。很多人因此接受了非汉人的族群身份。17世纪与18世纪，边境地区的矿业昌盛，有众多移民因此加入该行业，其中许多人娶了土著女性，采矿活动终结之后，他们仍然留在了该地。例如佤山地区汉人矿工的后裔，今日的他们已经接受佤族的身份。[204]

土著化历程如同华化一般，勾勒出一个共有的空间，移民与土著在此冲突、了解、误解、交涉、调解：有时，双方采纳相关的文化仪式；有时，某方借用另一方的文化载体；还有一些时候，双方合力添加了新的文化内容。在文山地区，某些族群的人民宣称自己的来源是"三江四海"，也就是江南地区。在巍山地区，一方面有些彝人宣称自己是蒙舍诏（南诏）建国者细奴罗的直系后裔；另一方面，他们又认为自己的祖先来自南京。[205] 这两种说法可能都是真的，因为通婚使得移民与土著居民互相结合。事实上，伴随着杂和（hybrid）文化的到来，双重身份认同（dual identity）在边疆地区是很普遍的事情。

到了晚明，"云南人"一词的出现和使用，也呈现了一个混合的、多重的文化体系。宁蒗地区摩梭社会以及他们两性结合（sexual union）的习俗，生动地描绘出这个文化体系。与这个世界上多数人群不同，在蒙古人征服之前，摩梭人的传统社会并没有婚姻体制，有的是一种被称为"提些些"（tisese，意思是来回走动）的习俗。蒙古人在 13 世纪将婚姻制引介给摩梭精英，而清朝对土司制度的改革让婚姻成为土司继承的先决条件。其结果是，婚姻和"提些些"同时成为摩梭社会两性结合与延续的合法形式，虽然"提些些"处于支配地位。这也是摩梭人有别于他族的关键所在。摩梭人的案例充分体现了土著社会的活力以及地方势力与朝廷力量间的交涉。

　　在诸多层面上，华化似乎是云南的主流趋势，然而"提些些"作为土著文化的一个象征，依然是摩梭人的首要机制。[206] 摩梭人两性结合的双重形式，生动揭示了一个"中间地带"（the middle ground）的历程。中间地带是美国边疆研究所发明的术语，这一概念有助于我们把云南视为一个边疆历程，在这过程中，各方力量的均衡状态得以创造、维持、转变、打破，从而浮现出一个新的社会。

中间地带：作为历史进程的"云南"

　　1893 年，美国历史学家特纳发表了《美国边疆论》，主张"一片自由土地的存在，这片土地的持续缩减，以及美国人的西向移居，解释了美国的发展"。[207] 对特纳而言，广大边疆的缩减意味着文明胜过野蛮之进展。这与中国历史上的"华夷之辨"类似；所谓"边疆""边关"被视为一扇门、一条线、一道界，用以区辨"华夏"与"蛮夷"。

特纳的讲演受到衷心地欢迎与应用，但同时也遭受质疑、修订与取代。比如，"边疆"（frontier）的概念就受到新词语如"边界"（border）、"边境"（borderland）以及目前最新的"中间地带"（the middle ground）的挑战。理查德·怀特（Richard White）在其著作《中间地带》中，将重点放在美国东北部的美洲原住民及其文化、族际通婚和毛皮贸易，后者范围遍及北美东部并早在1800年代初期就已深入密苏里以东地区。怀特阐明，在这两百多年间，美洲原住民和欧洲移民如何在五大湖区建造一个共同的、互相理解的世界。这一过程有时充满暴力，然而多数时间是伴随着一系列理解（meaning）与交换（exchange）的新体系之形成，直到这个中间地带的调和崩溃为止。[208] 作为中间地带理论的延续与进展，纪若诚和其他一些学者将世界体系的观点引进了中国边疆研究领域。[209]

中间地带理论优于老旧、静态的"征服与抵抗"（conquest and resistance）这一二元论，其中有许多可取之处。中间地带理论认为，边疆成为一个相互让步、适应、进行文化借用（cultural borrowing）的空间，一个既非印第安人也非欧洲人称霸的空间。这就是有这么多学者要借用这个概念，并将它应用到其他边疆地区的原因。但是，丹尼尔·赫尔曼提醒我们，中间地带理论专注于特定的时间及空间，虽有其建设性，但它同时也伴随着暴行与疾病。[210]

作者认为，本书所采取的长时段有助于超越中间地带理论的限制。在长时段的视野下，整个云南—贵州的广大区域长期以来便形成了一个中间地带：众多族群在这里共存，创造出某种形态的世界体系；这些族群在其中冲突、争斗、适应，并且彼此借用文化要素。然而，中原王朝的南向扩张，却为这块中间地带引进了一种异质文化。首先，四川南部早在宋朝便已被统合。[211] 与此同时，中南半岛王国，诸如位于今日缅甸的阿瓦（Ava）王朝、东吁（Tungoo）王朝、贡榜（Konbaung）王朝，先后北向扩张、建立联系并施加影响，有时与云南地方精英乃至中华帝国发生冲突。元代以降，尤其是到了明、清时期，当地人口结构的变化可用以证明云南权力结构的转变趋势。华化与土著化在云南保持力量均衡，而后这种均势又被打破，移民和土著则在这一历程中学习共存，由此借用、保留或修订了许多旧习俗，发明了许多新制度，以适应新的挑战。土司制度就是中间地带的一种行政性创造，朝廷将此视为地方臣服与朝廷力量存在的象征，而地方土司则视其为新的权力、财富、合法性之来源。

明代某些流官是处于土司的监督之下的，虽然数量很少。例如，石西州是置于思明土府之下，通安州与巨津州置于丽江土府之下。从这些例子可见朝廷政策的弹性，或土司力量的强大，或二者皆然。但是，随着朝廷权力的扩展，这个行政制度的内容也随之改变，正如明、清所设的规范所示。当朝廷感觉自身足够强大时，它就对土司增加了许多新规范，尤其是关乎土司职位之承袭的。土司们被诱导、被鼓励，最终则是遵从儒家的伦理与礼仪。此外，许多土司丧失了世袭职位，这是"改土归流"的结果，也是朝廷在边疆省份复制中原式社会所付出的努力。[212]

朝廷所支持的儒家文化，最终克服了各种抵制与犹疑，逐渐在边疆地区落地生根，力量均衡遂一步一步、一地一地崩解。长时段来看，很显然，朝廷的力量首先是在城镇扎根，后来扩散到乡村，而土著的空间则变得愈来愈小。这就足以解释明代的昆明以及18世纪的西双版纳先后出现的状况。至19世纪末，土司所控制的区域仅有云南最南边以及西南的边界区。

中间地带的双向文化借用与适应，引发了中国边疆研究中许多有趣而重要的课题。如果我们接受特纳将"广大边疆"视作美国性（Americaness）之关键论断，那未免有些过分；但是，特纳强调边疆之于美国化（Americanization）的重要性这一点并没有错。广大边疆对于美国人之认同颇有贡献。那么，我们能不能推断，两千多年的边疆经验（frontier experience）对中国人也是如此呢？特别针对本研究而言，建构云南的历程如何贡献于中国认同或中国文化呢？理查德·怀特关于北美东北部中间地带的文化借用概念，被人批评为执迷于小变化而忽略世界观，因为"在上部地区（pays d'en haut）的中间地带上"，多数的文化、政治、经济包容不过是"是权宜的、策略的、暂时的"。[213]令人好奇的是，云南是否经历过类似的变迁，或是更为全面的变化呢？

简要比较云南与广阔的北美边疆，对这些问题也许会有所启发。首先，虽然曾经有暴力性的军事行动发生，但中国的历代中原王朝并没有将云南土著先民消灭。云南数量众多的土著居民，使得云南边疆与中国其他地方有所差异，这是中原统合边疆的一项重大挑战。其次，事实证明，云南的生态环境是中原王朝前进的障碍，疟疾等热带及亚热带疾病大大增加了进入云南的困难，而这与发生在美国西部的情况正相反。再者，中国的云南边疆存在的时间远远超过北美边疆，这主要是上述两个原因所致。如果从西汉时期开始算的话，云南边疆的存在超过两千年；如果从剧烈变化的元朝开始算，也至少有六七百年。一个中间地带有如此长期的进程，即使在世界史中也非常少见。最后，云南土著居民不只与中原地区的汉人，而且与其他族群也存在着长时期的交流互动。这样的经历，使得他们得以发展并利用相关的联系、机制、资源来对抗中原王朝的征讨。当然，上述所有因素最终都无法阻挡中原王朝对边疆的统合。

中国边疆地区的大量土著人口对中原王朝的统辖构成一项重大的挑战。如何统辖他们？如何看待他们？土著居民又如何认知自己的身份？这些问题的关键处在于，云南长时期的中间地带经验确实创造出一个新的地方身份认同，那就是"云南人"。这个地方身份就是云南民众对于中国身份之承认。分析卫所制度衰落期间地方士绅（local gentry）之出现，或可一窥中原社会结构是如何在边疆省份复制的。

"云南人"的形成

在卫所制度之下，军屯开垦的土地一概归政府所有，称为"官田"。每位士兵分配一份田地，其大小根据所驻地区的耕地数量而定，大约在二十至一百亩之间。军户享有世袭种植权利。在云南地区，每位士兵分到的田地大约有二十亩。[214] 到 15 世纪初，卫所制度逐渐崩解，军官为从中牟利，逐渐将官田变私有。

军官本人也被授予田地，称为"职田"。职田的大小根据官职高低不等，"百户"授田四十八亩，"千户"授田近七十七亩，而省级的最高将领"都指挥使"则授田约二百九十三亩。[215] 职田免税，意在使其成为官员俸禄的一部分。

军官自己不参与农业生产，他们的职田有"舍丁"照料，舍丁得向军官缴租。万历年间，云南有职田十五万五千三百一十九亩，舍丁一万八千三百八十六人，[216] 每一位舍丁其实代表一个家庭。

军官不满足于自有的职田，他们利用各种机会来扩大土地，甚至将军屯田地占为己有。云南沐家就曾经遭到指控，说他们把所有的军屯田庄都变作了沐氏私产。[217] 虽然这项指控不免夸大，但它确实暴露出卫所制度中的一大问题，那就是军官对军屯土地的侵占。[218] 许多士兵甚至自愿将自己分配到的田地献给军官，以规避沉重不堪的军事赋税。举例而言，据说大理在明初曾开垦了约两万亩的军队屯田，但这些屯田却在后来的记录中完全消失。显然，这些田地已经被权贵人士侵吞。[219] 如此一来，许多军事屯田就变成了"民田"。

有人认为，卫所制度的崩溃破坏了明代体制之根基，然而，这实际上却在云南复制了中原地区的社会结构。当各层级的军官取得大大小小的山地、稻田，他们就变成了地主；而大量依附于军官的军户则变成佃户。此外，云南还有大量农民与佃户。于是，"地主—佃农"的结构在云南出现了。

军户家庭是最热切于追求儒家教育与朝廷官职者。在云南，军户出身的学生最初不被允许参加云南的科举，他们必须回到自己原本的"籍贯"省份参加科举。随着军户在云南的在地化，这一政策在1450年时得以更改[220]，而且立刻吸引了更多的军户子弟入学。明代的云南进士，超过一半出身军户家庭。[221] 这样一来，接受儒家教育和坐拥土地成为云南士绅阶级的构成条件。

表 4.1　明代云南进士的分布

府	进士人数（人）
云南府	65
大理府	48
临安府	52
永昌府	23
鹤庆府	19
曲靖府	11
蒙化府	8
楚雄府	5
澄江府	4
姚州	1
姚安所	1
澜沧卫	1
保山州	1
弥勒州	1
总计	240

数据来源：《明代云南区域文化地理》，载周振鹤主著《中国历史文化区域研究》，复旦大学出版社，1997年，第324—359页。

所有这些因素加起来，在云南创出一个多元文化体（plural cultural unity），而云南与中国内地之间的纽带在明代也得以稳固。李中清指出，移民的流入"为西南社会带来一道深刻且持久的纹理。没有人会否认，他们为西南地区带来了异域风情，改变了权力分配"。[222] 这个复杂的结合体，正反映于进士的区域空间分布，从中我们可以清楚地辨认儒家文化对土著居民的影响，或者从另一角度来说，土著文化对移民之影响。[223]

1582年，云南二十八个府、州之中，只有十三个出了进士，它们全部都位于腾冲—元江一线的东北地区。云南、大理、临安、永昌四个府占了全部进士人数的78%；这四个府同时也是最早出进士的地方。因此，云南有一道空间与时间上的重叠线，反映出儒家文化在云南不均衡的传播与发展。以此标准来说，云南可以被分成四个区域："核心区域""外围区域""边缘区域""空白区域"。

核心区域包括云南府、大理府、临安府、永昌府；这几个府出的进士是最早、最多的。云南府是人口最多、开发最盛的地区，其进士人数占全省总数的27%。临安府的发展非常迅速，早在永乐年间就已经出了进士。[224]大理府是另一个儒风深厚的地区，与云南府齐名。有"小南京"之称的永昌府，则是一个主要的汉人移居地，从明代中期开始有了进士。外围区域包含澄江、曲靖、楚雄、鹤庆、姚安、北胜、广西和丽江八个府，总共出了52位进士；其东部包括曲靖、澄江和广西，西部包括丽江、北胜、鹤庆、姚安、楚雄和蒙化。边缘区域包括寻甸、武定、顺宁、景东。虽然边缘区域没有出过进士，但依然受到儒家文化之影响；明代中期以降，该地区的社会习俗开始变化，儒学逐渐出现。空白区域包含永宁府（云南西北部）以及保山以西地区。整体而言，空白区域位于腾冲—元江一线的西南方。顺宁、景东、元江府受儒家文化的影响有限，因为土著文化和习俗主宰着那些地区。

这样，云南，曾经为一县名，然后为一府名，接着为一省名，指代中国的一个行政区域。元代省级行政体制在云南的确立，逐渐启发了这样一种观念，即云南为中原王朝的一部分以及云南土著百姓是中原王朝的臣民。至16世纪中期，有些云南的移民已开始自认为云南人。

太和县儒生赵廷瑞，在嘉靖末年离家旅行，足迹遍及整个中国。在游历武当山时，赵廷瑞于岩石上刻字曰："嘉靖四十四年拾二月十二，云南大理府人赵廷瑞朝山至此。"廷瑞之子赵重华在母亲过世之后，决定前往内地寻找父亲。在与一位僧人的对话中，赵重华表示自己是"云南人"；在1578年或1579年，赵重华与父亲赵廷瑞（当时还不确定）在无锡南禅寺见面时，他自称"吾云南人"。[225] 不过，文献中有关"云南人"这一新的身份认同，最早的例子并不是大理赵氏。早在1404年，有位进士便表示自己是"云南人"。"吏部言，有进士自陈是云南人，不闲吏事，愿为教官。"明成祖永乐皇帝"喜曰，云南人能举进士，可嘉，就授云南学官，以劝其乡人"。[226]

自我认同为"云南人"的先驱通常是士大夫。在传统的籍贯制度（如科举登记）中，这些人自我归类为"云南人"，也被朝廷归类为"云南人"；当他们通过科举考试并在其他省份任职时，他们也认同自己的"云南人"身份。籍贯制度促成了人们对"云南人"的使用与接纳，而这新身份的基础当然是新云南社会的形成。作为朝廷臣民的角色，这些士大夫为 20 世纪云南人对中国国族的接纳奠定了基础。

许多"云南人"，仿佛云南派驻在地方与朝廷的使节一般，他们是云南的代表，联系着边疆数百万人口。《明史》中记载了许多云南的士大夫，他们展现了优异的儒家道德或取得了杰出成就。尤其明朝末期，在对抗农民骚乱或清军的军事行动中，有些云南官员的忠诚与能力甚为突出。比如杨一清，他是 1472 年的进士，自称"臣原籍云南，是云南安宁州人"。在云南出生的杨一清，成长于湖南，老于江南，故自称三南居士，他曾于 1514 年派儿子祭扫云南的祖坟。杨一清长期在西北边疆任职，这为他在军政与边政方面赢得了名声；他也曾因为得罪权倾一时的宦官刘瑾而下狱，后来又帮助朝廷铲除刘瑾。此后，杨一清还担任过户部尚书、兵部尚书、内阁大学士。《明世宗实录》对杨一清评价极高，称"其才一时无两"。[227] 另外一个例子是严清。他是军户出身，云南后卫人，1544 年的进士，曾经担任刑部尚书、吏部尚书、兵部尚书。[228]

云南士大夫之中英雄事迹最突出的当属 1610 年的进士傅宗龙。傅宗龙，昆明人，明末崇祯年间颇受朝廷信任；他成功平定贵州、云南、四川小型叛乱的经历，为其赢得了军事上的地位。后来，傅宗龙被派遣去镇压农民，在 1641 年的战役中力战而死。[229] 傅宗龙对明朝的忠诚，与他的一些同侪形成了强烈对比。例如，另一位崇祯皇帝宠信的大臣洪承畴，他便在被清军俘虏之后投降。确实，傅宗龙的形象对诸多背叛明朝的官员来说是一道浓厚的阴影。

另一个类似的案例则是云南沐氏的最后一代沐天波。他曾护送南明末代皇帝永历帝进入缅甸，当缅甸人有意将永历帝献给清军时，沐天波奋勇作战保护永历帝，受缅人伏击而死。如果沐天波不起来反抗，或可幸免于难，尤其考虑到沐家在云南长久以来所享有的崇高威望，缅王莽白明确指令"不可伤皇帝与沐国公"。[230]

简而言之，"云南人"的出现，调整和丰富了中国性（Chineseness）或中国身份的内涵；"云南人"已经成为"中国人"的一个基本的地区组成成分（basic regional constituent）。

地方认同与中国认同

如何理解与定义中国认同，这显然是中国研究的一个关键问题。鸦片战争以降的中西冲突，激发出象征这中国的自我意识与自觉的民族主义，但或许我们有必要追溯到更早的时代来探讨这一问题。

中国（"中央之国"）源起于黄河流域，逐渐扩展至长江与珠江流域。在这长时期的历史进程中，中国融合了许多"地理—族群"（geo-ethnic），即位于一定地理空间并带有独特文化传统的族群。汉人其实是族群互动之下的混合产物，而汉人也并不是唯一的中国人。如何协调汉人与其他族群的关系，这对历代中原王朝的统治者都构成了一种挑战。

著名人类学家费孝通则将中华民族（Chinese nation）之形成加以理论化，提出了"中华民族多元一体理论"。他指出，中华民族包含五十六个"民族"，"作为一个自觉的民族实体，是在近百年来中国和西方列强的对抗中出现的；但作为一个自在的民族实体，则是几千年的历史过程所形成的"。在所谓中国的广大区域内，族群互动与交流贯穿了整个历史，创造出了中国人和中华民族。因此，这些"民族"都具有双重认同；首先他们认知自己是中国人，然后在这个广大的中华民族之下，他们又有对某"民族"的认同。[231] 费孝通的理论影响很大；但是，在强调"少数民族"对于整个中华民族的贡献时，费氏对地方或区域的角色重视还不充分。

地区差异与地区特性是中国文化的一个显著特征。[232] 谭其骧曾讨论不同时代和不同区域的习俗，他指出，在超过二千多年的时间里，并没有一个被所有人共同接受的同质的中国文化[233]，时代性与区域性特质是了解中国文化形成与发展的关键。因此，云南受到统合之际，区域文化与身份认同也在这一过程中得以创造和彰显；在非汉人群体同样被视为朝廷的臣民之后，云南遂为中国文化添增了新的成分。

实际上，族群认同与地方认同对定义与了解今日之"中国人"非常重要。所谓地方认同，指的是某地居民在本地作为中国一部分的情况下，对自己的在地性产生认同，例如，"四川人""广东人""河南人"，等等。地方认同不仅代表地理位置，它还联结着文化特质，有时还联结族群认同（如云南）。因此，这也就造就了并行不悖的双重认同：首先是中国性，其次是地方身份。在此意义下，"云南人"的出现对于中国性颇为关键，因为这种地方认同的前提是中国身份认同。谁是"云南人"？这个问题本身带着一种假设，那就是云南是中国的一部分，而云南人乃是中国之云南人，或者说，云南人是中国人。

作为"地理—族群"身份或省级身份标签的"云南人"，在中国历史上是晚近出现的新词（neologism）之一。长久以来，中国的精英是以其家族或宗族起源地来进行自我认同的，有许多家族姓氏可以追溯到中古早期的"郡望"。到了明清时期，省取代郡而成为中国除中央之外的最高一级行政单位，因此，省级认同逐渐浮现在国家舞台上，尤其当朝廷以省为其行政、经济、文化之关键所在时。

近年来欧挺木（Tim Oakes）便注意到中国的省级认同，[234] 他说："中国虽有一个基于地方（place-based）认同的传统，然此传统鲜少与省级行政区边界相应和。"[235] 对此，作者无法赞同；实际上，省级层次上展现的中国认同，是在中国历史长河中逐渐形成的。

同时具有行政、经济与文化雏形的省级单位，至少可以追溯至元代，如果不是更早的话。元代的行省，逐渐转化为中央政权下的第一级行政单位。今日中国的多数省份便是元、明、清时代的遗产。这样的行政等级制度凸显了"省级标签"在社会生活诸多重要层面（例如税赋、救济、科举等）发挥的关键作用。明清时期，每个省都会被给予赴京城参与会试的考生名额，这些考生所代表的不只是自己的家族或宗族，还代表着自己的家乡省份。将儒生与他们的家乡省份联结，能够有效促进并强化省级单位的地方意识，尤其是在中国的边疆区域，例如云南。逻辑上说，省级认同在中国内部的场景中，就是用来表达"中国性"的，多数中国人也是根据省级标签自我分类以及被归类的。

　　19世纪初的魏源是对西方有所了解的先驱之一，他定义自己那个时代的"中国"是"十七行省及东三省地为中国"。[236] 在魏源的"中国"里头，云南是其中一省，毫无疑问是中国的一部分，这反映出他对中国人的"多族群/多区域"（multiethnic/regional）的概括，他的观点也被后来的孙中山等所承袭。然而，魏源并不是第一个看到"中国人"这一概念之普世性的，当然也不是第一个将云南视为中国一部分的。被流放到云南的明代著名四川学者杨慎，已经阐述过类似的观点。明代云南发生了剧烈的变迁，激发了杨慎以下的感叹："中国人真正是世界性的种民，是全人类、全世界的承继者。汉人只是帝国诸种人中的一支，我们还包含许多不同类型的种人。光是在云南，就有超过二十个非汉种人。只要他们接受皇帝的统治，他们便是中国人。"[237]

　　17世纪初的学者谢肇淛在讨论明朝境内各省居民及其

文化特色时，也将"滇人"（云南人）与其他十多个省的人并列。他说："齐人钝而不机，楚人机而不浮。吴、越浮矣，而喜近名；闽、广质矣，而多首鼠。蜀人巧而尚礼，秦人鸷而不贪。晋陋而实，洛浅而愿；粤轻而犷，滇夷而华。"[238]故此，谢肇淛已经视云南及云南人为中国的组成部分之一。

不仅如此，19 世纪末在云南旅行的西方人也抱持着这种观点。戴维斯少校观察说，云南几乎所有族群都受到中国文化的影响，他评论这些族群的人们"开始蔑视自己的语言、风俗与服装，而对于接纳中国习惯感到光荣"，且"距离他们自称中国人（Chinamen）的时间已经不远。一个中国的种族诞生了"。[239]戴维斯由此指出，中国人必须被"视为一个混合的种族"。[240]

虽然杨慎、谢肇淛、魏源、戴维斯少校是在不同的历史脉络中使用了不同的词语，但是他们全都将中国人视为具有世界性的群体。他们的论述也支持了作者的论点，即云南之统合能够代表且有贡献于中国国家／族群的多元性。

* * *

本章考察了以儒家为代表的中国文化如何影响云南土著居民以及土著传统又如何影响了中原移民，并指出华化与土著化实为一体两面，都有助于云南的统合历程以及产生新的地方身份认同。从那时起，这种省级的地方认同便一直在中国的国家舞台上呈现其中国性的自我表述；本质上，云南的统合，有助于构建中国为一个多族群之实体（multiethnic entity）。

第五章

白银、贝币与铜政

云南的经济转型

伴随着中原王朝对云南行政与认同之融合而来的变化，是云南地方经济的重新导向，以服务于明、清中国的经济发展。本章首先讨论在明朝扮演了重要角色的云南白银的生产。云南的矿业——明代白银与清代铜矿——为中原王朝注入了新的生命力，同时引导了云南本地的劳力分配、工业化、城镇化，塑造了一个新的地方经济结构。

其次，本章将考察明清之际铜钱在云南取代贝币的过程。云南的贝币制度，证明了全球及区域的贸易力量如何合力塑造地方发展趋势；贝币制度的最终崩溃，也象征着云南经济转向中国的发展，因为中国的货币体制最终压倒了以贝币为基础的印度洋贸易习俗。明代的云南人口已有三分之一为移民及其后裔，随着清代移民涌入西南地区，到1850年，移民已占云南人口的60%。在云南历史上，这是移民人数首次超过本地居民人口，本地居民在整体上已经变成少数。这一人口格局，一直延续至今。

本章最后将回顾清代的铜政，以彰显云南在"中国世界经济体系"（Chinese world-economy）中的重要意义。整个18世纪，云南是中国铸币所需铜料的唯一来源。因此，清朝对于铜料的生产与运输制定了详细的规范。结果，云南的铜矿业被统合入朝廷的行政体系之内，成为所谓的"铜政"。

云南银矿与明代经济

云南拥有丰富的金属资源，如金、银、铜、锡、铅等。中国人早在汉代就熟知此事。某些学者指出，云南的青铜在三千多年前便被运送到中原地区，由商人、周人制作成精致的青铜器。[1]

白银也是云南著名的物产。公元1世纪的班固就数度提到云南的白银，特别强调了白银的贵重。他提到了"朱提银"——朱提县（昭通）所出产的白银，说："朱提银重八两为一流，直一千五百八十，它银一流直千。"也就是说，朱提银的价值是其他地方白银的1.58倍。[2]早期历史文献如《后汉书》及《华阳国志》双双将白银与铜、金、锡一并列为云南的地方特产[3]，《华阳国志》甚至记录说："益州西部，金银宝货之地，居其官者，皆富及十世。"[4]这些地方官员积累的财富自然来自西南丝路及贵金属资源如金、银等。当蜀汉政权征服南中时，白银与其他地方资源对于蜀国频繁北伐魏国之军事行动也有巨大的帮助，所谓"出其金、银、丹、漆、耕牛、战马，给军国之用"。[5]此番说法也有其他史料的支持。据记载："云南旧有银窟数十，刘禅时，岁常纳贡。"[6]虽然有关文献无法让人还原出当时云南产银的地图，但云南银矿的采掘应该是持续的，因为白银自秦汉时期便被列入云南的特产。

银矿业在南诏及大理国时期继续发展。《蛮书》将白银列为南诏的地方产品，南诏"禁戢甚严"。[7]事实上，南诏对金矿业课有重税，要求矿工必须将70%至80%的产出上缴国家。史载："蛮法严峻，纳官十分七八，其余许归私，如不输官，许递相告。"[8]故其银矿业采取的应该是同类的法令。我们从当时的宗教活动中也可以一窥这一时期的银产量。1971年，云南曾发掘出许多大理国时期的银制佛像等器物。[9]此外，南诏精英生活上也会使用金银器具，所谓"食用金银"。[10]

元朝也向银矿征税。朝廷设置"银场官"，以年度方式征收银税。云南和江西是白银产出最为丰硕的两个省份。《元史》中列举的云南最主要的银产地为威楚（楚雄）、大理、金齿（保山）、临安和元江。[11]元文宗天历元年，也就是1328年，云南"银课"三万六千七百八十四两；相较之下，历史上以银产丰富知名的江西省的"银课"则是二万三千一百零四两。[12]元朝的白银税率大约是30%，以此估算，云南的白银产量总计为十二万二千六百一十四两，占全国产量的近一半。[13]

关于元代云南白银的价值，可见于马可·波罗在1280年代末期的记录，当时忽必烈派遣他经由云南前往缅甸。他曾提到，在昆明地区，八两银的价值等同于一两黄金。[14] 在黄金相对丰富的金齿地区，五两白银就可以换到一两黄金，这个优惠兑换率吸引了想要靠白银大赚一笔的商人们。[15]

表 5.1 明代的云南银课

年份	云南银课（两）	占全国银课之百分比（%）
1458	52,380	51.4
1459	52,300 (+)	51
1460	102,380	55.9
1462	102,380	-
1467	52,300 (+)	75.5
1473	26,100 (+)	50
1482	102,380	-
1483	102,300 (+)	-
1484	72,380	80.5
1488	52,380	64.4
1504	31,900 (+)	100
1580	50,000—60,000	-

数据来源：全汉昇：《明清时代云南的银课与银产额》，《新亚学报》第11卷（1976年），第65—66页。

明代云南银矿的重要性，从矿税中可见一斑。16世纪的宋应星指出，全国共有八省产银，"然合八省所生，不敌云南之半，故开矿煎银，唯滇中可永行也"。[16] 其他文献也确认了宋应星的判断。1458 年，云南的银课定在五万二千三百八十两，其次是浙江省（二万一千二百五十两）和福建省（一万五千一百二十两）。两年之后，云南银课达到十万多两，几乎翻了一番。[17] 表 5.1 所提供的是云南银课，其重要性一目了然。

　　以上数字虽然并不完整，却已说明云南白银对明代经济的重大贡献，因为明朝的年均银课大约是十万两。[18] 表 5.1 显示，在最糟糕的那些年份，云南银课也占全国的一半。全汉昇估计，1390 年至 1520 年的银课总额是一千一百三十九万五千七百七十五两。[19] 如果云南占有全国银产量的一半（这是很保守的估计），那这段时间内云南的银课就达五百七十万两之多。依照全汉昇的估计，明代银课约为三成，那么，在这一百三十年中，云南总共生产了一千九百多万两白银。不过，这个数字远远低于李中清的估计。李中清判断，在明亡之前，云南总共产出两百五十万公斤的白银，占全国银产量的四分之三，跟葡萄牙人输入明代中国的白银数量旗鼓相当。[20]

　　即便如此，这些云南银产的估算还有问题，因为土司也在采银，如木氏便控制着丽江地区的矿业。1603 年，监督云南矿业的太监杨荣谋划取得丽江银矿，却因担忧可能会在边疆族群地区制造混乱而作罢。[21] 但是，在朝廷压力之下，木氏遂"自愿"献银。土司木增曾为 1610 年明朝的军事行动捐献两万多两白银，还为 1619 年讨伐努尔哈赤捐献一万两。[22] 考虑土司所控制的区域非常广阔，像木增这样的情形绝非个例。

白银也自边疆流向中国之外的区域。因为元、明给予其土著臣民一些自主权，所以朝廷对边疆的控制有时只停留在象征形式上，而这繁荣了跨疆界的国际贸易。举例而言，明朝对于玉、翡翠和宝石的需求可说是无穷无尽，跨越边界的上缅甸矿业便成为翡翠和宝石的主要供应地。同样，云南及缅甸所产的白银除送往中国本部之外，也会运输到东南亚、南亚等地。马可·波罗曾注意到，在云南西部边疆地区，白银会拿来交换进口的黄金，此地白银的价值相对高昂。

约翰·戴耶尔对中古时期（1200 年至 1500 年）的孟加拉地区的研究指出，孟加拉地区诸国在这一时期逐渐实现了白银的货币化。[23] 他论述道，"由于孟加拉本地完全没有白银"，因此，1200 年至 1500 年间，当地白银的铸币、出口、工业用途、储存，以及损耗，"直接全部依赖于进口白银"。[24] 因此，关键的问题便在于孟加拉地区白银的原始来源。戴耶尔考察了东亚、东南亚的金、银矿产地之后断言，那个时代的孟加拉地区的白银来自中国的云南和缅北的掸人王国，因为其他白银来源地，如西伯利亚、日本及中国的东三省和长江中游的湖南，对中古的孟加拉地区而言实在太过遥远。

明代中国白银的货币化导致了对白银大规模的需求，而银课也成为地方百姓的沉重负担，年度之征收难以达到预定目标。[25] 到了明末，在当时的技术条件下，云南银矿开采殆尽，许多官方报告与奏章已经提及。

"从帝国早期铸币经济到帝国晚期白银经济的转变"这一议题吸引了大量中外学者的关注。他们指出，此事为"中国社会、经济、文化演进的一座重要分水岭"。[26] 研究 17 世纪中国的学术界因此分为两派："近世"（early modern）取径和"危机说"（crisis thesis）；前者强调白银进口的经济刺激，后者则关注中国依赖世界经济带来的严重结果。[27] 白银大量涌入导致中国经济的巨变，然而，从以铜钱为基础到以白银为基础的转变，其实远在明朝晚期外国白银输入之前便已在进行当中。[28] 由此所浮现出的问题是：我们应该如何看待在这个转变过程中云南白银的历史角色？

元代与明代初年的云南白银占当时全国产量的主要部分。根据李中清的研究，其规模可以与进口自新大陆的白银相媲美。由此，我们可以断定云南白银对前述转变必然有所贡献，虽然其程度尚需加以探讨。如此，学者或可重新思考新大陆进口白银对中国经济所造成的影响或冲击，或者至少重新思考元代以来云南白银在中国货币变迁及经济发展中的角色。此外，云南白银对于我们理解在中国统合进程中朝廷与地方的互动及影响亦能有所启迪。地方资源被用来服务国家利益，云南便是最好的例子。

云南的贝币制度：全球视野下的解读

贝币之起源、使用与流通途径

尽管云南出产的大量白银支撑了正在经历货币化过程的明代经济，但云南本身主要是使用海贝作为经济活动的媒介。

本书第一章介绍过沿着西南丝路展开的跨区域贸易，各种货物流通其中，但未能讨论相关交易之媒介，也就是货币。哪些物品具有货币的功能呢？学者们失望地"发现，这些国家的有关文献（多数为铭刻）对于不同经济行业所提供的信息不足，也没有提到高棉或任何其他地区的金属货币，虽然那些国家的先进经济生活使用钱币一事，毋庸置疑"。[29] 事实上，以物易物长期以来是东南亚山地贸易的主要形式，一直持续到非常晚近的欧洲殖民主义时代。[30]

西南丝路贸易网络内并没有很多种货币，虽然金、银、布、盐有时可当作货币使用，具有商品与货币的双重属性。有很多原因可以解释西南丝路以物易物的贸易形式。比如说，这一贸易网络区域内没有任何一个帝国强大到足以控制整个贸易路径并实施货币政策。在地性的长途贸易（如中转贸易）是由地方精英所控制并与许多商人合作接力完成的。虽然有学者将商品经济发展水平之低归咎于货币的欠缺，但缺乏标准货币其实也正是地方经济互相依赖与活力的表现。

　　事实上，贝币是西南丝路沿线普遍流通的一种货币。海贝原产于马尔代夫，长期以来输出至印度和孟加拉地区，再从那里运输到欧亚各地。印度与东南亚部分地区使用贝币，包括若开（Arakan）、马达班（Martaban）、勃固（Pegu）、暹罗、寮国、缅甸和中国云南。[31] 海贝小巧、坚硬、可携带，这使其成为小额买卖之货币并进入日常生活中。[32] 詹姆斯·海曼（James Heimann）推断，在印度，贝币是主宰跨市场经济金属货币之主要对应物。[33]

　　中国旅行者，例如郑和宝船的成员，就注意到东南亚地区使用贝币的情形；当时，除了云南以外，海贝早在中国境内绝迹。[34] 在夏代、商代、周代的墓葬与遗物中，有为数不少的海贝。但黄河流域并非海贝的原生地，它们应是从沿海地区输入，或者经中亚地区传来。自春秋以后，贝币就逐渐从中国市场上消失了。秦始皇于公元前221年兼并六国后，统一了各国度量衡、货币以及文字，海贝也被铁钱、铜钱取代。此后，海贝就只被当作装饰品使用。

　　但在云南地区，使用海贝的历史十分悠久。1955—1972年间，考古学家在云南的墓葬中发现了大量海贝，总数超过二十六万个，重量达七百多公斤。[35] 所有墓葬的年代都可以追溯到秦统一中国之前，这证明云南在公元前3世纪晚期以前就已经有海贝存在。这些海贝在当时的云南是被当成某种货币使用，还是只被当作一种贵重物？学者们对此存在意见分歧。[36] 法国考古学家毕梅雪论证说："滇墓当中最常见的海贝种类是环纹货贝／金环宝螺（Cypraea annulus Linn）。这似乎是一种价值特别高昂的货币、社会地位以及某种特权的象征，专门用于精英之间的跨社会交换（intersocietal exchange）。"[37] 因此，这些海贝是西南丝路或者是云南与印度洋地区之间奢侈品贸易的有力证据。傅汉斯的研究阐明，从 9 世纪到 17 世纪，云南贝币制度的计数方式持续不变。此外，傅汉斯还将云南与孟加拉及暹罗加以比较，指出这些地区的计量系统和推算系统（reckoning system）有着密切的关系，而这可作为印度洋贸易网络中存在着某种贝币制度的另一项有力证据。[38]

值得再次提起的是在三星堆出土的海贝，其年代距今已有三千多年，与中原地区商代墓葬中发现的海贝属于同一时期。海贝在三星堆的发现与云南的发现契合，再加上两地地理之毗邻，强烈暗示了四川的海贝来源为印度洋，而且是经云南进入成都平原。[39] 现在我们依然无法理解——尤其是因为文献匮乏——为何西汉以降的云南出土海贝的数量逐渐减少。看起来好像海贝贸易突然之间中断了。此事的唯一合理解释似乎是汉朝对于云南的军事控制。自 69 年哀牢归附之后，汉朝已控制了今日云南的大部，永昌成为其边疆重镇。这个政治变化一定对当地经济有所影响，虽然其程度难以估计，但考古遗址中海贝的消失与汉代通行货币"五铢钱"的出现，便是相当有力的证据。海贝的案例显示了汉代政治变迁对于云南的经济取向有着巨大的影响。

当中原王朝对云南失去控制之际，大量海贝再度出现于云南，而贝币制度也随之成形。不过，此事发生的确切时间仍不得而知，因为中国最早记录云南使用贝币的文献是《新唐书》。樊绰的《蛮书》约撰于864年，该书是提及云南海贝的一手资料，但它只提到海贝是装饰品。因此，伯希和总结说，我们难以得知10世纪之前海贝在云南当地的用途。[40]但是，极为熟稔云南文献的方国瑜指出，樊绰使用了许多前人的记载，其中某些材料甚至比樊绰所处时代早两百年。[41]傅汉斯根据方氏研究，谨慎判断海贝在9世纪初的云南被用作钱币。当然，南诏使用贝币的时间可能稍早于此。宋代史料没有提到云南的海贝，颇为奇怪，傅汉斯将此归因于大理国的自治。[42]

贝币制度的影响

元朝时期，贝币在云南极为盛行。元代史料呈现了贝币在经济生活中的生动景象。14世纪初李京在云南任职时，曾记录贝币是一种交际媒介。[43]一贝称为"庄"，四庄为"手"，四手为"苗"，五苗为"索"，所以"一索"就有八十个海贝。云南土著居民使用且储藏作为财富的贝币。有位哈尼人在临终前告诉儿子，自己储藏了一些海贝，儿子可以拿一部分去用，剩下来的他要在死后世界中使用。[44]

元代在其他地方引入了一项重大经济改革——发行纸钞，但是贝币在云南本地社会已经根深蒂固，短期之内无法废除或被取代。整个元代，纸钞的通货膨胀对元朝经济造了严重的挑战，而在云南则更为严峻；最终，元代官员意识到，使用贝币为主的云南社会还没有做好接受纸钞的准备。因此，赛典赤建议在云南维持贝币，忽必烈同意了这项建议。[45] 于是云南的税赋被允许征收贝币，采用官方所定的贝币与黄金兑换率；而在其他省份，税赋则是征收纸钞。[46]

因为朝廷确认贝币可以用来交税，各类税赋所征收来的贝币遂大量涌入府库。1328 年时，徭役（科差）征得贝币一百一十三万三千一百一十九索，酒税二十万零一千一百一十七索。[47]1297 年，云南省库储有两百七十万索的贝币，四年之后，这个数字几乎增加了三倍，达到一千零七十万索。[48]这个庞大的数字还仅是云南的库藏而已，市场上和民间里的贝币规模可能更大。所以，在云南境内流通的贝币总数可能达到十亿枚以上。

江南的市舶司也储藏有海贝。有些商人还设法将海贝从江南运到云南以交换马匹与黄金，这还导致云南出现了通货膨胀。为解决此问题，元朝皇帝下诏禁绝上述贸易。[49]此外，由于云南境内使用贝币以及采取的不同税制，许多商人将海贝从国内外各地（如暹罗）运到云南，因此，元朝决定设立据点阻止此等商旅，[50]由此出现了一个奇妙的东西，即由朝廷所认可的"真肥"（所谓"真"的贝币）。

1305 年，元朝颁布了一项规定："其贝非本土者，同伪钞。"[51] 因为云南本地不产海贝，因此所谓"本土贝"指的是已经在云南市场中流通的海贝。如此，海贝不可以再运入云南；走私进入云南的海贝若被官府发觉，则被视为"私贩"而没收。元朝将向云南输入海贝定为非法，企图管控贝币，最终目的则是要废除云南的贝币制度。这样的政策显示，朝廷一方面被迫承认地方力量，另一方面则意图对此力量加以管制和渗透。

到了明代，云南的贝币用途更加广泛。第一，海贝依然可以用来交税。1384 年明朝刚统一云南之际，朱元璋便批准了云南布政使的上奏，准许云南可以用当地产物如金、银、海贝交税。元代的时候，云南税赋全数都是用贝币缴交，明朝则于 1481 年颁布法规，允许 70% 的税以贝币缴交，其余则缴纸钞[52]，不过这个比例可能随时间或地区而有所变动。第二，明朝还曾用贝币作为俸禄发给官员、军人或以之补助贵族。举例来说，朱元璋将其子岷王朱楩派到云南时，便赠送贝币为之备用。[53] 明成祖则于 1403 年赠送了十万索海贝给驻在大理的汝南王。[54] 第三，贝币不只在日常交易中使用，还会用于大宗买卖，例如马匹与土地交易。1548 年，有人以二千一百六十索海贝购买了一栋价值二十四两白银的房子。[55] 此外，百姓也会捐献贝币给寺庙。[56] 人们还会以贝币进行借贷，有时贷款者借的是银子，却是以贝币来付利息；有时借还都是使用贝币。[57]

表 5.2 贝币与白银的兑换率

年份	贝币／银两原始数据的标准化
约 1280 年	600
1282 年	2,000（昆明）； 2,667（大理）； 3,200（永昌）
约 1368 年	8,000
1524 年	7,200
1540 年	4,405
1548 年	7,200
1591 年	7,547
1610 年	10,400
1615 年	13,600
1623 年	8,000
约 1625 年	13,339
1626 年后	28,000
近 1644 年	24,000—40,000
1647 年	56,000

数据来源："Exchange rate between cowry and other types of money, Yunnan, 1280-1647," in Hans Ulrich Vogel, "Cowry Trade and Its Role in the Economy of Yunnan: From the Ninth to the Mid-Seventeenth Century (Part II)," *Journal of the Economic and Social History of the Orient* 36, no. 4 (1993): pp. 338-339。

　　同元代类似，明代的江南也储有大量海贝。1437 年，明王朝决定自南京府库将海贝运送到云南支付官员俸禄[58]；三年之后，皇帝饬令运送五十五万斤海贝到云南，目的依然是发放俸禄。[59] 应当指出的是，并非所有人都喜欢缴贝币给朝廷。1411年，溪处甸土司自恩便要求使用自临安购得的白银来缴价值七万九千八百索海贝的税赋，因为当地没有海贝。[60] 由于贝币流通的数量庞大，某种贝币"银行"——即"巴行"——便应时而生。1600年，楚雄县的张维先在县令面前签署保证文书后，开始在县城内经营一家巴行。[61] 由于海贝的用途广泛，它在云南就象征着财富，有钱人会被昵称为"有肥"。[62] 简而言之，贝币满足了现代抽象意义上"货币"的各种功能。[63] 不过，有明一代，尽管贝币的使用遍及日常生活，但它的价值也日益降低。表5.2即显示了从元代到明代末年贝币贬值的情况。

贝币的消亡

虽然元、明两朝接受贝币为官方货币，但也企图控制和减少贝币，最终用通行的货币来取代贝币。元朝区别"真肥"和"私肥"，试图限制贝币的流通与使用。明朝则采用更进一步的手段来取代贝币。1555年，明朝开始在云南铸造铜钱。一份奏章记载，云南的铜被运到湖广地区铸造，而负责税收的户部最终决定用盐税收来的两万两白银在云南开设铸币厂。[64] 但结果不如人意。三年后另一份奏章指出，在投入三万三千两白银之后，造出的铜钱仅有二千八百七十四万零七百枚，远低于朝廷所订额度的三千三百零一万二千一百枚。由于"费多入少"，巡抚云南都御史王昺"乞罢之"。户部表示同意，但嘉靖皇帝指出，"云南产铜，不宜惜小费以亏国用，命给银铸钱如故"。[65]

但是，围绕云南铸钱的讨论与争辩依然持续。1565年，朝廷决定在云南停止铸钱，其原因一是没有获利，二是贝币为云南的市场主流，"制钱不行"，即一般百姓并不接受铜钱。[66]等到1567年，巡按云南御史郭廷梧再度提议恢复铸币，他表示："滇中产铜，不行鼓铸，而反以重价逮购海肥，孰利孰害？"[67]于是云南又恢复铸钱，但老问题并未解决，云南市场依旧拒绝铜钱，云南的铜钱不得不运到贵州，用以支付贵州军士的薪水。[68]又过了四年，云南铸钱再度停办。[69]

虽然铸钱之事在云南几度失败，但有一些儒者并未放弃，因为货币的标准化是朝廷权威与德政的象征。1625年，云南又恢复铸钱。这一次，当地百姓似乎开始逐渐接纳铜钱。[70]云南巡抚闵洪学曾在奏疏上回顾1626年铸造铜钱的成功及其流通。[71]到1626年夏季时，云南已铸造超过七十万枚铜钱，并于"七月初十日行之省城矣"。

然而，百姓对此颇多流言和怀疑，"泽泽偶语"；于是闵洪学制定十一条"行钱便益"，宣扬使用铜钱的好处，安抚疏导地方人民；对不识字的百姓，则编写了通俗易懂的歌谣，广而告之。史料记载："七月之朔，则进省城官吏师生、乡约木铎等而申告之：'钱非他，乃天启通宝也。滇虽荒服，同禀正朔，宁敢独处化外？'众皆唯唯。于是，滇之人咸知臣等法在必行，遂一朝而扩然也。"闵洪学自称："半月来，持银易钱者肩摩于局之门，憾无多钱以应之耳。盖滇之有钱，自今天启六年始矣。"如此，铜钱遂从 1626 年开始在云南流通，并与贝币相竞争。1627 年朝廷对云南的一道诏令也证实了上述奏疏："滇南荒徼，钱法已可通行"，朝廷已下令将"京师钱式"颁给云南照样鼓铸。[72] 当然，最初铸造的七十万枚铜钱相对于云南整个市场流通需要的钱币数量而言，不过是沧海之一粟。贝币绝不会那么容易就退出市场。

1626 年开始的铸钱，在云南一直持续到明朝灭亡。明清之交占据云南的大西政权也在此铸钱。大西政权是由明末农民起义将领张献忠所建。张献忠死后，其义子孙可望占据云南。孙可望下令要为自己的政权铸造铜钱"兴朝钱"，禁止百姓使用贝币，"违其令者刖剟之"。[73] 1660 年，吴三桂辖治云南后继续铸钱事业，但"云南地广人稀，营销颇少，不十年而钱多为贯朽"，于是不得不在 1670 年停铸。1673 年，吴三桂叛乱，开铸自己的"利用通宝"。1681 年，清军平定吴三桂叛乱，总督蔡毓荣请开铸钱。

云南境内使用海贝作为货币一事，最让学者感兴趣的有两个问题。第一，为什么云南使用贝币的时间这么久，比中原地区要长一千多年？第二，为什么云南贝币制度会在 17 世纪中叶突然崩溃？关于这些问题，研究成果丰硕，整体而言有两派：第一派是"向内看"，强调朝廷的渗透与控制，认为朝廷禁绝并废除贝币反过来巩固了朝廷在边缘区域之地位；另一派则是"向外看"，把目光扩展到全球化的、现代的资本主义世界。

　　早在1948年，云南研究的先驱江应樑便指出，因为元明两朝直接统治云南，云南与朝廷的关系之深切便超过了云南与暹罗的关系，因此，作为中国正式货币的白银与铜钱取代贝币是一种很自然的经济选择。[74]江应樑还表示，云南缺乏铜钱是云南长期使用贝币的另外一个原因，而明末清初的铜币铸造有效地促进了这一取而代之的过程。

　　支持"向内看"的杨寿川则将焦点放在云南日益发展的市场上，他认为市场的发展是朝廷鼓励移民的结果。他认为，在许多相对更有价值的物品被引入之际，贝币的低价值无法符合市场成长之需求，白银与铜钱遂成为主要的交易媒介。同时，朝廷的政策还刺激了私人矿业之出现，这也是贝币消失的要素之一。从明代中期开始，朝廷放松了对云南矿业的垄断，这大大促进了私人铜矿业的兴起以及铜产量的增长。[75]此外，杨寿川也注意到贝币消失的时间正好是大西统治云南之际，而当时兴建有十八座炼铜炉，而且禁止用贝，只许用白银和铜钱。[76]

　　"向内看"的一派主张，贝币之所以盛行于17世纪中叶之前，是因为云南的社会生产力低落，而贝币在17世纪中叶后消失，则是由于商品经济的繁荣。[77]本质上说，这派学者相信贝币被铜钱取代是由朝廷政策所代表的经济规律运行的后果。贝币的退却一方面是朝廷对地方渗透的结果，另一方面也促进并象征着朝廷对地方的渗透。

　　"向外看"的一派则采取全球视野，得出了一个极为不同的结论。方国瑜指出，云南使用的海贝是从沿海地区运来，因此，即使朝廷禁止使用贝币当交易媒介，海贝还是会继续输入云南。所以和"向内看"一派观点相反，方国瑜暗指朝廷政策违反了经济规律。[78]

　　方国瑜不是将重点放在朝廷政策之上，而是对海贝的来源——也就是东南亚的沿岸地区——加以审查。方氏指出，云南之所以长期有海贝存在，是因为云南与东南亚沿海地区有密切的商业关系；因此，那些地方所发生的事情才能解释云南贝币制度之变化。方国瑜主张，欧洲资本主义扩张进入南亚、东南亚地区，破坏了先前的贸易网络，这对云南及东南亚沿海地区的商业关系造成了负面影响。结果，从前的贸易网络缩减并且衰落了，于是作为贸易象征的贝币也就无法维持。因此，方氏断言，欧洲殖民主义的扩张导致了南亚、东南亚贸易系统的崩溃，这才是云南贝币消亡的决定性因素。[79]

　　和方国瑜一样，张彬村将贝币制度置于全球脉络之中。他指出，1626年贝币在云南开始走向崩溃，这一趋势持续加强至1650年代，并在1660年代至1680年代之间的二十年中完全崩溃。张彬村相信，朝廷的政策及云南内部市场的发展，并不足以解释贝币为何迅速消失。跟随方国瑜的脚步，张彬村考察了欧洲资本主义在东南亚与南亚之扩张。方氏的主张是欧洲资本主义摧毁现存贸易体制，导致云南与海洋的联系中断；张彬村的观点则与方氏不同，他认为欧洲资本主义没有破坏地方贸易网络，也没有蓄意阻挠海贝的供给，相反，他认为云南贝币系统的崩溃是欧洲商业资本主义全球化的意外后果。张彬村进一步指出，云南与东南亚的贸易在欧洲人到来之后更加频繁（此情形延续到1949年划定边界为止），然而，奴隶贸易的急速增长导致全球对海贝的需求增加，海贝价格由此提高到云南难以负担的地步，马尔代夫的海贝于是不再输入云南。[80]

看起来，内部变化与全球变化皆是促成17世纪中期云南贝币崩溃的原因。傅汉斯指出，海贝在孟加拉地区升值的同时，在云南却贬值，因此，运输海贝到云南变得无利可图。[81]作者亦怀疑，很可能就是因为这个巨大的价差，所以海贝由云南再度运回印度洋地区。虽然傅汉斯没有追溯贝币贬值的原因，但纵观明朝时期，大约有一百万移民到云南，至明朝末年，移民及其后裔已经是云南最大的族群，其人数在天启年间已有近三百万；[82]与此同时，中原的农业经济与社会传统也被引入云南，而这显然会与当地经济体制——包括货币制度——产生冲突。明朝三次在云南铸钱，目的就是要以铜钱取代贝币，虽然结果没有预期那样成功，但这些尝试却对贝币制度及其可信度造成了破坏，贝币贬值因而是很合理的结果。

总的说来，贝币在云南长时间的存在，是西南丝路将中国云南及印度洋贸易结构密切联结的结果[83]；而贝币从云南急速消失，这很大程度上是欧洲现代世界体系扩张进入印度洋的结果。

贝币崩溃的世界体系（world system）解读

云南贝币制度之崩溃，对学术界持续进行的世界体系争辩也能有所启发。珍妮特·L.阿布–卢格霍德将该争辩整理为下列三个问题：一、是不是只有“一个”世界体系，也就是那个自十六世纪开始的世界体系？二、是不是有数个连续的世界体系，每个都有其变动的结构以及自身的一套霸权？三、又或是不是只有一个世界体系，它在过去五千年的历史中持续存在并演进？[84]

世界史学者在此辩论中各有其立场。伊曼纽尔·沃勒斯坦所赞成的是只有一个开始于16世纪欧洲的世界体系，这个体系自全球化后一直持续到现在（所以称为现代的、资本主义或欧洲的世界体系）；卢格霍德相信有数个连续的世界体系；贡德·弗兰克和巴瑞·吉尔斯则主张有五千年之久的那个世界体系。作者则将中国视为一个前资本主义时代的“世界体系”或“世界经济”（此为沃勒斯坦的用词），这个世界体系或世界经济统合了云南。[85]那么，云南究竟是一个边疆区域，还是一个独立的世界体系，抑或是另一个世界体系的一部分，乃至是两个世界经济体系所竞争的外部区域呢？云南贝币制度以及云南与南亚、东南亚相连接的其他证据，可能暗示着云南在经济上属于印度洋经济——至少在明代以前如此。13世纪中期元朝军队的军事行动虽成功将云南纳入中原王朝的管辖，但此后云南贝币仍然延续了四个世纪。这种状况显示，虽然云南在政治上属于中国，但它在经济上依然保持着与印度洋区域的紧密联系。

　　沃勒斯坦认为，现代世界体系出现在五百年前[86]；追溯欧洲世界体系根源的卢格霍德则发现，在 1250 年与 1350 年间，存在着另外一个世界体系[87]；弗兰克和吉尔斯相信有五千年之久的独一无二的世界体系，他们的分歧是在 1250 年之前是否有世界体系之存在。[88]卢格霍德选择 1250 年作为其世界体系的起始耐人寻味：三年之后，元朝军队征服了云南，并开始向中南半岛渗透。元军在缅甸及越南的军事征服——虽然不如云南那么成功——在某种程度上促进了地方交通与跨区域交流。就此而言，云南的经历似乎肯定了 1250 年至 1350 年间的世界体系。

　　虽然如此，读者或许已注意到在元军征服之前，中国的云南地区与东南亚、南亚间的密切关联。根据约翰·戴耶尔所言，大量云南白银运送到孟加拉地区之事，应该就发生在早于 1250 年之前的半个世纪；至于马匹和其余商品则似乎在更早之前就从云南运送到东南亚及孟加拉地区了。[89]

　　再者，中古时代早期的东南亚与南亚地方政权的兴起则是海洋贸易与陆地贸易互动的一个结果。[90]詹姆斯·海曼曾描述，从笈多王朝灭亡到 19 世纪，存在着一个贝币与特殊金属货币之间"依次的兑换系统"（ordered system of ratios）[91]；他论证了"印度洋的贸易如何整合地方生产／消费模式与货币发展，从而产生了一个特定的印度洋'世

界经济'"。[92] 因此，印度洋区域的地理一政治单位，就像是
地中海的地理一政治单位，必须从"广阔网络内的彼此依存"
这个立场来理解。[93] 海曼论点的中心是马尔代夫一孟加拉的
海贝贸易，而云南当然属于他所说的印度洋世界经济，因
为贝币的计数和推算方式都是从孟加拉地区传入暹罗和中
国云南的。[94]

　　如此，云南的例子是否能够支持卢格霍德认为 1250
年前有好几个世界经济体系的观点，或者弗兰克只有一个
世界体系的说法呢？又，由于卢格霍德的研究忽略了云南
贸易，其 1250 年至 1350 年间的世界体系是否可以追溯到
更早的时期呢？作者对此自然没有答案，但此处作者试图
强调的是，云南这个看似位于边陲的区域，实际上是联
结数个文明的桥梁，因此，研究云南有助于我们理解文
明互动，而正是这些文明的互动交流，最终构成了"普
世的世界体系"。[95]

　　再次，海曼的研究呈现了扩张至印度洋的欧洲世界体
系是如何接纳并最终摧毁了那里的贝币制度。将贝币融入
奴隶贸易，这对作为贝币制度中心的马尔代夫一孟加拉贸
易的冲击非常剧烈，处在印度洋世界经济极边缘地带的云
南也因此受到影响。当马尔代夫一孟加拉地区贸易因为海
贝需求增加而更进一步发展之际，进口海贝的云南遂沦为
第一个牺牲者，因为云南无法承担海贝价格的大涨。这也
就是为什么云南的贝币在二十或三十年之间就从当地市场
上消失了。

简而言之，作为印度洋前资本主义时代世界体系的一部分或两种世界体系重叠的边缘区域的云南，其贝币制度之崩溃显示，全球化的现代世界体系对印度洋前资本主义时代世界体系的统合，也促进了作者上文所说的传统中华帝国这一"世界体系"对云南地区的统合。

强调跨区域力量对云南贝币兴衰的作用，同样也彰显了移民在这一统合进程中的重要性。明朝的第一波移民潮剧烈改变了云南人口，由此为现代云南的人口模式奠定了基础。下一节作者将会介绍清代的移民及其如何巩固并推进了明代所开启的人口趋势。

清代的移民与人口

明、清两代的比较

到了16世纪，明代的军户移民及其后裔已构成云南户口的四分之一、贵州户口的一半以及四川南部户口的大部。[96]可是，明代西南地区有户籍的人口，大约只占真正人口数的一半，没有户籍的大多是土著居民。[97]因此，军户移民与其后裔可能只有云南地区实际人口的八分之一；但这种估算方式也有问题，因为有许多移民并没有户籍，例如沐氏庄园的那些移民。[98]清代的移民数量更加庞大，西南地区移民人口比例从33%增加至60%，这项比例一直保持到今日。[99]

　　明清时期的中国经历了人口的爆炸性增长。虽然明清之际有许多战争与自然灾难，然而随着战争的终结，人口在 18 世纪初得以快速增长。人口压力驱使渴求土地的移民寻找耕地，受战争摧残而人口遽减的四川，便是著名的"湖广填四川"移民潮的第一个受益地区。云南人口受到战争影响的程度虽不如四川剧烈，但移民在进入四川定居之后，也逐渐向云南前进。

　　与明朝类似，清朝也以免税、迁徙补助、发放种子与农具等方式资助移民。根据李中清的研究，移民使得西南地区的人口增长率从 1785 年的千分之十，增长至 1795 年的千分之二十，至 19 世纪初，达到千分之二十五以上。[100]李中清估计，在云南，移民的人口增长率是土著居民的两倍。[101]1850 年，云南的移民人数超过三百万，这是西南地区人口结构的里程碑，因为此时移民人数终于超过了土著居民的人口总数。[102]

　　清代移民有两处不同于明代。首先，之后到来的移民可以进入云南山地丘陵区。明代移民在那里几乎没什么影响力。而且，即使当地有汉族社群，他们也已经被土著社会吸收了。清廷平定吴三桂叛乱之后，同样将自身的军事体制施于云南，即驻军。大型军事单位如镇、协、营设在城镇，小型军事据点如汛、塘、关、哨、卡（一般统称为"汛塘"）则设在偏远的山区。汛塘驻军从数人到数十人不等，有时可能会达上百人。道光年间的《云南通志》记载，整个云南有超过三千五百个汛、塘、关、哨、卡。[103] 这些军事单位就像明代军屯一样，演变成移民村落，并开始渗透土司支配的山区。在滇南与滇西南，这种情况尤为显著。

清朝实施"改土归流"，将朝廷的权威推进到此前明朝难以触及的滇南和滇西南，大片土司领地由此处在朝廷的行政与军事监管之下。滇东南的广南府在1661年改流，并于1667年设开化府。广南府有十二个汛、七十个塘以及三十四个卡（每卡驻有二十个以下的士兵）。[104] 开化府则有二十一个汛、七十六个塘以及六十二个卡。[105] 滇西南的普洱府在雍正年间改土归流，下设一县三厅，有十六个汛、八十三个塘以及十五个哨。元江地区起初设有一协，驻有士兵千人，但兵力太少而不足以控制该区域；后来，普威地区增设一个营，配有一千四百名士兵，但这点兵力对于这片刚推动改土归流的广大区域（包括普威、镇沅、威远、恩乐）而言依然不够。于是鄂尔泰建议再增设一个镇以监督元江、镇沅、普洱、威远、车里、茶山，下辖三个营，共三千两百名军士。[106] 滇西北是另一新近实施汛塘制度的主要区域。1723年改土归流的丽江府有十八个汛、七十一个塘以及二十五个哨；中甸和维西地区有八个汛及六十六个塘。[107]

清朝18世纪、19世纪在云南军事控制的延伸，有助于内陆省份那些渴望土地的农民迁入云南山区，在那里定居并进行垦殖活动。1836年的一份奏折记载："云南地方辽阔，深山密箐未经开辟之区，多有湖南、湖北、四川、贵州穷民往搭寮栅居住，砍树烧山，艺种苞谷之类，此等流民于开化、广南、普洱三府为最多。"[108] 据《广南府志》所言："广南向止夷户，楚、蜀、黔、粤之民，携挈妻孥，风餐露宿而来，视瘴乡如乐土。"[109] 更重要的是，该书记载近来移居的家庭主要是汛塘的士兵以及来自遥远内陆省份的流民。[110] 地方政府因此下令要检查并登记这些"流民"。当时数据显示，开化府有"客户流民"两万四千多户，广南有两万两千多户，普洱、元江、临安共有超过四万户。[111] 此外，贵州与广西的土著族群如苗、傜也迁徙至此，他们大多定居在山区。这些移民之到来，剧烈地改变了云南南部、西南部边疆区域的人口景观（demographic landscape）。

清代之前，很少有内陆省份农民会移民到滇南地区。《云南通志》便指出，晚至雍正年间，元江、普洱、开化、广南地区"俱系夷户"。[112]《云南通志》的说法或许有些夸张，因为这些地方那时其实还是有些内陆移民。但在此后的一个世纪内，这些地方的人口构成发生了巨变。到1824年，"屯民"和"客籍"，也就是外来移民的数量已经与"土著"一样多了。[113] 到1836年，普洱的移民家庭数量已占当地官方户籍总数的60%。[114] 道光年间的《云南通志》指出，由于开化地区推动改革、兴建学校，当地社会风俗已有所变，"汉人亦稍寄居焉"。[115]

清代对云南的扩张：农业及城镇发展

移民向山区的扩散大幅改变了当地的地貌，山地被重新规划为梯田，例如红河地区（云南南部）。红河的梯田虽然很早就出现了，但一直要到清代大量移民的到来，梯田才变成当地的主要地理景观。来自楚、粤、蜀、黔地的移民携家带眷来此定居，约占当地人口的30%至40%。[116] 他们或租借或开垦土地，并为开辟的梯田配设了一套精密的灌溉系统。在滇北，汛塘沿着金沙江河谷设置，沿江三百里一带散落着许多移民村落。海拔高、气候寒冷的地区适合栽种新大陆作物，如玉米和马铃薯，这对垦荒的移民——包括汉、苗、傜——帮助不小。[117]

到19世纪初期，移民几乎已经将云南的耕地垦殖殆尽。两个密切相关的因素解释了耕地面积之增加：山区的开垦与新大陆作物的种植。[118] 据李中清估计，有五十万以上的移民选择或被迫住在西南山区。[119] 清代移民对山区的利用，使得明代移民造就的垂直族群隔离（vertical ethnic segregation）的状况减弱了。[120] 富人居住在肥沃的坝子上，穷人则进入山区，族群分布和阶级冲突两者互相交织。

清代移民还促进了云南的城镇化。由于劳动力——特别是矿工——需求大增，大量移民迁入城镇就业。1700年至1850年间，西南地区，尤其是云南，共有超过三十万的矿工在开采铜、银、金、盐。[121] 最大的铜矿需要多达数万矿工之协力合作。到1800年，云南的矿工人数已经超过五十万。[122] 蓬勃发展的矿业为数十万移民提供了工作机会，其庞大的利润不只流向朝廷，投资者、商人和工人也各获其利。结果，矿业迅速促进了商业化和城镇化的发展。

涌入云南的移民不仅是矿工，还有商人。茶叶、矿产（如盐巴）、宝石（如翡翠）、毛皮与其他特产，吸引着远至江南的商人前来。清代云南最著名的商人来自江西和湖南。18 世纪中叶的云南官员谢圣纶及吴大勋对此多有叙述：

> 滇、黔各地，无论通衢僻村，必有江西人从中开张店铺，或往来贸贩云南。凡郡邑商贾辐辏之所，必酿金造萧公祠以为会馆，而美其名曰"万寿宫"。[123]

> 至今（乾隆年间），城市中皆汉人，山谷荒野中皆夷人，反客为主，竟成乐国。至于歇店饭铺，估客厂民，以及夷寨中客商铺户，皆江西、楚南两省之人。只身到滇，经营欺骗，夷人愚蠢，受其笼络，以致积趱成家，娶妻置产。虽穷村僻壤，无不有此两省人混迹其间。即碧髓宝石之物，越在夷地，亦惟江、楚人冒险违禁，越界兴贩，舍性命以博财货。其狡也，乃其妄也。[124]

发展模式：人口、经济、农业与工业

清代移民在云南留下了显著的遗产。首先，移民让西南地区的人口从 1700 年的五百万增长到 1850 年的两千万，[125] 光是云南一省在 1850 年就有一千万人。[126] 其次，移民促进了云南的城镇化及工业化。如李中清指出：

> 第二次移民是形塑西南区域经济的最重要因素，其特点持续至今。显然，移民不是唯一的因素。还有许多力量混合起来转变西南地区，使得此地区从许多小型、近乎自治的飞地的聚集体，融合转变为包括中心（central place）和内陆的一个有等级的区域体（integrated regional hierarchy）。不过，移民是以一种特别有效的方式与其他因素相结合。一方面，移民透过开垦荒地和种植作物大大扩张了本区域的乡村基地；另一方面，移民也提供打造城镇网络所需要的资本、劳力与组织。[127]

正是在移民、人口成长、农业扩张和工业化的复杂互动中，一个省级经济模式出现了。传统上，人们普遍认为农业扩张是明清时期人口增长的主要原因；然而，李中清指出，商业化和工业化才是"云–贵"区域人口增长的两大主因，农业增长不过是对前两者的回应。[128] 李中清分析说，云南的人口增长率从千分之十五上升到 18 世纪后期的千分之三十。[129] 虽然人口增长是普遍现象，但整体上边陲区域的增长低于核心区域。当核心区的人口增长加速时，边陲地区的人口增长率则下降，反之亦然。这种状况一直持续到 19 世纪初云南全省人口增长陷入停滞之际。农业扩张可以用来解释边陲区的人口增长，但它无法解释核心区的状况，因为核心区的人均谷物产量和平均亩产量事实上都在减少。自然肥力能部分解释人口增长，却无法解释不均衡的人口增长。实际上，移民才是云南人口剧烈增长的主要因素。到 1850 年，移民占了西南地区两千万人口中的近 20%。这波巨大的移民潮并不是受到土地的吸引，因为此时云南的土地其实已经非常有限；吸引移民前来的主要是矿业对劳动力的巨大需求。正是这样一种生产和经济方式，造就了云南的省级经济模式。

　　清代移民不仅形塑了地方经济，推动了城镇化，也进一步加强了地方认同。如前章所示，明末云南出现了一些自认为"云南人"的精英，但广泛接受"云南人"这一身份则发生在清代。在连接诸多山区中的孤立飞地之后，云南终于以一个边疆政治-经济实体（frontier political-economic entity）的姿态出现。本地居民和移民对此变化各有贡献。如傣人、纳西人、白人、穆斯林商人都是贸易中的重要角色，其名声甚至远播东南亚。1750 年至 1850 年来自云南土著的进士人数超过七十人。[130] 由此，土著无论是在省级舞台或国家舞台上，都扮演着非常活跃的角色。[131] 此外，有许多地方习俗例如"土主"信仰，演变为西南地区的区域性习俗，甚至被视为国家文化的一部分，这可以视为土著化的一种延续。一言以蔽之，当地方认同浮现时，它并非一种企图挑战云南人的中国认同的平行认同（parallel identity）；实际上，它是中国认同的分支或一个组成部分，或者说是中国认同的一种地方表达。

　　清代移民在增添了云南的多样性的同时，也统一整合了云南，从而延续着元、明时代所创造的趋势，也就是把区域整合融入中原王朝。在此历程中，朝廷发挥着资助移民、建立军事据点的关键角色。这项"文以化之"的工程随着儒家教育机制之扩张而持续发展。曾任云南布政使的儒家理想主义者陈宏谋就通过教育竭尽全力地教化土著。陈宏谋对土著教育的关注，继承和彰显了儒家意识与伦理。[132] 朝廷的其他努力还包括公共工程的建设，如粮仓、救灾、水利等。下一节，作者将着重讨论作为清代货币制度主动脉的云南铜矿产业。对铜矿业之发展与衰落的分析，使得清代中国这一世界经济的"核心—边缘"结构愈发清晰。

铜政与清代的货币制度 [133]

云南铜矿之缘起

　　清代云南的大量移民是矿工，尤其是铜矿矿工。以中国历史而言，大量矿工在边疆的出现是一个独特和罕见的现象。一般而言，朝廷对矿业与矿工通常持谨慎的态度，主要是因为农业被视为国家之根本，是子民的标准职业。矿工群体则被视为对地方秩序及朝廷本身的潜在威胁。所以，矿工所占人口比例高并不寻常，更何况是在一个边疆省份。那么，清朝为何作这个冒险的决策呢？对此，我们必须同时考虑国内和国际这两个环境的影响。

云南采铜历史悠久，元朝和明朝都对云南铜矿征税。例如，1328 年，云南的铜课为二千三百八十斤[134]，这说明元代云南的铜产量非常有限。另如前文所述，明朝开始在云南铸造铜钱，然其规模远小于清代。

清朝是出于地方财政压力而开始发展云南的铜矿开采。朝廷直到 1681 年扑灭三藩之乱后才真正控制云南。然而，大量的军队驻守云南却酿成了经济危机，因为每年军事耗费达到两百七十万两白银。[135] 战后重建促使云贵总督蔡毓荣绞尽脑汁去增加地方财源。他在 1682 年的一份奏疏中提出了"兴利"的四种措施，其中就有两个牵涉到铜矿开采与铸钱："鼓铸宜广"和"矿硐宜开"。[136]

铸钱的提议揭示了当时地方政府对财源之渴望。官定银价设在一两白银兑换一千枚铜钱，但铸造一千枚铜钱的成本则低于一两白银。两者之间的差异称为"余息"，这就是铸钱所带来的利润。当时，云南拥有三十六座铸币炉，每年余息可达四万两。蔡毓荣提议增设铸币炉数量到九十五至一百零五座之间[137]，如果此事成真，则每年余息收入或可达到十万两。

加大铸钱的建议有其合理性，那就是云南产铜且容易取得。为鼓励采矿，蔡毓荣拟定许多条例，下令地方官员要检查现存矿厂并开辟新矿。首先他否认了官开官采的意见，因为所费不赀，何况云南本身就处于兵饷不继之时。因此，他建议"莫若听民开采而官收其税之为便也"。关于开矿，官府可以"广示招徕，或本地殷实有力之家，或富商大贾，悉听自行开采"；关于收税，所产的铜有 20% 要交给朝廷作为赋税，剩下的则可以贩卖到市场上；如果地方"得税一万两者，准其优升，开矿商民上税三千两至五千两者，酌量给与顶戴，使之鼓励"。[138] 在这样的措施下，地方官员有升迁等诱因，投资者有利润与朝廷荣誉之渴望，矿工则有薪资和某些红利之期待。事实证明，蔡毓荣的做法非常有效。1706 年云南的矿税比 1685 年要多出二十倍以上 [139]，铜课绝对是区域经济成长的主要因素。蔡毓荣制定的以市场为导向的采铜条例，是云南矿业发展与繁荣的关键，因为有 80% 的产量归开采者所有，容许在市场中销售。同理，与市场断绝会摧毁投资者与矿工的热情，后来的云贵总督贝和诺修订的新章程便是如此。

　　1705 年，贝和诺采纳激进的做法加强朝廷对铜矿之控制，目的是让朝廷从中获取更多的经济利益。[140] 在开采之前，朝廷为投资者及矿工提供贷款"工本"；等到产铜之后，朝廷当场抽取 20% 的产量作为铜课，其余的则称为"官铜"，须按照官方制定的固定价格来出售。根据质量差异，每百斤的铜价值在三至六两白银间不等。再者，朝廷利用"工本"贷款可以更进一步控制投资者。有些投资者并不需要向朝廷贷款，但若拒绝贷款，他们就必须自己将铜运到昆明，每百斤的售价为五两白银。考虑铜矿大多位于山区，投资者自己运输的成本极大。朝廷虽以固定价格购买铜，却在市场上以每百斤铜九点二两白银的价格出售。此外，朝廷严禁私人买铜卖铜，违犯者除遭处罚之外，铜也会被没收。最后，这些新章程不只是为朝廷从铜产业汲取利润，还为贪污腐败创造出新的空间及机会，因为朝廷官僚阶级负责监督且深入参与这项产业的每一个步骤。据说，必须卖出一百五十斤的铜，才能得到价值一百斤铜的"工本"贷款。

贝和诺的新政策与蔡毓荣的旧条例形成了强烈对比。蔡氏的办法是给予投资者和矿工自由，在利益驱使之下，他们会努力增进铜的生产。贝和诺则是对铜产业引入严格控制。官方借此垄断该行业，剥夺投资者与矿工的利益，最大化自身利益。此一做法沉重打击了投资者和矿工的热情，最终将他们从铜矿开采业中驱离。这也正是为何在接下来的十八年间，除已存的十七座（其中某些已遭遗弃）之外，矿厂仅仅增加了一座。[141] 不过，在 18 世纪，云南铜矿业所达到的规模乃是前所未见，当时全世界无出其右者。此等大幅度的增长，原因其实不在地方，而在国际。

清代云南铜矿之所以兴起是因要为庞大的军事开支开辟新财源。类似的问题也会出现在其他边疆地区。边疆稳定与为此稳定所付出的代价，是朝廷关注的焦点。[142] 为稳定边疆这个同时面对国际和地方挑战的区域，朝廷必须在边疆地区部署可观的军队，中原地区则不必如此。与此同时，军事开销大大增加了朝廷财政面临的压力，有时候甚至到了难以承受的地步。为了解决财政困难，朝廷试图在维持边疆稳定的同时减少驻军规模，这也就是为何清朝不是在所有情况下都鼓励内陆居民移民到边疆。从许多案例中可见，清朝对于商人、旅居者、矿工、移居之农民颇为警惕，这些人不时被视为边疆地带——特别是在土司领地——的麻烦制造者（即雍正皇帝严厉指责的"汉之奸民"——汉奸）。举例而言，在台湾及云南，清朝都企图制止移民与土著进行土地交易，意在保护土著人口不受移民剥削。在此状况下，地方的紧张能够被控制于某种程度内，不致爆发武装冲突，反过来也可以减少朝廷的管理成本。

增加财政收入当然也是减少财政压力的有效办法。收税是一种即时的标准措施，此外还有许多在不同环境下采纳的举措加以补充。云南的采铜与铸钱仅是其中之一。无论如何，收税，特别是向土著居民收税，很可能增加边疆地区的紧张与冲突。如上所言，清朝遂陷入一个进退两难的局面：针对地方资源收税是必要之举，这样才能支撑驻守边疆的大量兵力；但是，对于地方的安稳而言，收税是种风险，特别是税赋过重会导致风险陡增，破坏边疆稳定。清朝统治者以减少驻军与减税的方法来尽可能降低军事费用，相当熟练地平衡了这些导致冲突的因素。

即便如此，不论清朝及其政策如何谨慎，边疆地区还是经常面临诸多问题，包括叛乱。移民与土著的活动、决定、欲望往往与朝廷的期望及规范相左。此外，清代政策之推动与决策必须通过边疆地区庞大的官僚阶层来执行，而这个官僚阶层一方面和中央权力相互折冲妥协，另一方面又耗费地方资源。最后，还有南方边境不受朝廷约束的土司以及国际角色，如缅甸。清初日本对出口洋铜至中国所颁布的新规章，最终迫使清朝不得不去冒险开发云南的铜矿。

日本洋铜之输入及衰退

明清时期的中国经历了"货币化"进程。清代货币制度是一种平行双本位制，白银与铜钱皆可流通。[143]白银通常用于大宗交易，铜钱则用于日常买卖。清朝对于白银的铸造及流通没有规范，却对铜钱有严格而详尽的规定，尤其是涉及铸造及流通层面。事实上，朝廷的货币政策主要便是规范铜与铜钱。[144]在铸钱巅峰时期的1750年代及1760年代，每年大约生产四百万贯铜钱（也就是四十亿枚），历史上只有北宋在若干年份曾经超过这个数字。傅汉斯估计，1644年至1844年间，清王朝可能铸造了三亿三千万贯铜钱，即三千三百亿枚。[145]因此，无论如何强调铜钱在清代经济中的重要性都不为过。

数量庞大的铜钱对清朝构成了一项重大挑战，那就是要保证铜料的来源。自商代以来，中国历朝都在搜寻铜矿。经过长时间的开采，以当时技术条件而言，内陆地区的铜矿已近乎耗竭。于是，明代晚期开始进口日本的洋铜以求弥补"铜荒"。[146]清初，朝廷解决铜荒问题的办法是重新利用明代钱币与旧铜，同时进口日本洋铜。明代钱币与旧铜之再利用只是一个暂时性的策略，后来，日本来的洋铜遂成为北京皇家铸钱局（宝泉局及宝源局）唯一的原料来源，云南铜矿大规模开采之前都是如此。

清军统一中原后，随即采购日本的洋铜，[147]清王朝鼓励中国商人进口日本洋铜，下令直隶、山东、湖北、江西、浙江的海关官员担负起日本洋铜进口的责任。[148]可是，当时与日本的海上贸易大多为台湾的郑成功政权垄断，郑氏甚至曾将日本洋铜卖给英国商人。[149]更有甚者，清朝1656年实施的"海禁"使得铜料短缺的状况更加恶化。

表 5.3　日本长崎出口精铜至中国与荷兰的情况，
1663 至 1715 年（单位：斤）

年份	至中国	至荷兰	年总和
1663	453,770	1,536,200	1,989,900
1664	249,860	2,419,500	2,669,360
1665	197,300	908,400	1,105,700
1666	451,404	1,258,750	1,710,154
1667	784,840	400,000	1,184,840
1668	830,200	901,400	1,741,600
1669	492,200	965,000	1,457,200
1670	732,470	2,263,100	2,995,570
1671	1,351,130	1,599,500	2,950,630
1672	1,158,100	2,246,600	3,404,700
1673	1,096,650	1,504,400	2,601,050

续表

年份	至中国	至荷兰	年总和
1674	1,127,090	1,792,000	2,919,090
1675	1,921,640	1,020,700	2,942,340
1676	1,513,472	2,056,100	1,569,572
1677	1,558,234	1,703,500	3,261,734
1678	1,641,505	1,608,800	3,250,305
1679	1,993,100	2,350,000	4,343,100
1680	1,593,600	2,500,000	4,093,000
1681	536,700	2,400,000	2,936,700
1682	3,021,850	2,500,000	5,521,850
1683	2,329,355	1,600,000	3,929,355
1684	2,614,888	2,280,000	4,894,888
1685	2,328,440	2,100,000	4,424,840
1686	3,244,493	2,000,000	5,244,493
1687	4,294,562	1,500,000	5,794,562
1688	3,921,730	1,562,500	5,484,230
1689	3,542,622	1,960,000	5,502,622
1690	3,743,873	1,450,000	5,193,873
1691	3,220,955	900,000	4,120,955
1692	3,546,374	1,800,000	5,346,374
1693	3,362,685	1,200,000	4,562,685
1694	3,440,799	1,600,000	5,040,799
1695	4,161,136	1,700,000	5,961,136
1696	7,019,768	1,650,000	8,669,786
1697	6,408,178	2,500,000	8,908,178

续表

年份	至中国	至荷兰	年总和
1698	6,082,395	2,937,900	9,020,295
1699	5,236,435	2,250,000	7,486,435
1700	3,629,515	1,496,900	5,126,415
1701	3,833,051	1,658,500	5,491,551
1702	3,811,372	1,465,000	5,276,372
1703	3,943,032	1,630,000	5,573,032
1704	5,343,315	1,829,400	7,172,715
1705	4,967,641	1,830,000	6,797,641
1706	5,100,356	1,500,000	6,600,356
1707	5,101,460	1500,000	6,601,460
1708	6,603,994	827,200	7,431,194
1709	5,170,521	1,500,000	6,670,521
1710	4,955,261	1,500,000	6,455,261
1711	4,257,850	1,000,000	5,257,850
1712	2,938,599	831,600	3,770,199
1713	3,909,199	1,000,000	4,909,199
1714	3,999,915	1,050,000	5,049,915
1715	763,731	1,150,000	1,913,731
总计	159,532,615	86,692,950	246,225,565

数据来源：Anna See Ping Leon Shulman, "Copper, Copper Cash, and Government Controls in Ch'ing China (1644-1795)," Ph.D. diss., University of Maryland, College Park, 1989, pp. 160-161。

　　幸运的是，清朝于 1683 年收复台湾，海禁遂于第二年取消，中国的船只立即被派往长崎这个日本唯一可以从事外国贸易的港口城市。1684年后不久，清朝的铸钱便完全倚赖日本的洋铜。为了防止本国贵金属流失，日本当局甚至设定了对中国出口的额度。[150]1685年，日本当局规定，中国与日本的年度贸易额为六十万两白银；在中国及日本商人双方施压之下，这个额度在1698年提高到一百三十万两。[151]如表5.3所示，一直到1715年，日本出产的铜多数流入了中国。荷兰是西方国家之中唯一被允许与日本贸易者，卖到欧洲的日本铜大约不过是售与中国的一半。

在1650年代和1660年代，朝廷与地方皆大力铸钱，铜料因此更难以获取，有些省份的铸局被迫关闭。[152]与此同时，铜钱稀少自然使其增值，甚至出现一两白银只能兑换七百枚铜钱的情况。[153]为了应对这个问题，清王朝1673年和1679年分别禁止使用五斤以上的铜器，鼓励人们上缴旧铜钱、铜器为铸钱之用。[154]1723年，雍正皇帝刚刚即位便谕令云南、贵州、广东、广西的总督与安南国王交涉，要求安南不要禁止铜的出口。[155]此外，还有人提议减少铜币的重量，以便能铸造更多的铜钱。[156]如果找不到新的铜源，上述救急之举当然无法全面解决问题。当时一位了解问题严重性的士大夫王士祯感慨说："中国经济之病，在于无法进口自身急需的倭铜。"[157]

日本当局非常担忧银与铜的持续大量外流。在理学家新井白石（他认为对外贸易会毁掉日本经济）的建议之下，日本幕府终于在1715年决定关闭门户，或者更准确的说法是加强对外贸易的控制。日本 1715 年颁布的规定将中国贸易额度砍半，其配额是每年三十艘船，贸易量限额为六十万两白银；同时限制中国每年所购之铜不可超过三百万斤。[158] 更重要者，日本开始颁发贸易许可证，无许可证的外国船只即便到达长崎，都会被勒令调头。这种贸易许可证被不少中国的士大夫认为是对中华王朝尊严的一种羞辱，并在朝廷激起辩论。一些清朝官员对于日本规矩所具有的象征性极为愤怒，因为该制度似乎是在模仿中国在广东的体制而将中国商人置于日本的朝贡体制之下。结果，1716 年的中日贸易大为萎缩。后来，康熙皇帝认为幕府之规定不过商业动机而已，并无政治意涵，决定放松市场，再度准许中国商人前去长崎。[159]

然而，进口日本洋铜一事掣肘颇多，国内的铜荒愈发恶化。北京的两间铸局每年需要四百四十万斤以上的铜料，这主要仰赖日本的洋铜。1710 年代的铜料供给不断延迟，短短几年之间，缺额已达一百万斤。[160]1720 年代初期，缺额的数字已近四百万斤。朝廷屡次为铜料供给延迟一事训斥地方官员。在这样的情形下，朝廷在 1720 年代再次颁布许多短期政策，包括购买旧铜、禁制铜器、减少铜钱含铜量、鼓励以铜器缴税等。[161] 使用与制作铜器方面的禁令一直延续到乾隆年间。[162] 加上日本幕府的新规定导致中国铜荒更加严重，这促使朝廷转向西南，大力开采并控制云南的铜矿。如此，云南的铜矿开采原本是为解决地方财政困难，最终则变为服务国家经济，为子民提供充裕的铜钱。

云南矿业的繁荣

雍正皇帝即位初年便想尽各种办法来获得铜料，放宽了朝廷对云南铜矿开采的控制，严厉禁止衙门官吏舞弊及滥权；更重要的措施是，只要缴清赋税并满足省局的铸钱需求，其余铜产可以在市场上出售。[163] 此外，1723 年的铜课被设为定制，地方官员不必再担心先前让他们苦恼不已的年度增额。[164] 事实证明，这些新措施产生了明显的成效，铜产量从 1724 年的一百万斤增加到 1726 年的两百多万斤，"余息"也以同样的速度增加。[165] 此后，云南铜矿产业进入了黄金时期。

与此同时，受命每年提供四百万斤铜给北京铸造二局的浙江和江苏，因没有办法买到足够的日本洋铜，建议将滇铜运至北京。1716 年，朝廷决定八省（浙江、江苏、安徽、江西、湖南、湖北、福建和广东）共同负责给北京供应铜料；然而，事实上，其余六省主要是仰赖浙江和江苏两省来完成任务。[166] 面对洋铜延搁的问题，浙江巡抚黄叔琳建言，可以用滇铜来补足湖南及湖北的额度。这表明，滇铜当时已经受到全国的注意，或至少受到参与铜政官员的注意。然而，他的建议却遭到否决，因为云南需要将铜用于本省的铸钱。确实，1724 这一年虽然见证了云南铜矿之复兴，但其产量依然不足以满足本省需求。[167]

滇铜产量在 1720 年代后期急速增长，但这却给地方官员造成了困扰。光是 1727 年滇铜产量就超过四百万斤，所以此年大约有两百万斤的盈余。朝廷随即决定将其中一百万斤运到汉口给湖南、湖北两省，另外一百万斤运到镇江以供给江苏。[168] 所有的铜最终都会运到北京，这是滇铜首次入京，由此揭开了 18 世纪滇铜大戏之序幕。从那时起，滇铜逐渐取代洋铜的地位，而云南也逐渐成为官方铸钱的唯一供应者。

值得注意的是，就质量与价格而言，滇铜不如洋铜。官定云南铜价是每百斤九点二两白银；从云南运送到北京的话，每百斤铜还要多加七两的运费。官定日本铜价是每百斤十四点五两白银，每百斤铜的运输费用约三两（从浙江或其他江南港口运到北京）。看起来，洋铜似乎要比云南铜昂贵，但其实洋铜价格中还包含商人的利润，大约每百斤铜一点五两。简单来说，整体上而言，洋铜还是比较便宜一点，且同时能为商人提供牟利机会，这也就是为什么沿海省份比较偏好洋铜。举例而言，江苏曾于 1727 年基于上述理由而不愿购买滇铜，地方官员宁愿等待洋铜的到来，甚至愿意为此接受延迟供应的处罚。[169] 如果不是日本幕府限制铜出口，滇铜恐怕很难有与洋铜竞争之余地。

遵循前述省份的例子，广东 1730 年请求购买滇铜以完成配额，获得同意。[170] 此时，浙江、江苏、安徽、江西、福建依旧购买洋铜，而湖南、湖北、广东则转向云南，这三个省一年内购买了一百六十六万三千二百斤额度的滇铜；1734 年以后，这些滇铜都运输到广西府（位于云南而非广西）铸为铜钱。[171] 1730 年广西府的铸钱暂时中止了，当地的滇铜被转运到北京。[172] 1736 年，江苏再次要求减少采办日本洋铜的额度，改用滇铜充数；朝廷议定，滇铜和洋铜各占每年额度之一半，也就是各提供两百万斤。[173] 次年，云贵总督尹继善要求承担全部铸钱的额度，因为此时滇铜的年产量就可以满足全国的需求。朝廷同意了尹继善的提议，于是原本仅为补充洋铜的滇铜，最终成为北京铸钱局的唯一原料供应。[174]

由于云南铜产丰沛，1738 年的额度又增加了一百七十万零四千斤，于是，云南每年运到北京的铜达五百七十万零四千斤之多。滇铜的含铜量大约是 95%，所以每一百斤铜还要多加上八斤，即所谓的"耗铜"；此外，云南到北京这段长距离运输必然会导致某些损失，因而每百斤还需加上三斤的"余铜"。如此，北京所要求的每一百斤铜，云南必须运送一百一十一斤。折合下来，每年云南必须供应北京六百三十三万一千四百四十斤铜，以满足五百七十万零四千斤的额度。此数字从 1739 年开始设为定例。[175]

如表 5.4 所示，滇铜原本为该省铸钱所用，铸钱则是为云南省提供新的财源。雍正末年，鉴于运输路途漫长，滇铜会先铸成铜钱再运到北京，这大大增加了运输的难度，最终在 1739 年废止。[176] 云南也被指派为其他省份铸钱，然而这仅仅持续了很短的时间。整体来说，云南的铸钱对于维持该省财政平衡发挥了重要作用，如表 5.4 显示，云

表 5.4　云南的铸钱，1723 至 1802 年（年平均）

年份	熔炉数量	铜消耗量（斤）	铜钱贯数	余息
1723 - 32	40	1,210,919	187,131	29,609
1733 - 42	88	2,033,363	404,747	69,978
1743 - 52	82	1,573,591	375,966	83,081
1753 - 62	135	2,926,834	691,642	153,683
1763 - 72	99	2,809,268	662,307	151,802
1773 - 82	68	1,931,467	459,503	107,615
1783 - 92	390	733.528	180,893	40,215
1793 - 1802	43	441,724	180,616	18,649
总计	-	129,279,000	31,428,050	6,546,320

资料来源：严中平：《清代云南铜政考》，上海：中华书局，1957 年，第 15—16 页。

南八十年间获得超过六百五十万两白银的利润。

　　铜钱过度供应会导致贬值，清代官员自然明白。事实上，铸钱活动之泛滥，导致铜钱兑换白银的价格变得极为低廉，从而酿成不少大大小小的社会问题。蔡毓荣 1682 年在云南开启铸钱之后，铜钱在云南迅速贬值。官方制定的银铜兑换率是 1:1000，但 1688 年市场的实际兑换率则是1:3000，甚至更低。[177] 滇省士兵颇受其害，因为他们有部分薪资是用铜钱支付的，这在某种程度上激起了 1688 年的兵变事件，从而导致云南暂停铸钱。[178]1722 年，云南少数铸炉恢复运作，虽然此时的银铜兑换率为 1:1700，或者还要惨。[179] 此后直到 1810 年为止，除了 1794 年至 1796 年这三年外，云南铸钱均持续进行。[180] 令人惊奇的是，云南地方铸钱之目标与朝廷铸钱的目标居然大相径庭。

一般认为，朝廷铸钱——如云南所示——会带来可观利润，傅汉斯则指出，实际上利润很低，甚至毫无利润可言。他的研究显示，在 1695 年之前，朝廷确实从铸币事业获利，但是到了 1700 年以后，铸钱反而严重亏损。虽然靠着充裕的云南铜料供应，亏损逐渐消失，但所获利润薄弱，仅为全部税收的千分之一。[181] 因此，铸钱作为一项经济举措，与其说是为朝廷牟利，不如说是为社会考虑。朝廷之所以铸钱，首先是因为这是其合法性来源之一，因而是朝廷的首要责任。相对来说，云南的铸钱本质上是一种牟利方式，目的是要解决边疆急切的财政问题，如发放士兵的薪资、疏浚金沙江以及促进谷物与铜料之运输、补贴铜矿业以及赞助其他公共工程等。[182]

表 5.5 滇铜年度产量估计

年份	产量（斤）	年份	产量（斤）
1740	10,286,227	1776	13,088,522
1741	9,349,998	1777	14,018,172
1742	10,295,401	1778	13,363,786
1743	8,985,049	1779	11,238,032
1744	10,252,783	1780	10,945,059
1745	9,272,782	1781	10,469,584
1746	10,577,662	1782	10,403,857
1747	10,967,901	1783	10,403,857
1748	10,352,100	1784	11,115,406

续表

年份	产量（斤）	年份	产量（斤）
1749	10,205,437	1785	11,049,678
1750	9,155,974	1786	11,115,406
1751	10,955,144	1787	11,049,678
1752	10,271,331	1788	11,049,678
1753	11,496,527	1789	11,115,406
1754	11,595,694	1790	11,049,678
1755	10,888,782	1791	11,049,678
1756	11,155,003	1792	11,115,406
1757	11,463,102	1793	11,049,678
1758	11,463,102	1794	10,260,946
1759	11,995,559	1795	10,260,946
1760	11,706,966	1796	10,260,946
1761	12,324,989	1797	11,027,412
1762	12,647,858	1798	10,968,454
1763	11,988,040	1799	10,968,454
1764	12,685,821	1800	10,925,217
1765	12,504,668	1801	10,897,703
1766	14,674,481	1802	11,972,056
1767	14,127,249	1803	9,611,783
1768	13,792,711	1804	10,355,363
1769	14,567,697	1805	11,228,475
1770	11,844,596	1806	10,355,363
1771	11,685,646	1807	11,228,475
1772	11,891,110	1808	12,025,119

年份	产量（斤）	年份	产量（斤）
1773	12,378,446	1809	9,558,720
1774	12,357,442	1810	10,574,916
1775	13,307,975	1811	10,538,656
总计	-	-	813,180,818

资料来源：严中平：《清代云南铜政考》，上海：中华书局，1957年，第81—84页；亦参见全汉昇：《清代云南铜矿工业》，《香港中文大学中国文化研究所学报》第7卷第1期（1974年），第161页。

云南也为其他省份的铸钱提供铜料。在此之前，那些省份或者是购买日本洋铜，或者探勘自身的铜矿。1738年，四川，继之以浙江、江苏、江西、湖南、湖北、福建、广东、广西、贵州、陕西，纷纷请求购买滇铜。[183] 如表5.5所见，乾隆至嘉庆年间，滇铜产量几乎每年都能超过一千万斤。

清代的铜政

当云南成为北京宝泉局及宝源局的唯一铜料来源后，朝廷便十分关注滇铜的生产与运输。此后，云南铜矿的管理便提升为中央层级议题而不再是省级议题，由此朝廷颁行了一系列的章程。雍正与乾隆年间，朝廷制定、修订、补充了关于铜矿管理以及铜料从云南运输到北京的规章制度。这些条例涉及矿业的各个层面，包括铜矿的开关、生产及分配、官价之制定、铜务官员之俸禄、仆役之伙食、驿站之整修、铜矿警力之招募、运输期限、运输途中铜料之遗失、运输官员及地方官员责任之分担，等等。这些事务，无论大小，都必须向上呈报，根据皇帝的谕旨来处理，以便为此后类似事件立下规范。[184] 官方控制达到如此地步，以至于有关铜矿及其运输事宜都被并入到中央与地方的行政制度中，所有与滇铜有关的事务都置于所谓"铜政"之下。由于事务繁杂，责任重大，地方官员动辄得咎，因此他们遂将铜政视为"荒政"。[185] 总之，滇铜远非一个经济产业而已。

　　朝廷竭尽全力来确保铜料的供给，主要办法之一是为采铜提供一百万两的贷款。1738 年，朝廷决定每年拿出一百万两白银来购铜。[186] 这一百万两当中，有十六万三千两特别设定为运输费用，即所谓"滇铜京运"的专款；其他八十三万七千两则是给投资者与矿工的贷款。[187] 这八十三万七千两的"工本"以短期与长期两种方式提供，短期贷款称为"月本"，也就是本月初拨款，下个月以铜料方式还款[188]；长期贷款的借期与金额则有许多选择，有些矿厂甚至可以贷到数万两，借期可以达十年之久。[189]

　　官府提供贷款，目的是尽可能减少铜产量的波动起伏。铜矿开采所需的投资相对较高，因此，许多矿工与投资者会合作经营一座矿厂。缺乏财源的矿工（通常是以家庭的形态）有时联合经营一座矿厂，其家庭数量可能多达四十个。[190]铜和白银不一样，采集出来的铜料不等于现金，价格浮动多多少少会影响铜矿业。只要官价与市场价格相差不多，或者官府留下相当利润来确保投资者及矿工的热情，官方的贷款便能提供稳定的盈利。因此，官价决定了云南铜矿业之兴衰。

朝廷的另一项重要举措，就是将铜的采购并入行政体系当中。从皇帝到总督、巡抚、各级地方官员，再到胥吏，整个清王朝从上到下都被动员起来协力负责铜政。皇帝亲自阅读且批示关于生产和运输的奏折，自总督以下的所有官员则必须为铜政集体负责。在云南，理论上是总督、巡抚、布政使负责铜政，不过监管整个系统的实际上是布政使。滇铜京运则指派专人负责，矿厂则是由其所在地的府、州、县、厅地方官员监管。

云南地方官员（例如县令等）虽然要求负责矿厂，但他们不可能亲自在矿厂监督采铜，毕竟铜矿通常位于山区，而且官员还有其他行政职责。因此作为替代，地方官员会挑选代表自己的厂员，全年驻在矿区。如此，官府就能密切地监督铜矿开采。厂员的主要责任是确保完成朝廷指派的生产指标，其工作包括两种任务：一是分发国家贷款，二是搜集铜料。如果失职，厂员会受到罚款乃至撤职的惩处。如果某矿厂无力在期限内以铜产偿还贷款，这笔赤字就被称为"厂欠"（意为矿厂所欠）。如果开矿者无法偿还"厂欠"，则厂员与其上级长官（最高至总督）就必须负责赔偿这笔厂欠。总督和巡抚合付一成"厂欠"，也就是10%；

布政使付另一成；直接监督矿厂的知府或地方官员需付两成；厂员则要付剩余的六成。如此，朝廷不仅竭力确保持续充足的铜料供给，还力图避免自身投资蒙受损失。[191]

事无巨细的条例并不意味着朝廷对铜矿开采的直接控制。矿厂的管理是由投资者或矿工选出的七位头领——即"七长"——自主组织。[192] 七长分别是"镶头""硐长""客长""课长""炭长""炉头"以及"锅头"，[193] 他们各司其职，组织和管理所有生产流程的细节，保证矿厂的日常运作。

日常采矿是矿工自己的事，不过要将铜产从矿厂运到官仓，最终运送到北京，这又是另一项有着烦冗章程、极其重大的政府工程。所谓"京运"指的是将滇铜从云南运输至北京，其路途之远、数量之大、运输之艰难，实为前所未见之挑战，甚至连大运河的漕粮运输都相形见绌。

滇铜京运包含两个步骤：首先，将滇铜从山区矿厂运送至接近长江的河港；第二，以船运经长江连接大运河以达北京。这趟旅程的距离超过十万里（约五千六百三十三公里）。在没有任何现代交通工具（如轮船、卡车、火车等）协助的情况下，滇铜京运也许是 19 世纪以前全世界规模最大的运输项目。没有强而有力的政府及良好的运作体制，这项任务不可能完成。

清王朝严苛的制度保证了铜料的供应，然而，朝廷权力的渗透实际上却是一把双刃剑，最终造成铜矿的衰落。云南铜业之衰落由许多因素造就，诸如缺乏技术革新、矿产枯竭等，但关键问题在于官定铜价实在太低，何况前述两个因素还导致采铜成本持续攀升之际。

自 1705 年的条例实施以来，官定铜价就低于滇铜的生产成本。[194] 如果不是生产出来的铜料的 10% 允许在市场上出售，根本没人会投入这个产业。官价过低直接酿成了矿厂的经济灾难，也就是"厂欠"。早在乾隆初年铜业尚称繁荣之际，工本（朝廷发放的贷款）就已经无法准时偿还。[195] 1755 年，每百斤铜的官价比其生产成本还要低 0.85 两白银，这个亏损直到两年之后官价二度提高才得以弥补。然而，到了 1767 年，厂欠的总额已经超过十三万七千两。为了解决厂欠问题，清廷一方面强硬规定原来允许在市场上出售的铜（铜产量的 10%）必须卖给滇省铸局，另一方面云南省少发 10% 的贷款用来填补厂欠的亏空。这些做法虽然成功地将厂欠从官方记录上抹除，可实际状况并没有得到改善。[196] 利润微薄甚至毫无利润的情况终于耗尽了滇铜产业的气力。虽然清王朝在 19 世纪努力刺激滇铜开采，但官价过低的根本问题从未得到解决。19 世纪中叶的鸦片战争与云南的回民起义最终使得滇铜开采之解体成为定局。[197] 鸦片战争阻绝了滇铜京运，而回民起义部分就是因矿业争利而起，其最终摧毁了这一产业，并差点推翻了清王朝在云南的统治。

云南铜矿产业不仅仅是清代货币和经济制度不可或缺的一个组成部分，它也在地方社会留下了深刻的痕迹。首先，铜矿开采雇用了成千上万的人，云南矿工占云南总人人口的比例远高于全国平均水平。一个边疆省份居然有如此大量的矿工，这是一个极其特殊的现象，毕竟矿工常被朝廷视为社会秩序的潜在威胁。明、清两代实际上对云南矿工施加了严密的监管。

铜矿开采也剧烈地改变了自然地貌，严重破坏了该地区的生态环境。矿厂通常位于山区，地表连带植物因此被破坏。矿场隧道延伸入山体内数百甚至数千公尺，有的还深入地底。铜矿开采的残余物污染了河流，河水变黑变脏。动物被迫迁徙。几十万的矿工居住在从前人迹罕至的环境中，他们在此饮食、生火、建房以及制造各种废物。这些还是对环境的直接破坏，但和间接的恶果相比，则可以说是小巫见大巫了。当时的采矿技术需要使用大量木炭来冶炼矿石。一般估计，每冶炼一百斤铜大约需要一千五百斤木炭。如此庞大的滇铜产量究竟需要砍多少树来做木炭呢？即便森林资源丰富如云南，19 世纪初年的矿工及官员都曾抱怨难以在合理范围之内取得充足的木炭，这也抑制了滇铜的生产。此外，滇铜之衰落亦可揭橥清末延续之困境，如彭慕兰关于华北"黄运"区域（黄河与大运河交界地带）的研究所示，那里也发生了生态危机，因而社会无法持续下去。[198]

滇铜之兴衰是清朝政治经济的结果，朝廷的垄断既解释了滇铜产业之兴盛，也解释了滇铜产业之崩溃，这与宋朝因朝廷权力渗透而被摧毁的四川茶马贸易并无本质差别。[199] 朝廷控制地方产业来满足中央需求（如战马、铸钱原料、财源），最终却导致了地方产业的崩溃。

施坚雅"宏观区域"之测试

施坚雅的中国研究所采用的宏观区域取径，是一个绝佳的理论构建。施坚雅认为："农业中国可以分为数个主要'地文区域'（physiographic region），而个别的城镇系统在各个地文区域中发展，迟至19世纪中叶，这些离散的城市系统之间的经济、行政交流太过薄弱，无法将其连接成一个全国的统一的城镇系统。"[200] 施坚雅将晚期的中华王朝分成九大区域：岭南、长江上游、长江中游、长江下游、西北、华北、云贵、东南以及东三省。每个宏观区域都是独立的单位，有其自身的中心与边缘，而中心之发展依赖于"边缘的不发展"。不过，这个原则不符合"云南—贵州"这一宏观区域，因为这个多山区域发展相对落后，内部也不成体系。

施坚雅的量化研究与理论建构引发了许多有趣的讨论。例如，芭芭拉·桑兹（Barbara.N.Sands）和拉蒙·迈尔斯（Ramon H. Myers）在他们的文章《中国历史的空间性研究取径：一个测试》中，对施坚雅的理论做了一连串实证性质的测试，结论是，施坚雅的概念"难以验证"，"有严重缺陷"，而且"缺乏真正的解释力度"。[201] 近来，曹树基的研究则质疑了施坚雅的统计资料。[202] 曹氏指出，施坚雅的八个区域（东三省除外）弄混了清代官方户口赖以为基础的省级政区的完整性，并且"清代后期官方的统计数据已不可靠，更何况将其细分至府或县级政区"，而后者却是施坚雅研究所采用的基础数据。曹树基考察了山东的城市人口，并将其形态延伸推广至中国北方。他的结论是，清末中国的城市化程度主要并非由某区域的城市人口，而是由该区域的人口总数所决定。城市人口增长速度不如乡村，因此，后者的人口增长速度导致城市化程度长期处于较低水平。本质上，曹氏指出，由于施坚雅依赖的府与县人口统计调查缺乏可信度，其结论难以让人信服。

　　本节将会利用云南（"云南－贵州"）这一例子来测试施坚雅对此区域所持的某些假设与结论。首先，施坚雅所论的云贵区域并没有对云南与东南亚等地的跨区域联系给予适当关注。奇勒南·普拉瑟库尔（Chiranan Prasertkul）的研究显示，19世纪中国云南与缅甸等地之间的国际贸易兴旺发达，由此他对施坚雅之说持怀疑态度，认为由于河川水系联结着云南与东南亚地区，云贵区域不应该被当作一个封闭单位看待。[203] 再者，普拉瑟库尔还指出，施坚雅的宏观区域理论有一重大缺陷，那就是将中国视为一个根本上的农业政体，从而低估了清末中国的商业化程度，这与李中清的研究不谋而合。此外，施坚雅还指出，在八个大区域之中，"云南－贵州"的城市化速度是最慢的，其城市化水平为4.1%，而长江下游的城市化水平则达7.9%。[204] 李中清的量化研究却提供了另外一幅景象。李氏虽承认西南地区在1750年之前多半是乡村，仅有一个人数超过五万的城市临安，可是到了1830年，西南地区的城市化水平将近10%，这不但是施坚雅估计的两倍，也是李中清估算的 16 世纪后期西南地区城市化水平的两倍。[205] 再次，19 世纪初西南地区非农业劳动力的总人数也许已达一百五十万，大约占了成年总劳动力的 12%。[206] 基于李中清对于地方志的全盘掌握，作者认为其结论可信度要更高。那么，问题来了，为什么"云南－贵州"地区的城市化状况不符合施坚雅的分析呢？

施坚雅将"云南－贵州"视为"五个小而相对自治的地区中心系统（central-place system）的聚集体，它们的中心就时间而言极为分散，彼此联系非常薄弱"；所以，他断定"云南－贵州"地区的城市体系"最快也是在 1843 年才出现"。[207] 如此，施坚雅大致忽略了普拉瑟库尔所强调的国际贸易与商业化，也忽视了李中清所重视的跨区域移民、商业化、国家赞助之矿业。施坚雅所忽略的这些因素，对云南及贵州的城市化各有贡献，而这些因素与施坚雅的整体论点——清末中国的城市化主要是中古时代核心区域的延伸与强化——相矛盾。

李中清的研究表明，在 18 世纪，云南已建立起一个地方性的"中央－边缘结构"，其中边缘区为城市中心提供粮食。李中清与施坚雅两位学者之间的差异背后更深的原因是他们的取径。施坚雅的宏观区域取径是根据自然地理塑造各区域的地文特征，而李中清的方法则采用的是政治经济学的视角。因此，在塑造边疆经济及社会上扮演着决定性角色的中央权力，几乎不见于施坚雅的研究，即使他曾指出边疆区域有庞大的行政机构。举例而言，对云南城市化有决定性力量的移民及矿业，或由国家赞助，或由国家规划，因而铜矿的开采与运输所呈现的是一个在中心之下的地方性的"中央—边缘结构"。换言之，政治经济学才能解释核心之繁荣与边缘之不发展。在没有现代科技的条件下，滇铜京运是一项不可思议的工程。因此，地文特征或者单纯的经济考虑，无法解释这个庞大而需要高度管制的运输活动。事实上，连施坚雅本人都不禁感叹说："长江下游之高度发展，究竟以何种方式依赖于内陆区域之不发展？区域核心之发展又在多大程度上导致边缘区之不发展？"[208]

"云南—贵州"区域的案例因此可以挑战施坚雅的宏观区域取径。如卡罗林·卡提亚（Carolyn Cartier）所论，施坚雅的区域取径似乎难以呈现"城市化与区域的形成，尤其是论及社会及文化习俗、长途贸易以及相关活动"。[209]在关于铜钱白银长期兑换率的研究中，傅汉斯论及了清代存在一个全国性货币市场的可能性。他阐述说，"多数省份及宏观区域展现出类似的长期发展"，唯一的例外就是云南，因为该地区的铜钱存在过度供应。由此傅汉斯提出了"一个暂定的结论，那就是在多数的宏观区域中——或者多数宏观区域的核心地区——市场兑换率就长期发展而言颇为一致，共同指向一个全国性货币市场的出现"。[210]总而言之，因应于丰富的滇铜供应，清代中国也许已出现了一个统一的全国性的货币市场。

＊　＊　＊

明代和清代中国大量进口银、铜这一事实，也许会模糊云南对于明清经济的重要贡献。无论在新大陆白银进入中国之前或之后，云南的白银都对明代中国的货币化有所贡献。当日本洋铜的进口下降之后，滇铜则成为清代铸钱的唯一来源。作为一个世界经济体，明清中国的影响实际上笼盖了东亚、东南亚地区，此情此景再度促使我们要在更广阔的场景中思考云南的重要性。

明代的白银经济、明清之际的铜钱取代贝币与清代的滇铜开采，都表明了作为边疆的云南对传统中国这个世界经济体的重要性。因此，云南与现代欧洲世界体系统合美国的西南边疆形成了鲜明对比，正如托马斯·霍尔所指出，后者对美国的西南边疆影响巨大，但对现代世界体系几乎没有影响。[211]

因此可以说，国际因素有助于云南经济轨道的转变，并由此导入了明清中国。欧洲世界体系之扩张以及日本1715年关于洋铜出口之规定促进了明清王朝对云南的经济整合。清代的云南，一方面在内部形成了一个区域性的"中心—边缘"结构，另一方面也转化为全国性的"中心—边缘"结构中的边缘部分。

即便如此，云南对于中国的关键性贡献，不应只强调其物质层面。云南之统合大大有助于塑造中国作为多族群结合体（multiethnic unity）的形象与存在。华化和土著化共同创造了"云南人"这一新的身份认同；与此同时，生活在这个边疆省份的众多族群自然被视为中华王朝的子民。近代中国则继承了这个遗产，接受了这一历史趋势，将云南的各少数族群纳入"中华民族大家庭"之中。

第六章

纳入"中华民族大家庭"

先前各章考察了 20 世纪之前云南的构建过程；此一过程中的里程碑，便是所谓"云南人"的出现。这是一种自我建构的省级地方认同，标志着传统中国长时期统合云南的成功。本章将重点转移到现代中国，从边缘转移到中心。也就是说，本章关注的是现代中国如何认知、标记、命名、分类边疆的众多族群。

中国人对于边疆族群的观念，基本上受到两个因素的影响：国家意识形态和务实考虑。所谓国家意识形态，作者在这里指的是传统中国的儒学与理学思想，当然还有当代中国的马克思主义。所谓务实考虑，这里特别指的是决定边疆族群管理的政治与社会经济因素，例如为融合边疆族群所拟定的进程以及边疆族群的融合程度。

考虑到以上这两项因素的相互影响，我们可以发现，中国历史上对于云南土著或地方族群的态度在数个世纪之间剧烈变迁。西汉初年的态度比较具有包容性，虽然亦不免带有某种程度的华夷之分；到了东汉，班固的《汉书》对边疆及其住民，已呈现典型的儒家论调。读者可能会以为南宋在这方面是最典型的代表，因为那是理学成形的时代，然而，南宋的务实考虑远远超出其儒家理念，这使得他们对"蛮夷"抱持一个颇为平等的立场。元、明、清时期以及此后，云南的土著居民更被明清的皇帝同样视为臣民，或者"中华民族大家庭"（Chinese national family）中的一员，而非低人一等的"他者"。这是一个根本性的改观。

1949年以后，为了实现民族政策宣示的平等原则，大规模的民族识别工程随即展开，目的是要将各个族群加以识别，归类为不同的"民族"，使其成为"中华民族大家庭"中的代表与构成要素。结果，一方面，中国境内的各个族群被识别，并在国族舞台上自我展现；另一方面，这也象征着他们归入了"中华民族大家庭"。这显示了现代中国融合边疆与族群的成功。本质而言，这实是传统中国统合边疆事业的延续及发展。

从蛮夷、臣民到兄弟

历史上，不同文化的人经常互相将对方视为蛮夷、野人。中原王朝自认居于世界的中心，相信自身的文化优越性，认为他者缺乏文明教化，对传播中华文化以教化其他族群和拯救世界持有一种深厚的道德伦理上的义务与责任感。云南便是这样一个例子。在中原王朝眼中，云南，这块令人垂涎的具有丰富资源的土地，是野蛮的、未开化的、粗鲁的、好战的、危险的，同时又充满了异域风情，但也是可以"文而化之"的。[1]

虽然这样一种文化偏见的确是历史上中原王朝对边疆族群所持的态度，但若以此断言其总是歧视他者，这也太过笼统和简单，低估了中国文化的灵活性及历史进程的复杂性。能够决定形象与代表形象者，不只在于客体或对象是谁，也在于观察者是谁，想看见或不想看见什么，以及观察者期望、渴望、蔑视什么。为此，我们必须追问以下问题：中国在哪里？谁是中国人？什么是中国认同？过去两千多年来，中原王朝与云南地方之关系有何变化？

确实，历史上中国总是使用"华""夷"的分类来区别自己与他者。"华"代表着文明，"夷"则是缺乏文明教化。可是，中原王朝长时间而持续地扩张，许多族群早已被纳入统辖之下，随之而来的问题就是，统治者如何看待和称呼这些族群？这些族群是否受到同等对待？这些族群在华化之后有什么变化？本节接下来将会以云南为研究个案对此加以分析。作者的论点是，长期而言，当这些边疆及族群被统合入中华王朝之后，统治者便会倾向用温和且平等的态度来看待他们。

最早记录西南夷的中国文献为《史记》，虽然司马迁使用"夷"来指这些土著居民，但他的论调颇具平等精神；

而且他对地方社会与生活的记载是描述性的，颇为客观，罕有文化论断或偏见。司马迁将土著居民称为"西南夷"，但此处的"夷"字并不具有儒家成为国家意识形态之后所具有的贬义。"夷"这个中文字是由"人"和"弓"两个部分组成，原本指的是狩猎人群。在古老的时代，"夷"字并不具备后人预想的"蛮夷"意义，例如，孟子便曾追溯周代统治者的来源为"夷"。诚然，"东夷"和"西夷"都对"华夏"民族的诞生有贡献。虽然如此，在儒家思想开始体制化之后，情况有所变化，"夷"也逐渐被赋予了贬抑的意思。

《汉书》作者班固将"西南外夷"视为"种别域殊"[2]，为往后的儒家学者定了论调。班固对西南夷的记录完全照抄《史记》，但他却批评司马迁看待"夷"的平等态度。班固的论调之所以大为改变，其原因是采取族群中心主义的儒家思想在他的时代已经成为国家意识形态。[3]此后有许多贬抑性的词语被用来描述云南与其土著居民，例如"蛮"与"獠"，此二字结构当中包括具有轻蔑意味的偏旁"虫"与"犬"。文化偏见也被增添到许多字当中，例如上述的"夷"字。此外，还出现了许多内含文化判断及偏见的荒诞传奇和故事，用来描述土著。例如，很多历史文献中可以看到土著居民长尾巴、死后能化成老虎的故事，甚至有些作者还宣称他们目睹了这些怪事。后来，儒家士大夫将云南的边疆族群及政权视为古代朝贡体制的组成部分。

蒙古征服从根本上改变了云南的发展轨迹。自汉王朝以来，云南又一次被置于一个中央政权之下。忽必烈在与赛典赤的谈话当中，使用"远人"一词来指代云南的土著居民，这代表元代统治者将云南视为中央王朝的一部分，将云南土著居民视为中央王朝的臣民，虽然他们位置偏远。元代统治者与明、清不同，他们并不区分云南的汉人与非汉人。原因有二，首先，蒙古统治时期云南的汉人人数很少；其次，蒙古人在云南的统治相对松散，广大的土地与人民实是由土著酋长所统辖。

　　明、清时期是云南转型的关键期。首先，朱元璋的诏令说，云南从汉代开始，一直是中原王朝的一部分。[4] 其次，在此时期，云南的土著百姓逐渐成为朝廷的子民。表 6.1、6.2、6.3 罗列了元、明、清三代中央王朝的统治者指称云南土著百姓的用词。从这些表格可知，中原王朝对云南臣民的态度变得愈来愈温和。

　　以上三个表格传递了丰富的信息。第一，"蛮"和"夷"

表 6.1　元代官方对云南土著的称呼

统称	远人 夷 蛮夷 蛮
土司	夷酋 土官 蛮官 土酋
土著百姓	土人

注：根据《元史》中云南相关之篇章编制。

表 6.2　明代官方对云南土著的称呼

统称	蛮
	夷
	蛮夷
	诸蛮
	诸夷
土司	土司
	土官
	土目
	土舍
	土酋
	土官舍人
土著百姓	蛮民
	蛮人
	人民
	苗民（指的是全部族群）
土著军队	蛮兵
	土兵
	蛮弁
土著叛军	贼
	盗
	叛目
	贼首
	蛮党
	土贼
	叛蛮

注：参考以下资料编制：《明史》卷三百十三至三百十五；全国人民代表大会民族事务委员会、云南民族调查组和云南省少数民族社会历史研究所编：《明实录有关云南历史资料摘抄》，昆明：云南人民出版社，1959 年。

表 6.3　清代官方对云南土著的称呼

统称	夷
	蛮
	苗
	苗蛮
土司	土官
	土司
	酋长
	头目
	头人
	夷目
土著百姓	土著
	夷民
	夷人
	苗民
	土民
	土夷
	土蛮
	夷众
	夷户
	百姓
	赤子（委婉之称呼）
	编氓（委婉之称呼）
	黎献（委婉之称呼）
土著儒生	土生
土著奸猾者	匪夷
	夷匪
	夷奸
	刁夷

注：参考以下资料编制：云南省历史研究所编：《〈清实录〉有关云南史料汇编》，卷三，昆明：云南人民出版社，1984 年，第 3075—3384 页；程贤敏选编：《清〈圣训〉西南民族史料》，成都：四川大学出版社，1988 年。

都被用作整体称呼，但是"蛮"的出现频率逐渐下降，这也许是因为"蛮"的部首是"虫"，而"夷"的部首则是"人"。第二，几百年来出现了许多新的称谓，而且使用了越来越多的中性词语，例如"夷人""夷民""蛮民""土人""土民"或"土户"。将"夷""蛮""土"与"人""民"结合起来使用，"蛮"和"夷"的贬义就在很大程度上被抵消了。因此，此处的"蛮"和"夷"是用作形容词，或多或少指这些人所处的地理位置遥远，而不是单纯指其野蛮。某种程度上，"夷人""夷民""蛮民"的使用就像是"土人"和"土民"，意思是指边疆地区的原住民或土著臣民。

　　最后，例如"百姓""赤子""黎献""编氓"等词语也被用来指称云南的土著居民。如果说明代的皇帝是下意识地使用这些词语，那么清代的统治者（比如雍正皇帝）则受制于内心深处的伦理道德责任，有意识地如对汉人臣民般平等对待云南的土著。1659 年，顺治皇帝明确表示："云贵新入版图，百姓皆朕赤子。"[5]雍正皇帝则宣布，"改土归流"是一个要将土著子民从当地土酋的残酷统治中"解放"出来的举措。虽然土著居民可能因此受苦颇多，但雍正的诚意似乎不容置疑。雍正在其圣谕中清楚地表示，改土归流，"此朕念边地穷民，皆吾赤子，欲令永除困苦，咸乐安全"，此后，"土司所属之夷民，即我内地之编氓；土司所辖之头目，即我内地之黎献。民胞物与，一视同仁"。[6]这与明代杨慎所提出的思想趋势相符；杨慎指出，只要土著接受朝廷的统治，他们便是臣民。

认定土著为平等之子民的趋势，也反映在朝廷对于所谓"汉奸"的斥责上。就像是对台湾的关切一样，清朝的皇帝与地方官员非常顾虑汉人商人与移民滥用其知识和资源去占土著的便宜。在西南地区，清朝则屡次禁止汉人移民（包含商人）从土著那里购买土地。虽然这些规定的根本目标是要巩固边疆社会，但土著族群的某些利益确实也因此受到了朝廷的保障。

随着统合进程的持续进行，将地方族群视为臣民的不只是朝廷和儒家精英，就连土著百姓也是如此认知自我。这个趋势及遗产到了20世纪由当代中国继续加以发展，由此开展了实施平等原则的"民族识别"工程（1950—1980）。民族识别将少数族群之属性从帝国臣民转变为"中华民族大家庭"中的一员。

当代云南的民族识别[7]

中华人民共和国是一个统一的多民族国家。自1950年代以来，民族识别识别了中国境内的55个少数民族。"民族"是20世纪中国所采用的数个来自西方的关键性政治术语之一；"民族"不只是每一个中国人的社会身份，也是塑造当代中国社会的一项关键特征。[8]当一个族群被官方赋予"民族"的头衔，它就会自动进入中华民族的大家庭；由于汉人是多数族群，其他55个族群遂被称为"少数民族"。此外，少数民族会获得特殊的有时是优惠的政策待遇[9]，同时享有政治、经济、文化上的平等之权利，例如在中国各级政府中少数民族应具有一定名额和比例。在某些地区，有些少数民族则是多数族群，中央政府便容许当地成立少数民族自治政府（省、市、县、乡）。于是，"民族"遂成中国一个根本的社会构建。事实上，"民族"是被制度化为中国"社会政治体系"（sociopolitical system）的"基本单位"。[10]

"民族"一词是一项现代发明；在中国，这个词则要到19世纪晚期才出现。有人说这是梁启超从日本借用而来，有人则认为自英文翻译而成。"民"的中文意思是人民，但也可以指涉任何一种社群，例如部落；"族"的意思则是"人类群体或团体"。[11]

中国官方对"民族"的翻译是"nationality"，但更多时候它是指"ethnic group"。实际上这个词用法颇为复杂，而广义来说，"民族"指的是整个中国国族，也就是"中华民族"。就官方而言，"民族"包含所有的中国人，涵盖官方认定的56民族。狭义来说，"民族"指的是中华民族之中的次群体，诸如汉族、蒙古族、藏族、回族、维吾尔族、苗族、白族等。

那么，"民族"这个概念是否同时意味着国族（nationality）和族群（ethnicity）？人类学家斯蒂文·郝瑞（Stevan Harrell）指出，某族群本身、其邻近的族群以及政府这三者对于"民族"定义，分别代表了三种不同的语言。郝瑞分析说，在这三种"互动的语言"（interactive languages）里，政府语言是最后的定夺者。[12] 在这里，"民族"（minzu）和"族群"（ethnicity）的关键差异出现了："民族"是国家的发明和建构，"族群"则通常指一个有特殊族群认同（ethinic identity）的群体。所以，"族群"是变动的、灵活的，而"民族"则是固定的、排外的。[13]

但是，"民族"的标准是什么？什么样的组成足以称为"民族"？学者自然转向斯大林的民族理论，因为它是"民族识别"的指导原则。一方面，斯大林对于中国革命与"社会主义建设"的影响非常大；另一方面，值得注意的是，中国的马克思主义者已经对马克思主义、列宁主义、斯大林主义不断予以诠释与再诠释，并将这些理论及观念加以转化并移植到中国。斯大林的民族理论同时凸显了斯大林主义对中国的影响以及中国对其务实而灵活的运用。

中国的马克思主义者经常引用的"民族"定义，便是斯大林所谓的四个共同。在《马克思主义和民族问题》一文中，斯大林的结论如下："民族是人们在历史上形成的一个有共同语言、共同地域、共同经济生活以及表现于共同文化上的共同心理素质的稳定共同体。"[14] 在同一篇文章内，斯大林主张，这"四个共同"缺一不可，缺乏任何一点就不足以称其为民族；同时，一个民族若缺失其中一点，这个民族便不存在。[15] 再者，斯大林表示，"民族"是个历史性现象，是在资本主义上升期间形成的。[16] 根据这一点，斯大林的"民族"在资本主义时代之前并不存在。可是，资本主义并没有在中国生根，那这是不是意味着在1949年之前的中国没有"民族"呢？关于这个问题，1950年代中期时曾有过激烈的辩论。

1954年，历史学家范文澜表示，"汉民族"是在公元前221年秦统一中国时形成的。他认为秦帝国车同轨、书同文以及统一度量衡的政策，与"四个共同"是一致的。[17] 然而，有些学者则引用斯大林的说法，即"民族"为资本主义之产物，批评范文澜违背了斯大林的结论；他们认为汉民族是在鸦片战争后，也就是资本主义开始在中国扩散时才形成的。因为1949年以前的中国被认为是"半殖民地半封建"社会，即一种前资本主义社会。所以，中国所有的族群单位（包括汉人）并不是"民族"，而是"部族"（俄文为narodnost）；在马克思主义的社会发展观中，"部族"处于"部落"和"民族"之间。

为了沟通马克思主义理论与中国现实之间的落差，中国共产党认为自己必须要强化对民族与宗教问题的研究，尤其要研究马克思主义经典对这些问题的阐述。1958年，"民族研究所"成立，致力于翻译与研究马克思主义经典关于民族问题的相关文献。"民族研究"的前提和基础是，马克思、恩格斯、列宁、斯大林关于民族问题所提出并阐述的马克思主义理论是一个统一的整体。假使其中有差异或矛盾，那只是由于人们的理解或翻译不同所致，因为马克思及恩格斯是用德文写作，列宁和斯大林则是用俄文。民族与宗教问题的马克思主义专家牙含章，便是上述论点的拥护者。他和别的学者发现，恩格斯早已为"民族"的起源及组成提供了正确答案。恩格斯在《劳动在从猿到人转变过程中的作用》这篇文章中，认为民族早在资本主义形成之前就已经出现。那么，恩格斯的观点与斯大林宣称民族为资本主义之产物，两者是否冲突呢？

牙含章当然不认为有冲突。在阅读了斯大林的其他文章之后，牙含章和他的同事指出，当斯大林说民族是在资本主义上升时期形成的，斯大林是指"现代民族"，而恩格斯所讨论者为"古代民族"以及"民族的一般规律"。因此，牙含章认为，如果将先前翻译中的"部族"译成"古代民族"，那么。两者之间就没有矛盾了。[18]一句话，理论上的分歧不过是技术性差别而已。

民族研究所提出了这个意见，相关的翻译也从此标准化。[19]对牙含章及其学派来说，中国确实有许多"民族"，但那都是古代民族；唯有到中华人民共和国建立之后，那些民族才变成现代的（社会主义的）民族。牙含章严格遵守斯大林主义，但他的观点实际上并没有多大的影响力，许多学者亦不同意牙含章的观点。[20]刘锷即指出，中文"部族"一词与斯大林表达的意思不同，因此，斯大林的"部族"翻译成"民族"未必恰当。[21]

既然从马克思、恩格斯经列宁再到斯大林，有一套统一且一致的民族理论，那么，此前的问题就变成了如何将这些理论应用在中国身上。其实，正是斯大林的"四个共同"的应用，让中国学者感觉最为棘手。因此，以下转而介绍"民族识别"这个政府工程，因为正是这个工程选定了 55 个少数民族，也正是这个工程使得中国定义的"民族"（minzu）区别于西方的"ethnicity"和苏联的"nationality"，其分类及理论也成为中国民族学的基础。

西南地区是民族识别的两个重点区域之一（另一个是中南地区），这不只是因为该地区的族群复杂性，也是因为族群认同中最难解且最具争议性的问题都发生在西南地区。

第一阶段：1949 年至 1953 年

1949 年后，中国政府便开始推进相关政治议程。1949 年制定的《共同纲领》已规定了民族平等的原则；《中国共产党章程》则指出，中国共产党除了是无产阶级先锋队之外，还是中国各民族的忠实代表。要把这一意识形态与政策付诸实行，首先必须得确定中国境内有多少个民族，这样才能施行平等的原则。[22] 简而言之，关键是要划分并确定"中华民族大家庭"中的具体组成"民族"。然而，在所有的不同群体之中，什么类型的族群具备"民族"的资格并成为地方与国家的政治、经济、文化领域里官方设定的参与者呢？有些族群相对处于支配地位且历史上具有重要性，相对容易确定，诸如汉族、蒙古族、回族、满族与藏族；可是，其他少数族群则需要更谨慎地加以确认。

1953 年开始的大规模的民族识别，便决定了哪些族群可以被官方标志为"民族"。不过，实际上早在 1949 年下半年、1950年初解放西南地区之后，"民族工作"便开始了。到了1953年，处理"民族事务"的全国性行政等级机构已经建立。此外，各地还成立了许多民族大学与干部学校。中央与各级政府还逐步提出、通过并实施了许多民族政策与条例。

为了消弭少数族群人民的疑虑，中央政府在1950年至1952年间数度派遣中央"访问团"去少数族群居住地，慰问少数族群，向他们解释政府的民族政策。在安抚地方少数族群（尤其是地方精英）的同时，这些访问团会搜集当地社会的信息，例如族群的类别或名称、人口、语言、历史、经济、贸易、教育、卫生和文化特征。[23]有些省仿效中央的模式，也派遣本省的访问团到各地少数族群区域慰问。

1950年6月的"西南访问团"是第一个中央访问团，团员来自二十多个部委，人数超过一百二十人，此后还有地方干部及学者加入。西南访问团由革命元老刘格平领衔，夏康农和费孝通任副团长。他们三人各自带着一个分团，刘格平去西康省，费孝通去贵州省，夏康农则到云南省。[24]与此同时，中央政府也邀请地方精英组成"参观团"或"代表团"访问北京、天津、上海以及其他足以让人对新中国的发展进步留下深刻印象的城市。[25]云南参观团的成员有三十多位，他们前往北京并参加中华人民共和国国庆典礼，还与朱德元帅等会面。离开北京之后，云南团又去了其他大城市参观。[26]

当费孝通的团队抵达贵州时，有三十多个族群要求被认定为"民族"。[27] 假使贵州访问团成员知道族群复杂的云南有超过 260 个族群单位提出申请的话，他们应该就不会抱怨了。1950 年 6 月，当云南访问团抵达昆明时，有三十多位地方干部及学者加入，其中包括一位云南省副主席。访问团利用各种机会与各族群会面，同时进行个案研究。下车伊始，他们便对参加云南省第一次农民会议的少数族群代表进行访谈。而后云南访问团分为数个工作小组，每组各自分配了地方调查的任务。从 1950 年 8 月到 1951 年 5 月之间，这些工作小组访问了宜良、丽江、保山、大理、楚雄、武定、蒙自、普洱、文山，访谈超过二十三万名少数族群干部与群众。此外，他们还协助地方政府举办了四次少数族群代表会议，为少数族群干部举办了两次培训班。[28] 访问团总共完成了对二十个村落的调查以及十多种研究。这些信息再加上搜集的其他地方资料，于 1951 年 7 月编辑成《云南民族情况汇集草稿》百余件，内容超过一百万字。[29] 虽然中央访问团的主要目标是要解释政府的民族政策，不过他们的调查或多或少也触及民族议题，有时还涉及民族名称。这种方式与研究风格（个案研究）后来也为"民族识别"所采用。因此，公平地说，中央访问团的行动可以说是后来民族识别的排演。

云南地方政府在少数族群问题上有其自身重要的角色。云南不只是一个少数族群居住的省份，也是一个边疆省份。也就是说，有许多族群的生活跨越了边界。除了土匪之外，国民党军队的残余势力依然活跃于缅甸的热带丛林内，这使得云南的民族工作变得格外敏感。相应地，中央政府最初的做法也相当谨慎。整体而言，中央政府强调在做相关族群决策之前对地方情况进行调查研究的重要性和必要性。这一理念在云南被视为指导原则。中共云南省委在 1950 年 2 月通过了工作原则，强调"宜缓不宜急，讲团结不讲斗争，反左不反右"，反对急躁冒进[30]，决定暂时保留土司制度。简而言之，一开始，政府的当务之急是稳定地方，而不是急于改变。

1950 年底，云南召开了一次民族工作会议。中共云南省委根据初步调查，将全省分为两个区域：少数族群聚居的内陆区以及土司制度依然存在的"边沿区"。两个区域施行不同的政策。在内陆区，政府立即发起已在中国内地实施的土地改革等活动。到 1952 年，内陆区的土地改革已然完成。

边沿区（共十六县，包括丽江、德宏、西双版纳、迪庆、临沧、思茅等，多数位于国界线一侧）的经历则颇为不同。这一区域的傣族、哈尼族、藏族、彝族、白族、景颇族、傈僳族、佤族、布朗族以及汉族，人口加起来共两百万（约占云南总人口数的八分之一），都处在地方土司的管辖之下。[31]边沿区暂不实施土地改革，而是展开调查工作。1950 年至 1952 年间，云南省政府在边沿区的主要工作目标为"疏通民族关系"。其基本状况是，省政府派遣各个工作团去与少数族群的上层人士打交道，和他们结盟合作，并通过他们和族群的下层民众接触。本质上，云南省政府首先必须赢得这些少数族群精英的合作及拥护。马曜在德宏地区之经历，便说明了这项政策的必要性。

　　1952年夏季，负责云南民族调查及研究工作的副秘书长马曜，率领云南省民族工作队二队前往德宏。他们发现，一到村庄，那里的男人跑，女人躲，小孩哭，全村鸡飞狗叫。马曜与其团队只好宣布，除非获得地方族群上层的同意，否则不会改变土司制度，不会实施任何改革。于是，少数族群的疑虑才慢慢消失，在地方上层人士的协助之下，马曜才开始接触到一般民众。马曜的经历解释了，为什么系统性的民族调查——即"民族识别"——要到1954年才开始启动。[32]

　　经过一系列调查，到1954年，中央认为进行民族识别的时机已经成熟。首先，政权已经巩固；其次，从上到下的行政等级制度已经建立；最后，政府已经从初期的调查活动中获得某些经验、信息和干部。这也就是为什么1950年至1953年这段时期一般被认定为民族识别的第一个阶段。在这一阶段，政府从四百多个候选民族之中，认定了三十八个民族。[33]

第二阶段：1954年至1964年

　　1954年至1964年（1964年中国进行了第二次全国人口普查）是民族识别的第二阶段。在此期间，中央开展了更大规模的调查与识别活动。这项庞大的工作，由"中央民族工作委员会"负责。与此同时，中央还派遣了民族学、历史学、语言学领域共 1700 多位学者和学生前去各地，为中央政府最后的决策提供依据。

西南地区和中南地区是民族识别的两大焦点，另外还有小型团队视必要性而被派遣到东北、西北、华东。云南因族群复杂而成为西南地区的重点，仅仅 1954 年全国就有超过四百个族群单位申请"民族"名称，而这其中有二百六十多个来自云南。从 1954 年的 5 月开始到 10 月结束，中央民族工作委员会派遣的云南民族识别调查小组进行了大规模的调查与研究，团队成员包括林耀华、沈家驹、刘尧汉、王恩庆、施联朱、王晓义等著名学者。他们调查了许多地区，包括文山、蒙自、玉溪、丽江、大理、普洱等，研究了彝、壮、傣、哈尼等族群。其研究的合作对象包括云南省委统战部、中央民族工作委员会、语言研究所（中国科学院下设语言研究机构）、云南大学、云南民族学院、昆华医院。经过两个阶段的调查研究，最终识别了六十八个族群单位，提出了族属归类和划分的意见。[34]

三十年后，林耀华回忆说，有十三个族群单位首先被承认为"民族"，而后来又识别了六十八个单位。这十三个"民族"是彝族、白族、傣族、苗族、回族、佤族、哈尼族、傈僳族、拉祜族、纳西族、景颇族、藏族、瑶族。[35]其他的族群单位则归属于以下两类：第一类被归属为现存民族的旁支。林耀华以土家和蒙化为例，这两个群体的人口都不多（土家十七万人，蒙化四万人），散布在十多个县内。林耀华发现，土家和蒙化的语言非常相似，而他们的风俗、礼仪、经济很类似"彝民族"。于是，土家和蒙化被归在彝族之内。[36]还有一些其他族群，也被归为彝族的分支，其理由主要是根据语言和风俗。结果总共有四十三个族群单位被归入彝族的二十个分支当中。[37]第二类则被识别为汉族。林耀华举了富宁县蔗园人这个例子。蔗园人的命名是因为他们靠种甘蔗为生，其人口数大约一千。林耀华经研究发现，蔗园人是汉人移民的后裔，他们说的是广东话。[38]施联朱（林耀华的同事）曾详细记录了这些族群单位被分类到数个主要民族〔如壮族、彝族、哈尼族、民家（白族）、佤族〕中的过程。[39]最终，在云南总共识别出了二十二个"民族"。[40]

如果没有地方政府之支持，云南的民族识别不可能进行。1951年初，中共云南省委和省政府都设立了云南民族工作办公室。[41]在中央调查组抵达之前，许多地方工作组已经前往各地。他们对云南现存的好几百个族群称谓感到惊讶不已。有些族群称谓是自称，有些则是他称，有些族群称谓是根据族人的职业而来，有些是根据族群家乡而命名，有些则来自该族群的分支称谓。[42]云南省民族事务委员会的第一个任务就是要弄清楚少数族群的组成。[43]民族学家马曜的团队在研究了这些族群名称之后，整理出十多个人口众多的族群。根据马曜自己的说法，他对族群名称的取舍是基于该族群的自身意愿。马曜曾经在另一场合中说，前述的几百个族群名称共被归入一百三十二个类别。[44]

语言学家对民族识别的贡献颇多。[45]早在1952年时，傅懋𪟝便率领其语言团队到云南进行族群语言调查和改单。该团队研究了傣族、哈尼族、佤族、拉祜族、景颇族、阿昌族、傈僳族、怒族等族群的语言，并且帮助创造了十四种书写文字[46]，正如同此前某些基督教传教士在贵州及云南的做法。1955年，中央开始进行全国少数民族语言的调查，派了一个包括一百多位成员的工作队前往云南。到了云南后，又有两百多位地方干部和学者加入。他们一共调查了十几个族群。这些语言研究很大程度上塑造了族群申请者的分类。林耀华和施联朱两人都将语言列为民族识别的重要标准[47]，这也肯定了美国人类学家戴瑙玛（Norma Diamond）的判断，即语言乃是民族识别的"关键特征"。[48]但也正如个别批评者所指出，民族识别某些时候过度强调了语言这个标准。[49]

1956年，云南多数区域的土地改革业已完成，于是中央发起了社会主义改造。中央认为，在少数民族区域实施社会主义改造，会使少数民族居住的这个地区内的前资本主义社会消失。因此，中央决定发起另一次调查，调查少数民族的社会与历史。由于少数民族社会被视为"社会历史的活化石"，此次调查的口号便是"抢救落后"。[50]

云南的少数民族社会历史调查团由费孝通率领，1956年8月抵达昆明后，地方学者方国瑜、侯方岳、杨堃、江应樑便加入了这个调查团。在马克思主义指导原则下，此次调查活动对各族群进行了广泛的研究，搜集的材料侧重于生产力、生产关系、阶级结构、宗教及风俗。[51] 然而，1957年的"反右运动"打断了这次调查活动，费孝通被叫回北京并受到政治批判。

中华民族的公式："五十六等于一"

到1964年第二次全国人口普查时，中国的非汉人族群被归为53个"民族"；珞巴族和基诺族则分别于1965年和1979年先后被识别为民族。自基诺族以后，政府便没有识别认定新的"民族"了。官方认定云南有二十五个少数民族：彝族、白族、哈尼族、壮族、傣族、苗族（仡蒙族）、景颇族、傈僳族、回族、拉祜族、佤族、纳西族、瑶族、藏族、布朗族、普米族、怒族、阿昌族、德昂族、基诺族、水族、满族、蒙古族、布依族和独龙族。此外还有一些未获识别的族群，如克木人和苦聪人。

1987年，中央政府宣布民族识别"基本完成"。[52] 自此，"中华民族大家庭"的民族数量便固定下来，虽然相关研究与工作还在进行。在邓小平时代，五十六个民族被写入了教科书，正所谓"五十六个民族五十六朵花，五十六个民族是一家"，即"五十六等于一"。

创造"中华民族"：历史的延续性

今天，民族识别已经成为中国的某种新传统，但关于民族识别的标准在中外学界也有一些争议。比如，有些学者认为民族识别的标准缺乏一致性，举例来说，1971年亨利·施瓦茨（Henry G.Schwarz）曾抱怨："他们在发布法规、政策声明、工作报告时，从来没有公开他们对少数民族的定义。"[53] 还有些学者认为，中国对斯大林的"四个共同"的民族理论的运用过于生搬硬套，忽略了民族的自觉意识，过度重视了外部施加的价值观。[54] 对此，作者认为，首先，中国的民族识别既不像有些学者认为的生搬硬套了斯大林"四个共同"的民族理论，相反，对这一理论的运用颇为务实而富有灵性；其次，事实上，马克思主义并不是识别工作的唯一指导原则，我们还应该将民族识别放到中国的历史脉络中，将其视为传统中国历史遗产的延续及发展。

在民族识别的过程中，学者们虽声称以斯大林的"四个共同"为识别标准，但是，一旦开始进行调查与个案研究，他们便立即发现理论和事实之间的鸿沟。"首先，中国和苏联的情况不同。（中国）多数民族是处于前资本主义阶段，而斯大林的民族定义指的是现代民族，所以该怎么在民族识别工作中，把它套用在前现代的民族上呢？"[55] 实际上，学者们必须"持续地定义、再定义、解释、再解释、确认、再确认"四个共同，尤其是其中最后一点——"表现于共同文化上的共同心理素质"。[56] 相关讨论在1950年代、1960年代、1980年代和1990年代不断出现。学者之所以对"四个共同"的观点不一，这不仅是因为他们对斯大林的民族理论的理解有差异，而且还因为他们各自研究的族群案例不同。

许多学者觉得，斯大林的民族定义当中最难掌握者就是"心理素质"这一项。马克林（Colin Mackerras）曾将中国学者的反应分成两类。针对斯大林认为在识别民族时四个共同缺一不可的说法，第一类学者对这种说法是忽略或不重视的；第二类学者则认为四个共同概念本身是可以加以挑战的。[57]确实，这两种反应都是在企图重新诠释、调整斯大林的民族理论以适用于中国的现实。举例而言，有些学者主张，"心理素质"这项标准与"民族特征""民族意识"或"民族感情"是一致而相应的；有些学者则以为，心理素质绝不仅止于前述三者；还有学者坚持，将心理素质和民族特征、民族意识、民族感情相等同，根本就没有道理可言。[58]将"民族意识"增添或融入斯大林的民族定义的最好的例子就是费孝通在1978年的演讲。可以说，是费孝通首先认识到斯大林之民族定义忽略了"民族意识"这个关键因素。

起初，费孝通与其他学者一样接受四个共同，但他随即注意到该理论的限制。这也是为什么费孝通1978年演讲总结说，"怎样运用这个理论来研究我国具体的民族情况，是我们做好民族识别的关键"。在这个发言当中，虽然费孝通依旧认为斯大林之定义是对资本主义时代西方民族的"科学总结"，应当视其为中国的民族识别的"指导思想"；但是，他也强调了该理论的局限，而且此局限在中国的案例上尤其显著。[59] 费孝通后来的演讲更精确地反映了他的态度。1996年费孝通在日本演讲时已不再使用"指导原则""指导理论""指导思想"等词，他表示，在中国的民族识别之中，四个共同只能够作为"参考"。[60] 既然是"参考"，那当然就不是指导原则。

除了作为"参考"以外，费孝通认为四个共同的贡献在于启发中国人关于"中国民族的特色"之思考。[61] 正是因为如此，中国的"民族"和西方的"ethnicity"、苏联的"nationality"模型都不一样。的确，早在1978年的发言中费孝通就特别强调："我在这里所说的民族是按照我国自己的传统用法来说的"[62]，虽然中国在19世纪后期之前从未将"民""族"二字一起连用。

到了1996年，费孝通在演讲时则直接否认"共同心理素质"有被运用到民族识别工作中。费孝通称斯大林所谓的共同心理素质"最不容易捉摸，以我个人来说，至今还是没有甚解"；相反，费氏主要谈论的是民族意识，并讨论如"内团体"（in-group）和"外团体"（we-group）等社会心理学概念，主张所谓的共同心理素质其实就是"民族认同意识"。[63]

斯大林的共同语言标准在中国的民族识别中也无法运作，因为有许多少数族群甚至没有自己的语言，有些族群是使用其他族群的语言。因此，费孝通改进了语言分类法，主张共同语言在中国仅适用于生活在小区域且使用相似或能懂语言的少数族群，因为就算是同一"民族"内的各分支之间可能也听不懂彼此的话语。至于共同地域这一项，费孝通则支持由许多族群所共享的"聚居区"这个概念。至于共同经济生活，费氏则坦白说，这不符合中国国情。因此，费孝通其实暗示说，斯大林的四个共同实际上没有一个可以严格套用到中国的民族识别工作中去。

费孝通的论点可以反映于识别后的民族群体上。中国学者的研究数据显示，五十五个民族当中只有二十一个有其自身的可书写语言（written language），而其中五十三个有自身的口语（spoken languages）。[64] 只有少数几个民族有自身的地域，多数民族都是与他族共享，后者例如散布在从西北草原向东南沿海广大地区的回族。[65] 而且，由于长期与其他族群互动，几乎没有一个民族有其独立的经济生活。既然如此，我们怎么可以批评民族识别是对斯大林模式的生搬硬套呢？

因此，中国的"民族"概念与斯大林的定义大不一样，这是因为"民族"是包含多样的族群或前族群的群体，无论他们处于马克思主义社会形态（"现代"或"古代"）当中哪一级。事实上，某个"民族"可以是好几个族群的混合；也可以是个单一族群；还可能是一个次族群单位（subethnic unit），或只是一个部落型社群。"民族"的这一特性由此开始了人类学在中国本土化的历程。正是在此漫长的民族识别过程中，"中国民族学"（Chinese ethnology）产生了。[66]

　　民族识别的过程本身异常复杂。虽然其结果必须经国家认可，但其中出现了许多始料未及的因素，有时甚至发挥着决定性作用。因此，民族识别可以说是并没有一个统一的标准，因为每个民族的识别标准都不一样。

　　在某种程度上，欧洲民族国家已成为现代政府的同义词。然而，欧洲的民族国家模式在非欧洲国家（如中国）是有局限的。在一个民族国家（nation-state）里，民族（nation）和国家（state）两者就像是双胞胎，彼此仰赖对方的存在。在后殖民时代的亚洲，如印度、巴基斯坦、印度尼西亚、缅甸，国家却在挣扎，努力创造自身的民族。关于中国，费约翰（John Fitzgerald）指出，"中国这个国家没有既定的民族"。费约翰分析说，中国历史的延续性"与其说源自中国民族之维系，不如说来自统一国家这一观念"。因此，"中华民族是在国家权力斗争之中被创造、再创造出的"，并最终在 20 世纪时"由国家所定义，以作为其胜利之回报"。[67]

　　就像是毛泽东说的，从洪秀全、康有为、严复、孙文到毛泽东本人，中国人在所谓"向西方学习"的历程中，重复地引进、再引进，诠释、再诠释，移植、再移植欧洲思想与体制，人们不断辩论究竟该学什么。与此同时，中国人从西方学到的东西却罕能解决中国本身的问题。对西方思想与体制的移植，反映出中国学者和中国人处在现代世界体系边缘的焦虑。幸运的是，各地学者开始将西方思想本土化，由此开启了一种"中国本位"的途径。作者认为，民族识别中对"中华民族"的使用便是一个很好的范例，可以显示中国的学者如何将西方概念加以中国化。费孝通的"中华民族的多元一体"理论就是进一步本土化及体系化的尝试。

早在 1950 年代参与民族识别的学者便感到困惑，因为每个少数民族都被假定拥有自身的历史，但这种民族历史多少会忽视各个族群与汉人之间的互动交流。[68] 所以，1960 年代便有些学者呼吁要研究民族关系。民族关系之研究目的就在于揭示长时期的族群互动；即便如此，这种研究仍然忽略了中华民族这个作为单一整体的形成过程。[69]

1998 年，费孝通应邀到香港演讲。在这次讲演中，他阐述了"中华民族多元一体"理论。费孝通主张"中华民族"作为一个"自觉"的单位，是中国在面对西方挑战的过程中产生的；但是，"中华民族"作为一个"自在"（unit-in-itself）的单位，则是相关区域在数千年历史及族群互动中的产物。其次，费孝通强调，虽然中华民族包括了五十六个民族，但这并不是单纯相加的结果；反之，五十六个民族已经成为一个"统一而不可分割的整体"。[70] 费氏理论化的这一论断，是在他对历史文献采取长时段研究取径的基础上提出来的。这个理论也迅速受到官方及学者的欢迎。过去十年来，有数十篇论文、图书在阐述这个理论。但是，也有人疑虑：费氏理论真的反映了中华民族的真实存在吗？真的有一个真正的中华民族吗？对这些问题，作者通过云南的历史经验，试图提供一个尝试性的但也是肯定的回答。

元、明、清之前，云南就有许多汉人移民，但他们全都融入了土著社会。明朝迁徙近一百万移民到云南，剧烈地改变了当地族群构成与族群互动的背景。虽然有很多移民如从前一般经历土著化，但也可以观察到有很多族群也经历了强烈的华化。戴瑙玛整体论道，"移民潮将土著族群吞没"，并且让他们"受同化而进入中国文化形态，但同时也创造出有语言及习俗特征的区域次文化"。[71]至明代末年，云南是中华王朝一部分这个观念已经深深地烙印在明代精英的心中；与此同时，一个新的地方身份认同——"云南人"——也出现了。"云南人"概念的产生，最根本且最重要的前提是，"云南人是天子的子民"。正如16世纪末杨慎在亲眼观察且亲身经历云南本地族群及汉人移民间的互动交流后的感慨：

> 中国人真正是世界性的种民，是全人类、全世界的承继者。汉人只是帝国诸种人中的一支，我们还包含许多不同类型的种人。光是在云南，就有超过二十个非汉种人。只要他们接受皇帝的统治，他们便是中国人。[72]

李中清分析说，杨慎的观点受了儒家思想的影响，此观点后来又被应用于1949后的中国。李氏更进一步指出："这项民族定义超越了族群的界线，从此成为现代中国民族自我形象（self image）的一部分。"[73] 这也是为什么明、清时期的皇帝开始将云南土著居民视作"百姓"和"赤子"。因此，汉人与非汉人之间的互动——尤其是在统合历程中——持续地转化中国性或中国认同的意义，这也确认了费孝通有关"中华民族存在"的论点。

程美宝关于 19 世纪与 20 世纪时期广东地域文化的研究，也审视了类似的案例。她的研究显示，地方认同并没有挑战中国身份；相反，对于经历从帝国到现代民族国家这场剧烈变化的社会而言，地方认同既是附着中国认同的关键要素，同时也促进了中国认同的发展。[74]

费孝通及其他学者强调，中西冲突对于中华民族意识的形成非常重要。云南研究的前辈学者方国瑜之经历或可说明在中国处于危机之际各族群民众是怎么接受中华民族这一身份认同的。方国瑜其实是丽江的纳西人，却在家中接受了儒家教育，后来到北京读大学，深受 1920 年代前后新文化运动的影响。方国瑜最初的学术成就在语言学领域，但他十分关注英国侵入上缅甸所导致的中国边疆危机，这促使他开始从事西南边疆研究，也因此而成为这个领域的奠基人。因此，方国瑜的中华民族身份与纳西人身份两者之间并没有冲突，正如费孝通在对"多层次认同"的阐述中所说："多层次认同允许一个人先是身为五十六民族之一员，同时成为作为整体的中华民族的一部分。"[75]

* * *

"民族"之创造是当代中国国家建构的一个重要部分，也是从"传统帝国"转变为"现代民族国家"的一个递嬗阶段。在这个转变过程中，传统中国的历史遗产在很大程度上塑造了当代的政策、制度及实践。中国的民族制度，象征着中央政府对族群及边疆区域的深度统合。由此，云南的各个族群，从蛮夷摇身一变成为帝国之臣民，再变成中华民族大家庭之成员。

云南长期的统合过程不仅创造出地方与次中国（sub-Chinese）的身份认同，还推动了地方族群从局外人变成了圈内人，无论是历史上王朝的子民或是当代"中华民族大家庭"的成员。简而言之，云南贡献于中国者绝不仅仅止于物质资源。云南对中国的关键贡献是它在中国人与中国国家演变成多族群实体这一过程中所发挥的作用。"建构云南"的漫长历程伴随着"创造中国"这一漫长历程，使中国成为我们所知之今日中国。

结　语

　　行文至此，不妨略加总结以为结论。本书已经详细考察了古代中国对那块被称作云南的土地所进行的漫长的统合过程。本书认为，云南在跨区域网络中扮演了重要角色；全球性及地方性的互动交流也助推云南最终被统合入中原王朝；在这一过程中，中原王朝各项制度在云南的实施以及移民都发挥了关键作用；云南不但于古代中国具有重要经济贡献，于现代中国成为多族群实体贡献尤大。

　　综合本书，作者对以下四大议题稍加概括：全球视野下的边疆历史、循环但不断累积的历史历程、明清王朝的边疆扩张以及中国性或中国认同之形成与变化。

一

本书通过全球视野来考察那些常常被限制在国族历史的地方往事，并尝试在全球史的脉络背景中书写地方史。全球性的互动是云南历史的特征，其中一些互动有助于中国对云南的统合。

第一，跨区域贸易经由云南连接中国与东南亚、印度及中亚地区，文化交流也同时产生。云南在此网络中的角色，为我们了解古代及现代欧亚交通增加了新的内容。

第二，中原王朝首度统一云南是在公元前2世纪的西汉，驱动力并非国际贸易的利润，而是西汉寻找通往中亚军事通道的企图。长城边疆与西南边疆密切联系且彼此呼应，此等情况除汉代之外，于唐宋元明时期也再度呈现。

第三，7世纪与8世纪期间，南诏崛起并挑战唐朝与吐蕃王国，同时对中南半岛几个王国施加了以自己为核心的朝贡体系。南诏之兴盛在很大程度上归因于唐朝和吐蕃王国之间的竞争；另一方面，南诏也加速了唐朝与吐蕃两大帝国的衰落。

第四，最终统一云南并将其纳入中原王朝的不是别人，却是被视为蛮夷的蒙古人。蒙古征服大理国的目的是实现包围南宋的战略目标。云南成为元军进攻并占领南宋以及在中南半岛取得某些成功的跳板。从那时起，就行政管辖而言，云南已经成为中国的一部分。因此，云南归附于中原王朝也是欧亚大陆东部全球性权力斗争的结果。

第五，贝币制度表明云南转型受到全球影响。云南的贝币一直流通到 17 世纪后期，此时距离蒙古人的征服已经数百年之久。蒙古人以及后来的明朝都企图废止贝币，但由于云南与东南亚、印度洋地区之间密切的经济及贸易关系，此举收效甚微。最终阻挠印度洋海贝流向云南的，乃是大西洋奴隶贸易的急速扩张，这导致云南贝币制度的最后崩溃，促进了中原王朝在经济上对云南的融合。几乎与此同时，中原王朝的铜钱取代了贝币，这是中国制度在云南压倒印度洋习俗的象征。因此可以说，本质上，欧洲世界体系的扩张对传统中国的建构有一臂之力。

第六，18 纪初日本开始控制对清朝的铜料出口，这迫使清朝不得不依赖边疆省份的铜矿——这是一项史无前例且颇具风险的计划。几乎在整个 18 世纪，每年约有五千吨的铜料从云南山区经长江和大运河运抵北京。因此，亚洲海洋贸易网络的变迁，对中国的"核心—边缘"结构的构建有显著的影响。

第七，19 世纪末法国人和英国人创造出一个关于云南的"迷思"，那就是在他们划分了南亚、东南亚之后，不约而同地认定云南乃是他们在东亚殖民成功与否的关键。

第八，第二次世界大战期间，云南成为中国唯一的国际交通线。滇缅公路以及后来著名的"驼峰航线"，是中国国际交通之动脉，为战时中国带来了大量物资。由于新的国际环境以及高科技的应用，西南丝路回光返照，绚烂一时。

最后，作者要提出的一个问题是，为什么几乎在同一时期内，明朝、俄罗斯帝国以及欧洲各帝国分别向云南、西伯利亚与美洲推进，它们是否属于同一个全球性进程？在这背后，有没有一个全球性的力量存在？或者他们之间有无相关性可言？

以上诸多事件勾勒了一个全球视野下的地方史。作者认为，对于这么一幅复杂的云南历史景象，倘若仅以国族取径来分析考察，未免过于简单。毕竟，历史的诞生远远早于"国族"的诞生。

二

如本书所述，庄蹻的军事行动和秦朝对云南北部的部分统治，将中国因素引入了这块本来的域外之地。这可以看作中原王朝与云南的第一波互动。在此后两千多年的中国历史中，如本书所述，云南与历代中原王朝的互动是循环往复的，同时也是累积递进的。

秦朝的灭亡虽暂时终结了当时的中央政权与云南的关系，但后来匈奴的威胁以及对南越之征伐，促使汉朝将目光投射于这块看似孤立的角落。最终，西汉王朝控制了大半云南，而东汉王朝则持续南进，迫使哀牢人降服，从而基本上将今日云南之范围纳入了中原王朝统辖之下。这可以看作中原王朝与云南的第二波互动。

三国时期则见证了蜀、吴两国对南中的争夺。汉朝先前与当地土著族群之间的互动，使得强大的地方土酋在此期间开始出现，南中从而可以为蜀汉政权的频繁北伐提供各种物资与兵力。蜀汉政权对南中的统治是中原王朝与云南的第三波互动。

地方酋长如夷帅和大姓之兴起，最终造就了 7 世纪的南诏。南诏利用唐朝与吐蕃之间的竞争，使自己成为这个"国际"世界（当时的东亚与中亚）的第三位竞争者。南诏开始向四面八方扩张，其势力遂使多数邻近区域成为它的边疆。与此同时，传统中国文化和佛教也在南诏落地生根，南诏统治者使用汉字，创作汉语诗文，借用中原王朝的政治结构，并将怛特罗佛教（Tantric Buddhism）设为国教。这些都彰显了南诏采纳和吸收邻近文化，服膺自身利益及发展的自信、灵活与成功。南诏时期是中原王朝与云南的第四波互动，而且南诏在其中担当着非常积极的角色。

大理国时期的市马维系着中原王朝与云南之间的物质和文化联结。而后的蒙古人征服标志着中原王朝新一波的扩张。从那时起，随着明、清时代的移民之涌入，云南成为传统古代中国一部分的发展方向已经势不可挡。

上述的互动大致可以分为三个时段：汉朝、南诏—大理时期、元明清时期。第一个时段是中原王朝的征服；第二个时段是云南的地方性王国兴起并挑战中原王朝；第三个时段是蒙古人征服以及传统中国的统合。这是一段循环累积的递进历程。

三

　　明清时期的边疆扩张吸引了学者颇多的关注，当然，多数人较为重视的是清朝。这可以理解，而且毋庸置疑，清朝是一个非常成功的世界性帝国（world empire），绝不比大英帝国或俄罗斯帝国逊色。清朝在根本上奠定了现代中国的领土边界。但是，如果从文化角度看，有些关于清朝对现代中国的影响之研究则未免有些夸大。

　　近年来，重视清朝的中亚联结及文化因素的"新清史学派"在学术界广受关注。罗友枝（Evelyn Rawski）在美国亚洲研究学会的演讲，便代表着这样的学术努力与趋势。满人的中亚特征，在很大程度解释了他们拓展北方边疆的成就。虽然如此，清朝的北向拓展不应该被用来贬抑其南向（例如台湾以及包含云南及贵州等西南地区）的扩张，更不应该以此贬低明朝对南方边疆的统合。

　　的确，跟清朝相比，明朝的疆域小得多，军力也弱得多。但是，虽然就北方而言，清朝基本上为现代中国划定了边界线，但在南方却是明朝为现代中国划定了疆界。明朝三项关键性活动，是奠定现代中国南方边界的里程碑：那就是对云南和贵州的统合、15世纪初对安南的军事行动、郑成功于明清之际收复台湾。事实上，明朝虽于北方边疆采取守势，但在南方颇为进取。明朝在南方边疆推动了军屯、移民、土司改革以及税赋征收等，而这些构成了清朝进一步统合西南的历史背景。如果没有明代的成就，清朝在西南根本不可能推行改土归流。总而言之，明朝为清代中国进一步统合南方奠定了坚实的基础。

四

正如本书所述，历代中央王朝的统治促动和强化了边疆诸多族群的中国认同，那么，这一事实之于"中国性"的意义是什么？云南的案例呼吁我们要将"中国认同"以及"中国"视为一个经历诸多转变的过程。

泛泛而言，最早的中国源起黄河流域，后来逐渐扩张至长江与珠江流域。在此长期过程中，许多地方族群及其土地也被纳入中国之内。就如长江中游的楚人、长江下游及其南方的越人，当他们被北方王国所征服时，其原来作为独立的异族文化自然就被统合入中华文明中。于是，楚人和越人便被视为中国人，不仅如此，他们更是对中华文明的形成、演变及精密化各有其贡献。因此，传统中央王朝的扩张，统合了许多地方族群及地方文化。这些地方土著群体的加入，自然会为中国认同带来新的内容，从而调整和丰富了中国认同。就是在此一历史进程中，一个中华民族的多族群"形象 / 实体"（image/reality）得以创造。这个进程目前依然还在继续之中。

从根本上说，本书通过全球背景考察云南，企图揭橥中国历史上有关统合、文化与族群多样性以及中国人身份的转化及形成的一种整体趋势。简而言之，本书揭示了地方的和全球的因素造就中国使之成为一个多族群融合体的过程。

致 谢

本书得以完成，当然要感谢诸多学者和机构的指导与帮助。

首先，我要向柯临清（Christina Gilmartina）教授表达深深的感谢，她广博的知识、深刻的评论、无尽的支持与鼓励，是作者进行研究的无价资源。作者也深蒙亚当·麦基恩（Adam McKeown）教授与帕特里克·曼宁（Patrick Manning）教授之恩情，他们带领作者开始了世界史这个危险的、当然也是值得的旅程。作者还要表达对卫思韩（John Wills.Jr）教授的感激，他与我分享了在东亚与东南亚这两个研究领域的真知灼见。

作者也要借此感谢如下学者，尤其是杰瑞·班特利（Jerry Bentley）、陆韧、刘欣如、李中清（James Lee）、芭芭拉·安达雅（Barbara Andaya）、纪若诚（Charles Patterson Giersch）、贡德·弗兰克（Andre Gunder Frank）、

孙来臣、杨雅南（Anand Yang）、陈星灿、邱兹惠（Chiou-Peng Tzehuey）、托马斯·霍尔（Thomas Hall）、周琼与张珺等人。

新加坡国立大学的亚洲研究所（Asia Research Institute）授予作者2004年博士论文写作资助（Dissertation Writing Fellowship），使得作者由此获益于亚洲研究所良好的学术气氛以及与众多学者的交流，其中包括王赓武、安东尼·瑞德（Anthony Reid）、黄坚立和韦杰夫（Geoff Wade）等。韦杰夫博士曾经慷慨地对论文初稿加以评注。

作者亦需感谢由美国历史学会（American Historical Association）及哥伦比亚大学出版社（Columbia University Press）所设立的"古腾堡电子出版奖"（Gutenberg-e Prize）；该奖项遴选青年学者原创性的博士论文并支持出版电子书，本书便是其中之一。

2002年夏季，作者在云南的田野考察，得到了美国东北大学（Northeastern University）历史系所提供的研究生旅行补助；作者在该系以及帕特里克·曼宁主持的世界史中心（World History Center, 1994-2004）的学习生活，不但获益良多，而且还有许多愉快的回忆。世界史中心有许多青年学子，例如Eric、Whitney、Jeremy、George、Joshua、John、Stacy、Tiffany、Jeffrey、Deborah、Pamela和Yinghong，于此作者只能列出少数几位。作者亦要感谢东北大学的斯奈尔图书馆（Snell Library），它提供了一流的馆际图书服务，使作者可以由此获得来自全国的重要研究资源。此外，还要谢谢米歇尔·吴（Michelle Ng）。

作者尤其要致谢程映虹教授及其家人张颖、Mimi 和 Evan 的友谊，以及他们为我提供的波士顿之旅。

最后，作者要感谢夏威夷大学出版社（University of Hawaii Press）准许使用本人的论文《马、海贝与白银：全球视野下的云南》（*Silver, Horses, and Cowries: Yunnan in a Global Perspective in Journal of World History*，亦感谢剑桥大学出版社准许作者使用论文《中央政府、地方政府、族群以及云南的民族识别：一九五〇至一九八〇年代》（*Central State, Local Governments, Ethnic Groups, and the Minzu Identification in Yunnan, 1950s-1980s*）。

注 释

序言

1　Jean Michaud, ed., "Zomia and Beyond," *Journal of Global History* 5, no. 2 (2010): p. 190.

2　James Z. Lee, "The Political Economy of a Frontier: Southwest China, 1250-1850," Ph.D. diss., University of Chicago, 1983；李中清：《中国西南边疆的社会经济：1250—1850》，林文勋、秦树才译，北京：人民出版社，2012 年。

3　Thomas S. Mullaney, *Coming to Terms with the Nation Ethnic Classification in Modern China* (Berkeley, Los Angles and London: University of California Press, 2011).

导论

1　William McNeill, *The Rise of the West: A History of the Human Community* (Chicago: University of Chicago Press, 1991), pp. 476-477.

2　参见 Denis Twitchett, ed., *The Cambridge History of China, Vol. 3: Sui and T'ang China, 589-906, Part 1* (Cambridge, London, New York, and Melbourne: Cambridge University Press, 1979)；Herbert Franke and Denis Twitchett, eds., *The Cambridge History of China, Vol. 6: Alien Regimes and Border*

States, 907-1368 (Cambridge, London, New York, and Melbourne: Cambridge University Press, 1994)。

3   参见中国社会科学院历史研究所编制：《中国历史年表》，北京：中国社会科学出版社，2002 年；《中国历史纪年手册》编写组编：《中国历史纪年手册》，北京：气象出版社，2002 年。

4   关于现代中国史的南方观点、取径，参见 Edward Friedman, "Reconstructing China's National Identity: A Southern Alternative to Mao-Era Anti-Imperialist Nationalism," *Journal of Asian Studies* 53, no. 1 (1994): pp. 67-91。

5   此等例子可见 Kenneth Pomeranz, *The Making of a Hinterland: State, Society, and Economy in Inland North China, 1853-1937* (Berkeley, Los Angeles, and Oxford: University of California Press, 1993)。彭慕兰（Kenneth Pomeranz）的研究显示，清朝在西方的挑战之下重新分配"黄河—运河"地区的资源，使此地区的社会结构难以继续自我延续。于是，全球性的改变促成中国"腹地"的出现，此种状况同样也发生在云南。

6   1990 年代时，中国政府决定的策略是，为了"可持续发展"而发展西部地区，此策略的目的是要解决 1980 年代以来沿海与内陆地区日渐极端的落差。

7   云南与此二文明的关系反映出其自身的力量与动能。颇为奇妙的是，著名中国谚语"云从龙，风从虎"暗示了此种文化联结，龙乃是中国文化的象征，而虎则为中南半岛的象征之一。

8   例子可参见 Anthony Reid, *Southeast Asia in the Age of Commerce, 1450-1680*, 2 Vols (New Haven, Conn., and London: Yale University Press, 1988)。

9   Nicholas Tarling, ed., *The Cambridge History of Southeast Asia, Vol. 1: From Early Times to c. 1800* (Cambridge and New York: Cambridge University Press, 1992).

10 Robert A. Kapp, "Themes in the History of 20th-Century Southwest China," *Pacific Affairs* 51, no. 3 (1978): pp. 448-459.

11 关于此定义及此处的例子，可参见《西南研究论》（总序）及正文，载杨庭硕、罗康隆：《西南与中原》，昆明：云南教育出版社，1992 年。

12 William Skinner, ed., *The City in Late Imperial China* (Stanford, Calif.: Stanford University Press, 1977).

13 James Lee, "The Legacy of Immigration in Southwest China, 1250-1850," *Annales de demographie historique* (1982): pp. 279-304; James Lee, "Food Supply and Population Growth in Southwest China, 1250-1850," *Journal of Asian Studies* 41, no. 4 (1982): pp. 711-746;

James Lee, "The Southwest: Yunnan and Guizhou," in *Nourish the People: State Granaries and Food Supply in China, 1650-1850*, eds. Pierre-Étienne Will and R. Bin Wong, with James Lee (Ann Arbor: Center for Chinese Studies, University of Michigan, 1991). 余英时也是在此意义下使用 "西南" 一称，见 Yü Ying-Shih, *Trade and Expansion in Han China: A Study in the Structure of Sino-Barbarian Economic Relations* (Berkeley and Los Angeles: University of California Press, 1967)。

14 James Lee, 1982b.

15 William T. Rowe, "Education and Empire in Southwest China," in *Education and Society in Late Imperial China, 1600-1900*, eds. Benjamin A. Elman and Alexander Woodside (Berkeley, Los Angeles, and London: University of California Press, 1989), pp. 417-457; Dai Yingcong, "The Rise of the Southwestern Frontier Under the Qing, 1640-1800," Ph.D. diss., University of Washington, 1996; John E. Herman, "Empire in the Southwest: Early Qing Reforms to the Native Chieftain System," *Journal of Asian Studies* 56, no. 1 (1997), pp. 47-74. 举例来说，Dai Yingcong（戴莹琮）认为西南边疆包括四川、云南、贵州，虽然他也了解这么做的问题，参见 Dai Yingcong, 1996, pp. 3-4；Herman 于 1997 年的研究并没有为 "西南" 一词定义，但是他的论文主要考察之区域是云南、贵州，以及部分的四川和湖广，也就是沿用了施坚雅的 "云贵" 大区域。

16 Robert A. Kapp, 1978.

17 这是个笼统的说法，四川南部并入中国则是稍晚的事情，参见 Richard Von Glahn, *The Country of Streams and Grottoes: Expansion, Settlement, and the Civilizing of the Sichuan Frontier in Song Times* (Cambridge, Mass., and London: Harvard University Press, 1987)。毕竟，那些省份的现代边界在历史上有所变异，换句话说，在古代并没有清楚的边界，那些后来被画定为省份的地区，从前乃是当地部落所控制的领土。

18 祁庆富：《西南夷》，长春：吉林教育出版社，1990 年，第 5 页。

19 徐新建：《西南研究论》，昆明：云南教育出版社，1992 年。

20 关于中国学界如何批评西南研究领域的中原中心论观点，可参见云南教育出版社 "西南研究书系" 的总序，举例来说，杨庭硕与罗康隆在他们的著作中，谈到西南与中原的关系，并强烈批评中国学界的文化偏见。参见杨庭硕、罗康隆：《西南与中原》。

21 可参见蓝勇：《西南历史文化地理》，重庆：西南师范大学出版社，1997 年。

22 方国瑜：《中国西南历史地理考释》，北京：中华书局，1987 年。方国瑜是现代云南研究的创始人。

23 关于 19 世纪的跨边界贸易系统，参见 Chiranan Prasertkul, *Yunnan Trade in the Nineteenth Century: Southwest China's Cross-Boundaries Functional System* (Bangkok: Chulalongkorn University Printing House, 1989)；关于南方边界的讨论，可参见 Shih-chung Hsieh, "On the Dynamics of Tai/Dai-Lue Ethnicity," in *Cultural Encounters on China's Ethnic Frontiers*, ed. Stevan Harrell (Seattle and London: University of Washington Press, 1995), pp. 301-328；Geoff Wade, "The Southern Chinese Borders in History," in *Where China Meets Southeast Asia: Social and Cultural Change in the Border Region*, eds. G. Evans, C. Hutton, and K. E. Kuah (New York: St. Martin's; Singapore: Institute of Southeast Asian Studies, 2000), pp. 28-50。

24 威廉·麦克尼尔也认为，云南是在公元 600 至 1000 年之间加入中国的，也就是唐、宋时代，或说是"南诏－大理"时期。参见 William McNeill, 1991, pp. 476-477。

25 关于早期族群的讨论，参见方国瑜：《中国西南历史地理考释》，第 9—28 页。

26 近年关于夜郎国的学术研究，参见'99 夜郎学术研讨会论文集编辑委员会编：《夜郎研究》，贵阳：贵州民族出版社，2000 年。

27 转引自方国瑜主编：《云南史料丛刊》（第一卷），昆明：云南大学出版社，1998 年，第 5 页。

28 相关讨论的例子可见尤中编著：《云南地方沿革史》，昆明：云南人民出版社，1990 年，第 1—3 页。

29 中国学者认为滇越国是在腾冲与德宏境内，然而陈孺性主张它位于阿萨姆。参见陈孺性：《"朱波"考》，《东南亚研究》（新加坡）1970 年第 6 期，第 97—105 页；《关于"骠越"、"盘越"与"滇越"的考释》，《大陆杂志》（台北）第 84 卷第 5 期（1992 年），第 198—202 页。

30 Owen Lattimore, *Inner Asian Frontiers of China* (Boston: Beacon Press, 1962).

31 Robert Lee, *The Manchurian Frontier in Ch'ings History* (Cambridge, Mass.: Harvard University Press, 1970); James Lee, 1982a, 1982b; Richard Von Glahn, 1987; John Robert Shepherd, *Statecraft and Political Economy on the Taiwan Frontier, 1600-1800* (Stanford, Calif.: Stanford University Press, 1993); James A. Millward, *Beyond Pass: Economy, Ethnicity, and Empire in Qing Central Asia, 1759-1864* (Stanford, Calif.: Stanford University Press, 1998); Dai Yingcong, 1996; Ness 1998;

Charles Patterson Giersch, "Qing China's Reluctant Subjects: Indigenous Communities and Empire Along the Yunnan Frontier," Ph.D. diss., Yale University, 1998; Charles Patterson Giersch, *Asian Borderlands: The Transformation of Qing China's Yunnan Frontier* (Cambridge, Mass.: Harvard University Press, 2006); John E. Herman, 1997; John E. Herman, *Amid the Clouds and Mist: China's Colonization of Guizhou, 1200-1700* (Cambridge, Mass.: Harvard University Asia Center, Distributed by Harvard University Press, 2007); Emma Jinhua Teng, *Taiwan's Imagined Geography: Chinese Colonial Travel Writings and Pictures, 1683-1895* (Cambridge, Mass.; London: Harvard University Asia Center, 2004); David G. Atwill, *The Chinese Sultanate: Islam, Ethnicity, the Panthay Rebellion in Southwest China, 1856–1873* (Stanford, Calif.: Stanford University Press, 2005); Jennifer Took, *A Native Chieftaincy in Southwest China: Franchising a Tai Chieftaincy Under the Tusi System of Late Imperial China* (Leiden and Boston: Brill, 2005); Peter Perdue, *China Marches West: The Qing Conquest of Central Eurasia* (Cambridge, Mass.: Harvard University Press, 2005); Leo Kwok-Yueh Shin, *The Making of the Chinese State: Ethnicity and Expansion on the Ming Borderlands* (Cambridge and New York: Cambridge University Press, 2006).

32   Charles Backus, *Nanzhao and Tang's Southwestern Frontier* (London: Cambridge University Press, 1981). 李中清根据其学位论文而撰写专著，曾计划于 2004 年由哈佛大学出版社出版，书名为 *A Frontier Political Economy, Southwest China*，不过，出版计划后来被取消了。

33   举例而言，专著作品可参见 David G. Atwill, 2005；Jennifer Took, 2005；Charles Patterson Giersch, 2006；Leo Kwok-Yueh Shin, 2006 及 John. E. Herman, 2007。

34   George Rogers Taylor, ed., *The Turner Thesis: Concerning the Role of the Frontier in American History*, 3rd edition (Lexington, Mass., Toronto, and London: D.C. Heath and Company, 1972).

35   刘宏指出，中国与东南亚相交的区域受到学界忽视，他且呼吁学界将这些区域视为研究分析的起点而不是终点，由此，对于亚洲或"中国—东南亚"互动交流之理解，方可达到全面透彻的地步。参见刘宏：《中国—东南亚学：终点作为开端》，《中国—东南亚学：理论建构·互动模式·个案分析》，北京：中国社会科学出版社，2000 年，第 4 页。

36   Thomas Hall, *Social Change in the Southwest, 1350-1880* (Lawrence:

University of Kansas Press, 1989).

37 Immanuel Wallerstein, *The Modern World-System*, Vols. 1-3 (New York: Academic Press, 1974, 1980, and 1989).

38 David Wilkinson, "Central Civilization," in *Civilization and World Systems: Studying World-Historical Change,* ed. Stephen K. Sanderson (Walnut Creek, Calif., London, and New Delhi: AltaMira, 1995), pp. 46-74.

第一章　西南丝绸之路

1 举例而言，孙来臣曾批评从前某些东南亚学者的"海洋心态"（maritime mentality），认为他们"多数仅研究从海上来的中国、印度、欧洲元素"。参见 Sun Laichen, "Ming-Southeast Asian Overland Interactions, 1368-1644," Ph.D. diss., University of Michigan, 2000, pp. 7-8。

2 方国瑜：《云南与印度缅甸之古代交通》，方国瑜著，林超民编：《方国瑜文集》（第四辑），昆明：云南教育出版社，2001 年，第 338—369 页；Kuo Tsung-fei, "A Brief History of the Trade Routes Between Burma, Indochina and Yunnan," *T'ien Hsia Monthly* 12, no. 1 (1941): pp. 9-32。

3 夏光南：《中印缅道交通史》，上海：中华书局，1948 年。

4 Joseph Needham, *Science and Civilization in China*, Vol. 1 (Cambridge: Cambridge University Press, 1954), p. 174.

5 D. P. Singhal, *India and World Civilization*, Vol. 1 (East Lansing: Michigan State University Press, 1969), pp. 294, 422.

6 李约瑟的《中国科学技术史》或许是另一个例子，参见 Joseph Needham, *Science and Civilization in China*, Vol. 5, Part 2 (Cambridge: Cambridge University Press, 1974), pp. 237-240。

7 孙来臣曾列出这条国际路线的研究成果清单，但他的清单依旧不够周全；有兴趣的学者可参考江玉祥：《"古代南方丝绸之路综合考察"课题参考书籍文章目录》，伍加伦、江玉祥主编：《古代西南丝绸之路研究》（第一辑），成都：四川大学出版社，1990 年，第 269—274 页。

8 我们或许应该将"路上丝路"称为"北方丝路"，这样才能够显示从北到南、从陆至海三条路线的地理位置。本书之所以使用"西南丝路"，是因为我想要比较这三条路线，不过，丝绸并不是西南丝路的主要商品。

9 申旭：《西南丝绸之路概论》，云南省社会科学院历史研究所编：《中国西南文化研究》，昆明：云南民族出版社，1996 年，第 5 页；Sun Laichen,

2000, pp. 3-4。

10　Sun Laichen, 2000, p. 3.

11　Janice Stargardt, "Burma's Economic and Diplomatic Relations with India and China from Medieval Sources," *Journal of Economic and Social History of the Orient* 14 no. 1 (1971): pp. 38-62 ; Sun Laichen, 2000.

12　Andrew D. W. Forbes, "The 'Čīn-Hộ' (Yunnanese Chinese) Caravan Trade with North Thailand During the Late Nineteenth and Early Twentieth Centuries," *Journal of Asian History* 27 no. 1 (1987): p. 3.

13　缅甸境内的伊洛瓦底江是可以航行的 ; 红河在越南境内的河段以及在云南的一小段河道，是可以进行水运的。

14　Charles Higham, *The Bronze Age of Southeast Asia* (Cambridge: Cambridge University Press, 1996), p. 1.

15　Zhang Zhongpei, "New Understandings of Chinese Prehistory," in *The Golden Age of Chinese Archaeology*, ed. Yang Xiaoneng (Washington, D.C.: National Gallery of Art, 1999), pp. 519-526. 关于云南的考古研究，参见汪宁生 :《云南考古》，昆明 : 云南人民出版社，1992 年 ; 张增祺 :《滇国与滇文化》，昆明 : 云南美术出版社，1997 年 ; 李昆声 :《云南考古学论集》，昆明 : 云南人民出版社，1998 年 ; 童恩正 :《南方文明》，重庆 : 重庆出版社，1998 年。

16　另外一种对元谋人的调查，定年为距今五六十万年前，这严重削弱了前述的假设，参见 K. C. Chang, *The Archaeology of Ancient China*, 4th edition (New Haven, Conn., and London: Yale University Press, 1986), p. 40。但是，中国的学者再次验证他们的理论，并且坚持原先的结论，参见李昆声 :《云南考古学论集》。

17　Zhang Zhongpei, 1999, p. 519. 关于考古学与中国民族主义的关系，参见 Barry Sautman, "Peking Man and the Politics of Paleoanthropological Nationalism in China," *Journal of Asian Studies* 60, no. 1 (2001): pp. 95-124。

18　干栏式建筑也出现在美洲与欧洲，感谢贡德·法兰克（Andre Gunder Frank）和陈星灿（Chen Xingcan）的提醒。

19　凌纯声 :《中国边疆民族与环太平洋文化》，台北 : 联经出版事业股份有限公司，1979 年。关于父子连名制，例子可参见 Luo Changpei (Lo Ch'ang-p'ei), "The Genealogical Patronymic Linkage System of The Tibeto-Burman Speaking Tribes," *Harvard Journal of Asiatic Studies* 8, no. 3/4 (1945): pp. 349-363。

20 Charles Higham, 1996. 孙来臣将云南与阿萨姆归属于东南亚的论点颇佳，参见 Sun Laichen, 2000。

21 费孝通：《关于我国民族的识别问题》，《中国社会科学》1980 年第 1 期，第 159 页。费孝通在另一篇论文当中，将云贵高原上的民族分成六类：傣族、彝族、当地原住民、南岛语族（Austronesian）、汉人移民与混血，参见费孝通：《中华民族的多元一体格局》，《北京大学学报（哲学社会科学版）》1989 年第 4 期，第 15 页。

22 可参见李昆声：《云南考古学论集》；Tzehuey Chiou-Peng, "Western Yunnan and Its Steppe Affinities," in *The Bronze Age and Early Iron Age Peoples of Eastern Central Asia*, 2 Vols, ed. Victor H. Mair (Washington, D.C.: The Institute for the Study of Man; Philadelphia: University of Pennsylvania Museum Publications), 1998, pp. 280-304；Tzehuey Chiou-Peng, "Horsemen in the Dian Culture of Yunnan," manuscript.

23 童恩正：《试谈古代四川与东南亚文明的关系》，伍加伦、江玉祥主编：《古代西南丝绸之路研究》（第一辑），第 10—29 页；以及他的其他诸多文章和著作，如童恩正：《南方文明》。

24 陶维英：《越南古代史》，北京：科学出版社，1959 年。三星堆的青铜与玉可以追溯至商代晚期（公元前 1300 年至前 1046 年？），虽然与商代物品有共同处，但也有其自身的特色。1986 年三星堆两个祭祀坑的发现激发出诸多思考与论点，参见 Yang Xiaoneng, 1999, pp. 140-141, 206-227。

25 Charles Higham, 1996, p. 338.

26 关于云南青铜鼓的起源与传播，参见汪宁生：《云南考古》；童恩正：《南方文明》；张增祺：《滇国与滇文化》；李晓岑：《白族的科学与文明》，昆明：云南人民出版社，1997 年。铜鼓起源问题有很多争论，但是大都倾向同意，若将民族情绪放一边，那么铜鼓是首先在云南被使用的。不过，有些学者认为越南才是铜鼓的发源地，例子可见 Richard M. Cooler, *The Karen Bronze Drums of Burma: Types, Iconography, Manufacture and Use* (Leiden, New York, Köln: E. J. Brill, 1995)。另一方面，若云南不是铜鼓的发源地，云南也一定在铜鼓于中南半岛之传播方面扮演重要角色，Richard M. Cooler 相信，卡伦铜鼓（Karen drum）是从云南传播出来的，参见 Richard M. Cooler, 1995, p. 2。

27 李晓岑：《白族的科学与文明》，第 56—83 页。关于铜鼓的例子，可参见中国古代铜鼓研究会编：《古代铜鼓学术讨论会论文集》，北京：文物出版社，1982 年。

28 Tzehuey Chiou-Peng, "Note on the Collard Disc-Rings from Bronze Sites

in Yunnan," paper presented at the Association for Asian Studies annual meeting (March 27-31, 2003), New York.

29　Arnold Toynbee, *Mankind and Mother Earth* (New York and London: Oxford University Press, 1976), p. 104. 日本学者也曾注意到云南出口的铜与锡，参见 Yoshimi Fujisawa, "Biruma Unnan rūto to tōzai bunka no kōryū" (the Burma-Yunnan transportation route and the East-West cultural contact: The cultural origins of Nanzhao), *Iwate Shigaku Kenkū* no. 25 (1957): pp. 10-21。

30　金正耀：《晚商中原青铜的矿料来源研究》，方励之主编：《科学史论集》，合肥：中国科技大学出版社，1987年，第365—386页。商政权似乎已经建立某种朝贡体系来获得邻近区域的物资，如盐、青铜与铅。青铜矿石主要取得自南方（湖北与江西）。由此，某种中心—边缘结构的世界体系开始浮现。举例来说，公元前1500年左右，铅是先经过加工才被运至北方的。参见刘莉、陈星灿：《城：夏商时期对自然资源的控制问题》，《东南文化》2000年第3期，第45—60页；刘莉、陈星灿：《中国早期国家的形成》，北京大学中国考古学研究中心、北京大学古代文明研究中心编：《古代文明》（第1卷），北京：文物出版社，2002年，第71—134页。

31　李晓岑：《白族的科学与文明》，第37—45页；童恩正：《南方文明》，第270—295页。张光直在《中国考古学》（*Chinese Archaeology*）最初三个版本当中，将越南北部的东山青铜文化定年至更早的时期，汤因比也是排除了铜矿可能在北运之前就经过加工的可能性。然而，如今已经确定，云南与四川的青铜文化其实比东山文化更早。三星堆祭祀坑中的铜器和玉器，其制作者从未见于任何早期的中国文献当中。目前三星堆文化的重要性显而易见，而其依然有许多讨论空间。

32　张增祺：《滇国与滇文化》；邱兹惠（Tzehuey Chiou-Peng）也点出氐、羌文化元素是如何土著化的，参见 Tzehuey Chiou-Peng, 1998。

33　凌纯声：《中国边疆民族与环太平洋文化》。许多中国学者将古代云南的滇越视为百越的一支，百越的分布遍及中国东南与南部，但是陈孺性则主张滇越应是位于阿萨姆。

34　倪辂辑，王崧校理，胡蔚增订，木芹会证：《南诏野史会证》，昆明：云南人民出版社，1990年，第17—18、21页。

35　僰人也称为"百夷"，但是考虑到这九个王国的地理位置，作者倾向相信这里的白夷是指傣族。

36　身毒的"身"应该发音为"yan"或"juan"，虽然它通常的发音是"shen"，这应该是来自印度语音译，先前许多西方学者遗漏了此事。

37 转引自《云南史料丛刊》(第一卷)，第 10 页。一里大约是三分之一英里，
    只是古老中国文献中的里程有时只是叙述性的。

38 不幸的是，读者应当注意四大支线所根据的是现代行政单位，这对世界
    史家来说一定是有问题的。

39 参见 Charles Higham, 1996。三星堆的发现对于 1980 年代所提出的中
    国文明多元起源论有很大的贡献。

40 关于中国与越南史上的交通，或可参见陈玉龙：《历代中越交通道里考》，
    中国东南亚研究会编：《东南亚史论文集》，郑州：河南人民出版社，
    1987 年，第 91—123 页。

41 关于这条路线，参见《方国瑜文集》(第四辑)，第 370—383 页；严耕望：《汉
    晋时代滇越通道考》，《香港中文大学中国文化研究所学报》1976 年第
    1 期，第 24—38 页；严耕望：《唐代滇越通道辨》，《香港中文大学中国
    文化研究所学报》1976 年第 1 期，第 39—50 页；伯希和：《交广印度
    两道考》，冯承钧译，北京：中华书局，1955 年。

42 关于义净和玄奘的记载，参见《方国瑜文集》(第四辑)，第 338—369 页。

43 虽然《蛮书》是由樊绰在当时所编纂，但他有许多资料是在记录更早之
    前的地方社会。此事之讨论可参见《方国瑜文集》(第四辑)，第 367—
    394 页。樊绰在安南都护府任职，南诏攻下安南时，得以生还，并将自
    己所读到、听到的事情记起来，虽然他并没有亲身进入云南。

44 关于贾耽的纪录，参见《新唐书》卷四十三，《云南史料丛刊》(第二
    卷)，第 240 页。关于该路线之讨论，参见严耕望：《唐代滇越通道
    辨》；《方国瑜文集》(第二辑)，第 657—684 页；《方国瑜文集》(第
    四辑)，第 338—369 页。20 世纪初年中国学先驱学者戈登·卢斯 (G.
    H. Luce)，曾利用中国史料来探讨缅甸周围的国家及城邦，参见 G. H.
    Luce, "Countries Neighboring Burma," *Journal of the Burma Research
    Society* 14, Part II (1924): pp. 138-205。

45 李华德 (Walter Liebenthal) 质疑，为什么人们要走南边的迂回路线前
    往卡林加 (Kalinga)，而不是花几天时间搭船就好了呢？理由其实就在
    于贸易，这些旅人乃是商旅，他们是为了牟利，而不是以走捷径为考量。
    Walter Liebenthal, "The Ancient Burma Road—A Legend?" *Journal of
    the Greater India Society* 15, no. 1 (1956): p. 10.

46 John Deyell, "The China Connection: Problems of Silver Supply in
    Medieval Bengal," in *Money and the Market in India 1100-1700*, ed.
    Sanjay Subrahmanyam (Delhi: Oxford University Press, 1994), p. 128.
    依曼苏·布森·薛卡 (Himansu Bhusan Sarkar) 也指出连结孟加拉
    与中国的三条路线，参见 Himansu Bhusan Sarkar, "Bengal and Her

Overland Routes in India and Beyond," *Journal of the Asiatic Society* (Calcutta, India) 16 (1974): p. 105。

47　Nisar Ahmad, "Assam-Bengal Trade in the Medieval Period: A Numismatic Perspective," *Journal of the Economic and Social History of the Orient* 33, no. 2 (1990): pp. 176-177.

48　John Deyell, 1994, p. 128.

49　此事之讨论可参见冯汉镛：《川藏线是西南最早国际通道考》,《中国藏学》1989 年第 1 期，第 147—156 页；陆韧：《云南对外交通史》，昆明：云南民族出版社，1997 年，第 102—104 页；申旭：《历史上的滇藏交通》，云南省社会科学院历史研究所编：《中国西南文化研究》，昆明：云南民族出版社，1998 年，第 100—128 页。

50　转引自《云南史料丛刊》(第一卷)，第 1、10 页。

51　季羡林：《中国蚕丝输入印度问题的初步研究》,《历史研究》1955 年第 4 期，第 51—94 页。

52　Tzehuey Chiou-Peng, 2003, p. 8. "考古学资料显示，古代铜鼓标志出的轨迹，与公元前第二千纪末年以前的活跃路线相符合，此为与金属贸易——包括原料与成品——相关活动的结果。"

53　夏鼐（作铭）:《我国出土的蚀花的肉红石髓珠》,《考古》1974 年第 6 期，第 382—385 页。

54　张增祺：《滇国与滇文化》，第 289—292 页。

55　在中国文献中，"琉璃"与"玻璃"两者并无清楚的分别，这两个字的来源都是梵文。其讨论可参见 Liu Xinru, *Ancient Indian and Ancient China: Trade and Religious Exchange, A.D. 1-600* (Delhi: Oxford University Press, 1999), pp. 58–63。

56　张增祺：《滇国与滇文化》，第 289—292 页。

57　Yü Ying-Shih, 1967, pp. 116-117.

58　张增祺：《滇国与滇文化》，第 293—298 页。

59　Michele Pirazzoli-t'Serstevens, "Cowry and Chinese Copper Cash as Prestige Goods in Dian," in *Southeast Asian Archaeology 1990: Proceedings of the Third Conference of the European Association of Southeast Asian Archaeologists*, ed. Ian Glover (Center for South-East Asian Studies, University of Hull, 1992), pp. 45-52.

60　中国学者及西方学者都提出了这个问题，例子可见 Schuyler Van R. Cammann, "Archaeological Evidence for Chinese Contacts with India during the Han Dynasty," *Sinologica* 5, no. 1 (1956), pp. 1-19；夏鼐：《中巴友谊的历史》,《考古》1965 年第 7 期，第 357—364 页。

61 学者们同意"蜀布"并不是丝绸，但对于这是哪一种布的意见有分歧。
有两派意见：一派认为这是古代文献中所记载的"黄润细布"；另一派
主张这是苎麻制品。相关讨论可参见桑秀云：《蜀布邛竹传至大夏路径
的蠡测》，伍加伦、江玉祥主编：《古代西南丝路之路研究》（第一辑），
第175—200页；饶宗颐：《蜀布与 Cīnapaṭṭa：论早期中、印、缅之交通》，
《"中央研究院"历史语言研究所集刊》第四十五本第四分（1973年），
第561—584页；任乃强：《蜀布、邛竹杖入大夏考》，常璩撰，任乃强
校注：《华阳国志校补图注》，上海古籍出版社，1987年，第323—328页。

62 夏鼐：《中巴友谊的历史》；吊诡的是，支持西南丝路的学者主张此区域
有丰富的资源、成熟的经济、复杂的地方社会，能够促进远距离贸易；
反对的学者则强调气候与地形的不利、原始的生产及经济、混乱的地方
社会，故秦汉时代之前该路线不可能畅通。

63 夏鼐：《中巴友谊的历史》；吕昭义：《对西汉时中印交通的一点看法》，《南
亚研究》1984年第2期，第58—67页；王友群：《西汉中叶以前中国
西南与印度交通考》，《南亚研究》1988年第3期，第17、58—68页。

64 吕昭义：《对西汉时中印交通的一点看法》；王友群：《西汉中叶以前中
国西南与印度交通考》。

65 吴焯：《西南丝绸之路的再认识》，《文史知识》1998年第10期，第
19—25页。吴焯将这两条路线都列举了出来。

66 Walter Liebenthal, 1956；罗开玉：《从考古资料看古代蜀、藏、印的交
通联系》，伍加伦、江玉祥主编：《古代西南丝绸之路研究》（第一辑），
第47—60页。罗开玉主张"蜀布"和"邛杖"是经由四川、西藏进入
印度的。

67 这也是为什么汉武帝要派出四个使节去确定通往印度的路线，其找寻的
方向不只是往西南，而且也有往西边和西北边。吴焯追问，如果通道是
往西南延伸，为什么要派使节向西寻找？因此，他否认该路线之存在。
但是，我认为这只是显示汉室对于云南与该路线所知道的资讯颇少，虽
然汉室确定印度位于西方某处而且西南有路可通。参见吴焯：《西南丝
绸之路的再认识》。

68 Himansu Bhusan Sarkar, 1974, pp. 92-93.

69 Wilfred H. Schoff, trans. and annot., *The Periplus of the Erythraean Sea:
Travel and Trade in the Indian Ocean by a Merchant of the First Century*
(New York, London, Bombay, and Calcutta: Longmans, Green, and Co.,
1912), pp. 47-48；也可参见 G. H. Luce, "The Tan and the Ngai Lao,"
Journal of the Burma Research Society 14, Part II (1924): p. 129.

70 Wilfred H. Schoff, 1912, pp. 255-269.

71 《方国瑜文集》（第四辑），第 350 页。

72 Needham, 1974, p. 237.

73 Needham, 1974, pp. 237-240.

74 W. W. Tarn, *The Greeks in Bactria and India*, rev. 3rd edition (Chicago: Ares Publishers, Inc., 1997), p. 87.

75 Needham, 1974, p. 237.

76 Needham, 1974, p. 237.

77 Schuyler Van R. Cammann, 1956, p. 5.

78 有些学者宣称，合金钱币的真正来源是阿富汗，后来或是因为资源耗尽，或是政府更迭，导致矿业已无法持续。参见 Schuyler Van R. Cammann, 1956, p. 8。关于中国学者的讨论，或可参见李晓岑：《白族的科学与文明》，第 84–91 页。

79 Schuyler Van R. Cammann, 1956, p. 6.

80 张增祺：《云南冶金史》，昆明：云南美术出版社，2000 年，第 74—75 页。

81 Harald Bøckman, "Yunnan Trade in Han Times: Transit, Tribute and Trivia," in *Asian Trade Routes: Continental and Maritime*, ed. Karl Reinhold Haellquist (London: Curzon Press, 1991), pp. 174, 178.

82 转引自《云南史料丛刊》（第一卷），第 5 页。

83 转引自《云南史料丛刊》（第一卷），第 11 页。

84 相关讨论或可参见 Yü Ying-Shih, 1967, pp. 114-115。

85 上述主张参见饶宗颐：《蜀布与 Cīnapaṭṭa：论早期中、印、缅之交通》；汶江：《滇越考》，伍加伦、江玉祥主编：《古代西南丝绸之路研究》（第一辑），第 61—66 页；陈孺性：《"掸国"考》，《大陆杂志》（台北）第 83 卷第 3 期（1991 年）；陈孺性：《关于"僄越"、"盘越"与"滇越"的考释》；罗二虎：《汉晋时期的中国"西南丝绸之路"》，《四川大学学报（哲学社会科学版）》2000 年第 1 期，第 84—105 页；何平：《从云南到阿萨姆：傣—泰民族历史再考与重构》，昆明：云南大学出版社，2001 年，第 48—71 页。

86 习惯上，"Sham"或"Shan"在中文拼音中被认定为古代缅甸的"掸国"，但是陈孺性指出，"掸国"应该是"sham"，而不是现代缅甸的"掸邦"（Shan state）。目前我觉得他的说法很有说服力。参见陈孺性：《"朱波"考》；何平：《从云南到阿萨姆：傣—泰民族历史再考与重构》，第 72—90 页。感谢孙来臣让我注意到陈孺性的著作。

87 关于上述的使团，参见《云南史料丛刊》（第一卷），第 61—62 页。

88 《后汉书》卷八十六，《云南史料丛刊》（第一卷），第 62 页。

89 《华阳国志》卷四，《云南史料丛刊》（第一卷），第 260 页。

90 Yü Ying-Shih, 1967, pp.115-117.

91　Yü Ying-Shih, 1967, p.115.

92　转引自《云南史料丛刊》（第一卷），第 128 页。

93　转引自《云南史料丛刊》（第一卷），第 60、260 页。

94　转引自《云南史料丛刊》（第一卷），第 260 页。

95　转引自《云南史料丛刊》（第一卷），第 50 页。

96　《后汉书》卷 23，第 2745 页。

97　蓝勇：《南方丝绸之路》，重庆：重庆大学出版社，1992 年，第 33—34 页。

98　陈茜：《川滇缅印古道初考》，《中国社会科学》1981 年第 1 期，第
　　161—180 页。

99　9 世纪初的僧人释慧琳详细记录了这条路线。参见《方国瑜文集》（第
　　四辑），第 353—354 页。

100　方豪：《中西交通史》，长沙：岳麓书社，1987 年，第 210—212 页。

101　这一时期乃是中南半岛的黄金时代，许多王国与港口城市在此期间蓬
　　　勃兴盛，此时贸易必然是关键。

102　《方国瑜文集》（第二辑），第 230—235、406—409 页。方国瑜列举了
　　　绝大多数王国的地理位置。关于早期缅甸周围的邻近政权，参见 G. H.
　　　Luce, 1924a, pp. 138-205。

103　G. E. Harvey, *History of Burma: From the Earliest Times to 10 March,*
　　　1824: The Beginning of the English Conquest (London: Frank Cass &
　　　Co., 1967), pp. 12-13.

104　G. E. Harvey, 1967, p. 16.

105　转引自《云南史料丛刊》（第二卷），第 240 页。相关讨论参见黄盛璋：
　　　《文单国——老挝历史地理新探》，《历史研究》1962 年第 5 期，第
　　　147—171 页；William Southworth, "Notes on the Political Geography
　　　of Campa in Central Vietnam During the Late Eighth and Early Ninth
　　　Centuries A.D.," in *Southeast Asian Archaeology, 1998*, eds. Wibke
　　　Lobo and Stefanic Reimann (Hull, England: Center for South-East Asian
　　　Studies, University of Hull, 2000): pp. 241-242。

106　转引自《云南史料丛刊》（第二卷），第 78—82 页；关于骠国及狮子国
　　　之间的战争，参见《南诏野史》，《云南史料丛刊》（第四卷），第 778 页。
　　　中文文献中的"狮子国"通常都是指锡兰；此处的"狮子国"可能是
　　　位于孟加拉湾的某个政权。

107　陈茜：《川滇缅印古道初考》，第 171—172 页；陆韧：《云南对外交通史》，
　　　第 162—163 页。

108　转引自《云南史料丛刊》（第二卷），第 57—58 页。相关讨论可参见樊
　　　绰撰，向达原校，木芹补注：《云南志补注》，昆明：云南人民出版社，

1995 年；陆韧：《云南对外交通史》，第 104—116 页。

109　《方国瑜文集》（第二辑），第 409 页。

110　转引自《云南史料丛刊》（第二卷），第 110 页。

111　陶维英：《越南古代史》。

112　伯希和：《交广印度两道考》，第 5 页。

113　《方国瑜文集》（第四辑），第 370—383 页；严耕望：《汉晋时代滇越通道考》，第 24—38 页。

114　参见《云南史料丛刊》（第一卷），第 76—78、316 页。

115　转引自《云南史料丛刊》（第一卷），第 276 页。

116　《三国志》卷三十九，第 100—101 页。

117　转引自《云南史料丛刊》（第一卷），第 262—263 页；《方国瑜文集》（第四辑），第 372—373 页。

118　关于汉代交趾的海外贸易，可参见 Yü Ying-Shih, 1967 以及 Wang Gungwu, *The Nanhai Trade: The Early History of Chinese Trade in the South China Sea* (Singapore: Times Academic Press, 1998)。

119　关于交趾海上贸易的讨论，参见刘淑芬：《六朝南海贸易的开展》，《食货月刊》（台北）第 15 卷第 9/10 期（1986 年），第 379—394 页；陆韧：《云南对外交通史》，第 38—42 页。

120　转引自《云南史料丛刊》（第一卷），第 128 页。

121　转引自《云南史料丛刊》（第一卷），第 635 页；《云南史料丛刊》（第二卷），第 27、90 页。据《蛮书》记载，从大理到安南的旅程大约要花费近两个月。

122　林文勋：《宋代西南地区的市马与民族关系》，《思想战线》1989 年第 2 期，第 66—72 页。

123　周去非：《岭外代答》卷三，《云南史料丛刊》（第二卷），第 248—249 页。

124　陆韧：《云南对外交通史》，第 146—148 页。

125　关于广东、广西与江南、安南、大理、南海之间的交通，参见李桂英：《宋代两广交通简述》，云南省社会科学院历史研究所编：《中国西南文化研究》，昆明：云南民族出版社，1998 年，第 129—140 页。

126　周去非：《岭外代答》卷三，《云南史料丛刊》（第二卷），第 248 页。

127　《蛮书》，《云南史料丛刊》（第二卷），第 18 页。关于此一支线的讨论，参见樊绰著，赵吕甫校释：《云南志校释》，北京：中国社会科学出版社，1985 年；樊绰撰，向达原校，木芹补注：《云南志补注》；冯汉镛：《川藏线是西南最早国际通道考》；陆韧：《云南对外交通史》，第 102—104 页；申旭：《历史上的滇藏交通》。

128　《南诏德化碑》，《云南史料丛刊》（第二卷），第 379 页。

129 《资治通鉴》卷二百四十四，《云南史料丛刊》（第一卷），第 639 页。

130 《蛮书》，《云南史料丛刊》（第二卷），第 70 页。

131 参照申旭：《历史上的滇藏交通》，第 120 页。

132 《蛮书》，见《云南史料丛刊》（第二卷），第 64 页。

133 关于云南茶叶之输出，或可参见陆韧：《云南对外交通史》，第 292—
     294 页。

134 关于云南的"站赤"，或可参见王颋：《元云南行省站道考略》，复旦大
     学历史地理研究所编：《历史地理研究》（第 2 辑），上海：复旦大学出
     版社，1990 年，第 312—324 页；方国瑜、林超民：《〈马可波罗行纪〉
     云南史地丛考》，北京：民族出版社，1994 年。

135 《经世大典》，《云南史料丛刊》（第二卷），第 640—641 页。

136 王颋：《元云南行省站道考略》。

137 详情参见蓝勇：《南方丝绸之路》，第 104—118 页；陆韧：《云南对外
     交通史》，第 177—192 页。

138 详情参见杨正泰：《明代国内交通路线初探》，《历史地理》1990 年第 1
     期，第 96—108 页；杨正泰：《明代驿站考》，上海：上海古籍出版社，
     1994 年；蓝勇：《南方丝绸之路》，第 119—134 页；陆韧：《云南对外
     交通史》，第 203—216 页。

139 转引自《云南史料丛刊》（第三卷），第 741—742 页。

140 陆韧：《云南对外交通史》，第 207—208 页。

141 陆韧：《云南对外交通史》，第 208 页。

142 陆韧有列举云南某些通道上构成三角形的官方基地。参见陆韧：《云南
     对外交通史》，第 208—216 页。

143 《新纂云南通志》卷五十六；陆韧：《云南对外交通史》，第 217 页。

144 转引自《云南史料丛刊》（第十一卷），第 796—812 页。

145 Yü Ying-Shih, 1967, p.30.

146 何炳棣：《李元阳、谢肇淛和明代云南》，云南大学历史系编：《纪念李
     埏教授从事学术活动五十周年史学论文集》，昆明：云南大学出版社，
     1992 年，第 364 页。玉米是否经由西南丝路传播依然有待讨论。

147 参见 Chiranan Prasertkul, 1989。

148 Warren B. Walsh, "The Yunnan Myth," *Far Eastern Quarterly* 2, no. 3
     (1943): pp. 272-285.

149 Arthur Purdy Stout, "The Penetration of Yunnan," *Bulletin of the
     Geographical Society of Philadelphia* 10, no. 1 (1912): pp. 1-35; John L.
     Christian, "Trans-Burma Trade Routes to China," *Pacific Affairs* 13, no.
     2 (1940): pp. 173-191.

150 例子可参见 Louis Pichon, *A Journey to Yunnan in 1892: Trade and Exploration in Tonkin and Southern China* (Bangkok: White Lotus, 1999)。

151 H. R. Davies, *Yün-nan: The Link Between India and the Yangtze* (New York: Paragon, 1970).

152 关于 19 世纪后期的贸易，参见 Andrew D. W. Forbes, 1987 以及 Prasertkul, 1989。关于中南半岛的穆斯林商人，参见 Andrew Forbes and David Henley, *The Haw: Traders of the Golden Triangle* (Bangkok: Teak House, 1997)。

153 Ernest G. Heppner, *Shanghai Refugee: A Memoir of the World War II Jewish Ghetto* (Lincoln, NE and London: University of Nebraska Press, 1993), p. 45. 第二次世界大战期间，有一万名以上的犹太人因为被欧洲国家拒绝庇护而逃难到上海；或者这是个巧合吧，另外一个曾被提议的犹太人避难地点，就是毗邻云南的掸邦。参见 Patricia Elliott, *The White Umbrella: A Woman's Struggle for Freedom in Burma* (Bangkok: Post Publishing, 1999), p. 107。

154 东盟（ASEAN）和中国如今正在讨论，要兴建一条连接新加坡与云南昆明的铁路，该铁路全长将超过三千千米，并穿越七个东南亚国协的会员国，其投资额会达到一百亿美元。

155 Tzehuey Chiou-Peng, "Horsemen in the Dian Culture of Yunnan," manuscript, p. 15.

156 马帮和骡驴帮是远程贸易的主要运输方式，虽然无法得知是在何时开始出现。

157 汪宁生：《古代云南的养马业——云南少数民族科技史学习札记》，《思想战线》1980 年第 3 期，第 34 页。

158 转引自《云南史料丛刊》（第一卷），第 12 页。

159 转引自《云南史料丛刊》（第一卷），第 58 页；《云南史料丛刊》（第一卷），第 252、257 页。

160 转引自《云南史料丛刊》（第一卷），第 32 页；《云南史料丛刊》（第一卷），第 252 页。

161 汪宁生：《古代云南的养马业》，第 35 页。

162 转引自《云南史料丛刊》（第二卷），第 85 页。

163 转引自《云南史料丛刊》（第二卷），第 67 页；《云南史料丛刊》（第一卷），第 388 页。

164 转引自《云南史料丛刊》（第二卷），第 252—253 页。

165 参见《方国瑜文集》（第二辑），第 431 页。

166 关于马在中国历史上的角色，参见 H. G. Creel, "The Role of the Horse

in Chinese History," *The American Historical Review* 70, no. 3 (1965): pp. 647-672。

167　《三国志》卷 47，第 174—175 页。

168　《三国志》卷 47，第 175 页。

169　《三国志》卷 49，第 199 页。

170　转引自《云南史料丛刊》（第一卷），第 640 页;《云南史料丛刊》（第二卷），第 45 页。

171　关于宋朝时期的茶马贸易，参见 Paul Smith, *Taxing Heaven's Storehouse: Horses, Bureaucrats, and the Destruction of the Sichuan Tea Industry*, 1074-1224 (Cambridge, Mass., and London: Council on East Asian Studies, Harvard University, 1991)。

172　转引自《云南史料丛刊》（第一卷），第 500 页。

173　转引自《云南史料丛刊》（第一卷），第 500 页。

174　Marco Polo, *The Travels of Marco Polo*, ed. Manuel Komroff (New York: Liveright, 2002), p. 194.

175　林文勋：《宋代西南地区的市马与民族关系》。

176　杨佐的故事记载于《续资治通鉴长编》卷二百六十七,《云南史料丛刊》（第二卷），第 244—247 页。杨佐曾经宿于大云南驿。据方国瑜的说法，这座驿站位于姚州（姚安），杨佐曾在此看见一幅地图，其路线东至戎州（四川宜宾），西至身毒国（印度），东南至交趾（安南），东北至成都，北至大雪山，南至海上，里程详细。此事若属实，这显示大理国已非常熟悉西南丝路沿线的交通。

177　转引自《云南史料丛刊》（第二卷），第 250 页。

178　《方国瑜文集》（第二辑），第 450 页。

179　关于元明清时期的滇马，参见汪宁生：《古代云南的养马业》。

180　参见汪宁生：《古代云南的养马业》，第 37 页。

181　江天健：《北宋市马之研究》，台北：编译馆，1995 年，第 309 页。

182　江天健：《北宋市马之研究》，第 309 页。

183　Ranabir Chakravarti, "Early Medieval Bengal and the Trade in Horses: A Note," *Journal of Economic and Social History of the Orient* 42, no. 2 (1999): pp. 194-221.

184　Marco Polo, 2002, p. 210. 学者对于 Amu (Aniu) 在哪里的意见不一。方国瑜和林超民认为，Amu 的位置在今日云南南部的通海。相关讨论参见方国瑜与林超民，1994 年。马可·波罗提到，自秦汉时代以来，马和牛便是西南出口到四川的著名产品。

185　Ranabir Chakravarti, 1999.

186 申旭：《中国西南对外关系史研究》，昆明：云南美术出版社，1994 年。

187 考虑长安是起点城市，容易忽略中国"内部的"贸易网络；但是，在考察丝路时，我们应暂时忘却政治地图，在民族国家以前的时代，不必非使用"国内的"或"国际的"这种用词。

188 关于二十世纪初年西藏与外在区域的交通路线与贸易，或可参见山县初男编：《西藏通览》，台北：华文书局，1969 年。至于中古时代早期的相同课题，则参见 Christopher I. Beckwith, *The Tibetan Empire in Central Asia: A History of the Struggle for Great Power among Tibetans, Turks, Arabs, and Chinese during the Early Middle Ages* (Princeton, N.J.: Princeton University Press, 1987) 以及张云：《丝路文化：吐蕃卷》，杭州：浙江人民出版社，1995 年。关于长安、西藏、尼泊尔之间的路线，参见唐蕃古道考察队编：《唐蕃古道考察记》，西安：陕西旅游出版社，1989 年。

189 金克木：《三谈比较文化》，王树英编：《中印文化交流与比较》，北京：中国华侨出版社，1994 年，第 114—120 页。

190 关于指空此人，参见《云南史料丛刊》（第三卷），第 254—255 页；祁庆富：《指空游滇建正续寺考》，《云南社会科学》1995 年第 2 期，第 88—94 页；肖耀辉：《中韩、韩中指空研究学术讨论会综述》，《云南社会科学》1998 年第 4 期，第 92—94 页。

191 季羡林：《中国蚕丝输入印度问题的初步研究》。

192 季羡林：《中国蚕丝输入印度问题的初步研究》。

193 黄盛璋：《关于中国纸和造纸法传入印巴次大陆的时间和路线问题》，《历史研究》1980 年第 1 期，第 113—133 页。

194 李晓岑：《中国纸和造纸法传入印巴次大陆的路线》，《历史研究》1992 年第 2 期，第 130—133 页。

195 关于火药的发明及其对西方的传播，或可参见冯家升：《火药的发现及其传播》，《冯家升论著辑粹》，北京：中华书局，1984 年，第 225—274 页；《伊斯兰教国为火药由中国传入欧洲的桥梁》，《冯家升论著辑粹》，第 275—326 页；Iqtidar Alam Khan, "Coming of Gunpowder to the Islamic World and North India: Spotlight on the Role of the Mongols," *Journal of Asian History* 30, no. 1 (1996): pp. 27-45.

196 Sun Laichen, 2000, pp. 28-76.

197 此假说可见于 William McNeill, *Plagues and Peoples* (New York: Anchor Press, 1976), pp. 160-164.

198 关于马可·波罗于西南丝路的旅程，参见方国瑜、林超民：《〈马可波罗行纪〉云南史地丛考》。

199 耐人寻味的是，欧文·拉铁摩尔审慎地断定，"云南穆斯林的源头可能是阿拉伯人经海路在东南亚的扩张，而不是伊斯兰教自中亚地区的渗透"。参见 Lattimore, 1962, p. 182, note 44。

第二章　统一云南

1 "中国"（China）或 "中国性"（Chineseness）是一个历史过程。所以，秦国的统一可以被视为一种国际性运动，而不是中国的内部冲突。云南与南亚或印度洋地区的连结也是令人诧异的，参见 Yang Bin, "Horses, Silver, and Cowries: Yunnan in Global Perspective," *Journal of World History* 15, no. 3 (2004): pp. 281-322。

2 《华阳国志》卷三，《云南史料丛刊》（第一卷），第 265 页。

3 《史记》卷一百十六，《云南史料丛刊》（第一卷），第 4 页。

4 邓廷良：《楚裔入巴王蜀说》，张正明主编：《楚史论丛》，武汉：湖北人民出版社，1984 年。

5 朱俊明：《楚向古云贵开疆史迹钩沉》，张正明主编：《楚史论丛》，武汉：湖北人民出版社，1984 年。

6 少数学者力主庄蹻其实就是著名的楚国叛徒 "盗蹻"。参见马曜：《云南简史》，昆明：云南人民出版社，1991 年。

7 关于庄蹻的史料可见《史记》卷一百十六，见《云南史料丛刊》（第一卷），第 4 页；《华阳国志》卷四，见《云南史料丛刊》（第一卷），第 251 页。

8 《华阳国志》卷四，《云南史料丛刊》（第一卷），第 265 页。

9 查尔斯·巴克斯断定 "汉室满足于对云南采取不干涉政策，甚至颁授官方印信给滇王以象征和平关系"，这个想法实在过于乐观。巴克斯似乎忽视汉室对南方与西南方诸多王国所发起的军事行动。Charles Backus, 1981。

10 《史记》卷一百十六，《云南史料丛刊》（第一卷），第 5 页。

11 《史记》卷一百十六，《云南史料丛刊》（第一卷），第 5 页。读者应注意当时并无所谓的 "云南"，那个时代居住在现代云南地区的人群，是被中国人称为 "蛮夷"。

12 《史记》卷一百十六，《云南史料丛刊》（第一卷），第 5 页。

13 《史记》卷一百十六，《云南史料丛刊》（第一卷），第 5 页。

14 《史记》卷一百十六，《云南史料丛刊》（第一卷），第 5 页。

15 《史记》卷一百二十三，《云南史料丛刊》（第一卷），第 11 页。

16 日本学者注意到中国的中亚政策以及中国向西南扩张两者之间有密切关

系；参见 Yoshimi Fujisawa, 1957, pp. 10-21。有趣的是，有一份唐代史料表示，昆明政权与匈奴据说是"兄弟国"，见于《唐会要》卷九十八，《云南史料丛刊》(第一卷)，第 460 页。

17　《史记》卷一百二十三，《云南史料丛刊》(第一卷)，第 11 页。

18　《史记》卷三十，《云南史料丛刊》(第一卷)，第 13 页。

19　《史记》卷一百十六，《云南史料丛刊》(第一卷)，第 5 页；《史记》卷一百二十三，《云南史料丛刊》(第一卷)，第 11 页。

20　《史记》卷一百十六，《云南史料丛刊》(第一卷)，第 6 页。

21　《三国志》卷三，《云南史料丛刊》(第一卷)，第 107—108 页。

22　《三国志》卷十三，《云南史料丛刊》(第一卷)，第 106 页。

23　《三国志》卷四，《云南史料丛刊》(第一卷)，第 124 页；《三国志》卷十三，《云南史料丛刊》(第一卷)，第 106 页。

24　《资治通鉴》卷七十，《云南史料丛刊》(第一卷)，第 614 页；《太平御览》卷四，《云南史料丛刊》(第二卷)，第 289 页。

25　《华阳国志》卷四，《云南史料丛刊》(第一卷)，第 253 页；资治通鉴卷七十，《云南史料丛刊》(第一卷)，第 614 页。

26　《华阳国志》卷四，《云南史料丛刊》(第一卷)，第 254 页；《资治通鉴》卷七十，《云南史料丛刊》(第一卷)，第 614 页。

27　关于爨氏的讨论，可参见袁嘉谷：《滇绎·爨世家》、《滇绎·爨后之滇》，《云南史料丛刊》(第一卷)，第 338—349 页；《方国瑜文集》(第二辑)，第 35 页。

28　关于隋朝的征伐行动，参见 Charles Backus, 1981；《方国瑜文集》(第二卷辑)，第 1—9 页。隋朝在西南地区的军事进攻并不是例外，与此同时，隋朝在其所有边疆地区皆采取攻势，如向朝鲜和林邑（占婆，位于现代越南中南部）出兵。

29　《资治通鉴》卷一百八十八，《云南史料丛刊》(第一卷)，第 624 页。

30　《太平御览》卷七百九十一，《云南史料丛刊》(第一卷)，第 334 页。

31　有些史料则表示有八个政权。关于这六个或八个政权，参见樊绰：《蛮书》，《云南史料丛刊》(第二卷)，第 22—31 页；《方国瑜文集》(第二辑)，第 25—31 页。

32　关于这些族群，参见尤中：《云南民族史》，昆明：云南大学出版社，1994 年；《方国瑜文集》(第二辑)，第 10—79 页。

33　穆根来、汶江、黄倬汉译：《中国印度见闻录》，北京：中华书局，2001年，第 14 页。

34　唐代中国的对外政策与对外关系，或可参见 Pan Yihong, "Son of Heaven and Heavenly Qaghan: Sui-Tang China and Its Neighbors,"

Ph.D. diss., Western Washington University, 1997.

35　《新唐书》卷二百二十二，《云南史料丛刊》（第一卷），第 403 页；《通典》卷一百八十七，《云南史料丛刊》（第一卷），第 451 页；《唐会要》卷九十八，《云南史料丛刊》（第一卷），第 460 页。

36　《旧唐书》卷四，《云南史料丛刊》（第一卷），第 351 页；《唐会要》卷七十三，《云南史料丛刊》（第一卷），第 457—458 页。

37　方国瑜：《中国西南历史地理考释》，第 265 页。

38　《新唐书》卷二百二十二，《云南史料丛刊》（第一卷），第 406—407 页。

39　《新唐书》卷二百二十二，《云南史料丛刊》（第一卷），第 406—407 页；《资治通鉴》卷一百九十九，《云南史料丛刊》（第一卷），第 626 页。

40　陈楠：《吐蕃与南诏及洱海诸蛮关系丛考》，《藏史丛考》，北京：民族出版社，1998 年，第 110—148 页；芮逸夫：《唐代南诏与吐蕃》，《中国民族及其文化论稿》（上册），台北：艺文出版社，1972 年，第 353—370 页。

41　陈楠：《吐蕃与南诏及洱海诸蛮关系丛考》，第 116—120 页。有关吐蕃在大理地区的征伐与影响，亦可参见《方国瑜文集》（第二辑），第 149—156 页。

42　王尧：《云南丽江吐蕃古碑释读劄记》，荣新江主编：《唐研究》（第七卷），北京：北京大学出版社，2001 年，第 421—427 页。

43　陈楠：《吐蕃与南诏及洱海诸蛮关系丛考》，第 116—120 页。

44　《蛮书》和《新唐书》都有呈现出双方这段关系，见于《蛮书》，《云南史料丛刊》（第二卷），第 23—24 页；《新唐书》卷二百二十二，《云南史料丛刊》（第一卷），第 401—402 页。

45　尤中：《云南民族史》，第 130 页；王钟翰：《中国民族史》，北京：中国社会科学出版社，1994 年，第 375 页。

46　Charles Backus, 1981, p. 57.

47　马曜：《云南简史》，第 83—84 页；尤中：《云南民族史》，第 130 页。

48　陈楠：《吐蕃与南诏及洱海诸蛮关系丛考》；Charles Backus, 1981, p. 70.

49　参见王吉林：《唐代南诏与李唐关系之研究》，台北：台湾商务出版社，1976 年；Charles Backus, 1981；《方国瑜文集》第二辑），第 104—118 页。

50　《蛮书》，《云南史料丛刊》（第二卷），第 32 页；《新唐书》卷二百二十二，《云南史料丛刊》（第一卷），第 403—404 页。

51　关于南诏、爨氏与唐之间冲突的详情，参见《蛮书》，《云南史料丛刊》（第二卷），第 32—33 页；《新唐书》卷二百二十二，《云南史料丛刊》（第一卷），第 403—404 页；王吉林：《唐代南诏与李唐关系之研究》，第 191—196 页；Charles Backus, 1981, pp. 61-67.

52 参见 Charles Backus, 1981, pp. 64, 69。杨贵妃是当时皇帝最宠爱的妃子，她的族兄杨国忠企图利用西南军事行动强化自己在宫廷中的声望。

53 《旧唐书》卷一百九十七，《云南史料丛刊》（第一卷），第 374 页；《新唐书》卷二百二十二，《云南史料丛刊》（第一卷），第 389 页。

54 《旧唐书》卷一百九十七，《云南史料丛刊》（第一卷），第 374 页；《新唐书》卷二百二十二，《云南史料丛刊》（第一卷），第 389—390 页。

55 《南诏德化碑》，《云南史料丛刊》（第二卷），第 380 页。

56 《旧唐书》卷一百九十七，《云南史料丛刊》（第一卷），第 374 页；《新唐书》卷二百二十二，《云南史料丛刊》（第一卷），第 390 页；《南诏德化碑》，《云南史料丛刊》（第二卷），第 380 页。

57 南诏扩张之事可见《蛮书》，《云南史料丛刊》（第一卷），第 78—83 页。

58 《资治通鉴》记载，由于吐蕃与回纥作战时损失惨重，吐蕃遂要求南诏增援一万人，这件事情暗示南诏兵力曾被派到中亚地区打仗。见《资治通鉴》卷二百三十三、二百三十四，《云南史料丛刊》（第一卷），第 633—635 页；Christopher I. Beckwith, 1987, p. 141。

59 Christopher I. Beckwith, 1987, p. 141.

60 异牟寻在写给唐朝的信件中把这些因素全部列出来了，见《新唐书》卷二百二十二，《云南史料丛刊》（第一卷），第 389—390 页。

61 Christopher I. Beckwith, 1987, p. 141.

62 《新唐书》卷二百二十二，《云南史料丛刊》（第一卷），第 390 页。

63 《资治通鉴》卷二百三十三，《云南史料丛刊》（第一卷），第 633 页。

64 《新唐书》卷二百二十二，《云南史料丛刊》（第一卷），第 390 页。

65 《新唐书》卷二百二十二，《云南史料丛刊》（第一卷），第 391 页。

66 《新唐书》卷二百二十二，《云南史料丛刊》（第一卷），第 391 页。

67 《新唐书》卷二百二十二，《云南史料丛刊》（第一卷），第 394 页。

68 《唐会要》卷一百，《云南史料丛刊》（第一卷），第 465 页；《资治通鉴》卷二百三十六，《云南史料丛刊》（第一卷），第 636 页。

69 《资治通鉴》卷二百四十九，《云南史料丛刊》（第一卷），第 640—641 页。

70 《册府元龟》卷九百七十六，《云南史料丛刊》（第二卷），第 301 页。

71 Edwin O. Reischauer, trans., *Ennin's Diary: The Record of a Pilgrimage to China in Search of the Law* (New York: Ronald Press, 1955), p. 90.

72 《新唐书》卷二百二十二，《云南史料丛刊》（第一卷），第 394—395 页；《资治通鉴》卷二百四十四，《云南史料丛刊》（第一卷），第 638 页。南诏大约放走了四五千人，参见《资治通鉴》卷二百四十九，《云南史料丛刊》（第一卷），第 639 页。

73 关于九世纪初唐朝和南诏之间的冲突，参见《方国瑜文集》（第二辑），第 291—316 页。

74 《蛮书》，《云南史料丛刊》（第二卷），第 80 页。

75 《蛮书》，《云南史料丛刊》（第二卷），第 79 页。

76 《蛮书》，《云南史料丛刊》（第二卷），第 80—82 页。

77 《新唐书》卷二百二十二，《云南史料丛刊》（第一卷），第 395—396 页；《资治通鉴》卷二百四十九，《云南史料丛刊》（第一卷），第 641 页。这跟后来的大理国不同，"理" 跟 "礼" 同音不同字。

78 这些战役可见于《资治通鉴》卷二百四十九、二百五十，《云南史料丛刊》（第一卷），第 641—643 页；《新唐书》卷二百二十二，《云南史料丛刊》（第一卷），第 395 页。15 万人这个数字也许是夸大的。樊绰在第二次进攻中幸存下来，并编撰《蛮书》留于后世。

79 《资治通鉴》卷二百五十，《云南史料丛刊》（第一卷），第 644 页。

80 《新唐书》卷二百二十二，《云南史料丛刊》（第一卷），第 396 页；《资治通鉴》卷二百五十，《云南史料丛刊》（第一卷），第 645 页。

81 关于 869 年的进攻，参见《新唐书》卷二百二十二，《云南史料丛刊》（第一卷），第 396—398 页；《资治通鉴》卷二百四十九、二百五十二，《云南史料丛刊》（第一卷），第 646—649 页。

82 关于 874 年的进攻，参见《新唐书》卷二百二十二，《云南史料丛刊》（第一卷），第 398—400 页；《资治通鉴》卷二百五十二，《云南史料丛刊》（第一卷），第 649—650 页。

83 《新唐书》卷二百二十二，《云南史料丛刊》（第一卷），第 398—400 页；《资治通鉴》卷二百五十二、二百五十三，《云南史料丛刊》（第一卷），第 651—653 页。

84 《新唐书》卷二百二十二，《云南史料丛刊》（第一卷），第 401 页；《资治通鉴》卷二百五十二、二百五十五，《云南史料丛刊》（第一卷），第 653—654 页。关于联姻事宜的交涉，参见《方国瑜文集》（第二辑），第 317—323 页。

85 《新唐书》卷二百二十二，《云南史料丛刊》（第一卷），第 398 页。

86 《新唐书》卷一百四十八，《云南史料丛刊》（第一卷），第 445—456 页；《西南夷本末》，《云南史料丛刊》（第一卷），第 682 页。

87 《新唐书》卷二百二十二，《云南史料丛刊》（第一卷），第 402 页。

88 陈寅恪：《唐代政治史述论稿》，上海：上海古籍出版社，1997 年，第 155 页。

89 夏光南：《元代云南史地丛考》，台北：中华书局，1968 年，第 61 页。

90 Charles Backus, 1981, p. 145.

91 颇具影响力的太监高力士警告唐玄宗，一再于云南损失兵力，将会导致边疆毫无防御，无法控制其他边疆将领；这些话被玄宗忽视，但高力士

的警告后来成真了。以安禄山为代表的北方边疆将领们握有最强大的兵力，不久之后，安禄山叛乱，唐朝的军队实在无力抵挡叛军，玄宗被迫逊位并逃难到四川。事见《新唐书》卷二百〇六，5860 页。

92　G. H. Luce, "Old Kyaukse and the Coming of the Burmans," *Journal of the Burma Research Society* 42, no.1 (1959): pp. 76-80.

93　白居易笔下关于南诏与骠的诗篇，见《云南史料丛刊》（第二卷），第142—145 页。

94　那些政权包括郑氏所建立的大长和国（902—928）、赵氏的大天兴国（928—929）以及杨氏的大义甯国（928—929）。关于此一时期，参见《方国瑜文集》（第二辑），第 325—357 页。

95　大理国的二十二位皇帝中，有八个皇帝逊位出家当和尚，在寺院中度过晚年。《方国瑜文集》（第二辑），第 537 页。

96　关于宋和大理的交流，参见《方国瑜文集》（第二辑），第 451—469 页。

97　李京：《云南志略》，《云南史料丛刊》（第三卷），第 126 页；《南诏野史》，《云南史料丛刊》（第四卷），第 784 页。

98　辛怡显：《至道云南录》，《云南史料丛刊》（第二卷），第 177 页。

99　《宋会要辑稿》，卷一百九十二、一百九十八，《云南史料丛刊》（第一卷），第 518—519、522 页。

100　李攸：《宋朝事实》，引自《方国瑜文集》（第二辑），第 452 页。

101　尤中：《云南民族史》，第 254 页。

102　《宋史》卷四百八十八，《云南史料丛刊》（第一卷），第 478 页。

103　《宋史》卷四百五十三，《云南史料丛刊》（第一卷），第 505 页。

104　《宋史》卷三百五十三，《云南史料丛刊》（第一卷），第 505 页。地方官员也引用南诏的例子以支持孤立政策，见《宋史》卷三百四十七，《云南史料丛刊》（第一卷），第 504—505 页。

105　《建炎以来系年要录》卷一百〇五，《云南史料丛刊》（第二卷），第 214 页。

106　《建炎以来系年要录》卷一百〇五，《云南史料丛刊》（第二卷），第 214 页。

107　宋室曾经尝试在长江中游地区养马，但其结果令人灰心，十多年内只有约二十匹马出生，而且完全不能上战场。事见《宋史》卷一百九十八，《云南史料丛刊》（第一卷），第 500 页。

108　《续资治通鉴长编》卷二百六十七，《云南史料丛刊》（第二卷），第 244—248 页。

109　《宋史》卷四百八十八，5835–5836 页。

110　《宋会要辑稿》卷一百八十三、一百九十七，《云南史料丛刊》（第一卷），第 516 页、521 页。

111　《宋史》卷四百十二，《云南史料丛刊》（第一卷），第 505 页。

112 《元史》卷一百四十九，《云南史料丛刊》（第二卷），第 587 页；韩儒林：《元朝史》，北京：人民出版社，1986 年，第 183 页；Herbert Franke and Denis Twitchett, 1994, p. 405。郭宝玉确实有将这个点子献给成吉思汗。宋人沿着长江的防御颇为成功，蒙哥本人竟于 1259 年四川一场正面进攻战中死亡，此时蒙古人的包围之势已然成形。

113 有趣的是，蒙古人的长征路线基本上被二十世纪的红军二万五千里长征所重复，只不过两者的方向相反。关于蒙古征服大理国，或可见《元史》卷一百二十一，《云南史料丛刊》（第二卷），第 545—547 页。

114 倪蜕辑，李埏校点：《滇云历年传》，昆明：云南大学出版社，1992 年，第 184 页。

115 段氏与明军信件之往来，参见《云南史料丛刊》（第四卷），第 549—552 页。

116 《云南史料丛刊》（第四卷），第 549—552 页。

第三章 "因俗而治"：土司制度的兴衰

1 《史记》卷一百一十六，《云南史料丛刊》（第一卷），第 4 页。

2 Yü Ying-Shih, 1967, pp. 65-82.

3 Yü Ying-Shih, 1967, p. 77.

4 前述的叛乱事件可见《汉书》卷九十五，《云南史料丛刊》（第一卷），第 32 页。

5 《汉书》卷九十五，《云南史料丛刊》（第一卷），第 32 页。

6 《汉书》卷九十五，《云南史料丛刊》（第一卷），第 33 页。

7 《后汉书》卷八十六，《云南史料丛刊》（第一卷），第 58 页。

8 《后汉书》卷八十六，《云南史料丛刊》（第一卷），第 61 页。

9 《后汉书》卷八十六，《云南史料丛刊》（第一卷），第 63 页。

10 《后汉书》卷八十六，《云南史料丛刊》（第一卷），第 58 页。

11 《后汉书》卷八十六，《云南史料丛刊》（第一卷），第 61、63 页。

12 Yü Ying-Shih, 1967, p. 83.

13 关于"夷帅"与"大姓"，或可参见《方国瑜文集》（第一辑），第 355—389 页；尤中：《云南地方沿革史》，第 82—90 页。

14 关于爨氏的讨论，参见《方国瑜文集》（第一辑），第 459—501 页。

15 《云南史料丛刊》，卷 1，233–240 页。

16 Charles Backus, 1981, p. 7. 爨氏究竟是否为土著是一个有争议的问题。举例来说，方国瑜便认为爨氏是土著，参见《方国瑜文集》（第一辑），第 458—501 页。

17 《三国志·蜀书》卷十三，《云南史料丛刊》（第一卷），第 104 页；《华阳国志》卷四，《云南史料丛刊》（第一卷），第 254 页。

18 《三国志·蜀书》卷十三，《云南史料丛刊》（第一卷），第 104 页；《三国志·蜀书》卷三，《云南史料丛刊》（第一卷），第 108 页。黎虎：《蜀汉"南中"政策二三事》，《历史研究》1984 年第 4 期，第 153—166 页。

19 唯一的例外就是宁州长官徐文盛，他似乎做出某种成果，甚至能招募地方人民到中原镇压叛乱。参见《梁书》卷四十六，《云南史料丛刊》（第一卷），第 152 页。关于此时期派遣到宁州的长官，参见《云南史料丛刊》（第一卷），第 157—160 页。

20 《新唐书》卷二百二十二，《云南史料丛刊》（第一卷），第 403 页。

21 关于这两次的征伐，参见 Charles Backus, 1981, pp. 10-13.

22 《隋书》卷六十二，《云南史料丛刊》（第一卷），第 337—338 页。

23 《太平广记》卷四百八十三，《云南史料丛刊》（第二卷），第 194 页。

24 《蛮书》，《云南史料丛刊》（第二卷），第 76 页。

25 关于南诏与大理的佛教，或可参见《方国瑜文集》（第二辑），第 507—636 页；Helen B. Chapin, "Yünnanese Images of Avalokiteśvara," *Harvard Journal of Asiatic Studies* 8, no. 2 (1944): pp. 131-186；Helen B. Chapin, and Alexander C. Soper, "A Long Roll of Buddhist Images," *Artibus Asiae* 32, nos. 1-4 (1970): pp. 5-41, 157-199, 259-306, and *Artibus Asiae* 33, no. 1/2 (1971): pp. 75-140；李霖灿：《南诏大理国新资料的综合研究》，台北：故宫博物院，1982 年。佛教乃是南诏国与大理国的重要特征，这个领域显然还没有被彻底探索。

26 《南诏野史》，《云南史料丛刊》（第四卷），第 782 页。

27 关于高氏家族，参见《方国瑜文集》（第二辑），第 470—506 页。

28 《元史》卷四，《云南史料丛刊》（第二卷），第 484 页；《元史》卷一百二十一，《云南史料丛刊》（第二卷），第 546 页。

29 《元史》卷一百二十六，《云南史料丛刊》（第二卷），第 567 页。关于段氏与元人（蒙古人）的关系，参见方慧：《大理总管段氏世次年历及其与蒙元政权关系研究》，昆明：云南教育出版社，2000 年。

30 《元史》卷一百二十六，《云南史料丛刊》（第二卷），第 567 页。

31 《元史》卷一百二十一，《云南史料丛刊》（第二卷），第 567 页。

32 僰人被认为是现代白族的祖先。其他的土著军队有么些军（纳西族）、罗罗斯军（彝族）和哈尼军（哈尼族）。

33 有一些爨僰军人定居于湖南省桑植。

34 《元史》卷六，《云南史料丛刊》（第二卷），第 485 页。

35 元朝极为重视云南。夏光南曾经算过《元史》里的官员，发现《元史》里有立传的官员中，有一百位或七分之一的人曾经在云南任职过。参见夏光南：《元代云南史地丛考》，第 75—105 页。

36 《元史》卷七，《云南史料丛刊》（第二卷），第 485 页；《元史》卷一百六十七，《云南史料丛刊》（第二卷），第 562 页。

37 关于赛典赤. 瞻思丁与其在云南的经历，参见 Jacqueline Misty Armijo-Hussein, "Sayyid'Ajall Shams al-Din: A Muslim from Central Asia, Serving the Mongols in China, and Bringing 'Civilization' to Yunnan," Ph.D. diss., Harvard University, 1996.

38 《元史》卷一百二十五，《云南史料丛刊》（第二卷），第 556 页。

39 《元史》卷一百二十五，《云南史料丛刊》（第二卷），第 557 页。

40 上述诸项措施见于《元史》卷一百二十五，《云南史料丛刊》（第二卷），第 556—557 页。关于土司制度，龚荫在其文献回顾性质的论文中，列举了中文史料与论著，参见龚荫：《20 世纪中国土司制度研究的理论与方法》，《思想战线》2002 年第 5 期，第 100 页。

41 云南西北部也有设置土司，主要属于军事性质。

42 帝国官员的品秩主要是根据该职位的权威与职责而定，品之内又分有正与从，在九品制度当中，最高一级的是正一品，最低一级的是从九品。

43 《元史》卷一百〇三，2635 页；卷二十六，《云南史料丛刊》（第二卷），第 503 页。

44 《元史》卷一百〇三，2635 页。

45 关于元朝时期的段氏家族，参见方慧：《大理总管段氏世次年历及其与蒙元政权关系研究》。

46 云南王驻在大理，而梁王驻在昆明。云南王从 1330 年开始居住在昆明，这暗示着段氏已控制大理地区。此外，其他"诸王"或者驻于大理，或驻于云南。总合起来，元朝时期共有二十七位王侯待过云南。参见夏光南：《元代云南史地丛考》，第 68—71 页；辛法春：《明沐氏与中国云南之开发》，台北：文史哲出版社，1985 年，第 8—9 页。

47 自从 1330 年代以降，梁王实际是是云南真正的蒙古统治者，梁王的宫廷取代了云南行省。

48 关于蒙古以及穆斯林移民，或可参见夏光南：《元代云南史地丛考》，第 43—60 页。今日，云南许多回民都自称是赛典赤·瞻思丁的后代。

49 关于穆斯林商队，或可参见 Andrew Forbes and David Henley, 1997.

50 《南诏野史》，《云南史料丛刊》（第四卷），第 798 页。方慧：《大理总管段氏世次年历及其与蒙元政权关系研究》，第 105 页。

51 《南诏野史》，《云南史料丛刊》（第四卷），798 页。

52 《土官底簿·云南土官》，《云南史料丛刊》（第五卷），第 387 页。段保被任命为云龙土知州。

53 谈迁：《国榷》卷七，《云南史料丛刊》（第五卷），第 10 页。

54 卫所制度基本上是依循蒙古人的万户—千户制度而成。

55 陆韧：《变迁与交融：明代云南汉族移民研究》，昆明：云南教育出版社，2001 年，第 13 页。

56 朱元璋是中国历史上最多疑的皇帝之一。帮助朱元璋践祚的重要将领功臣，几乎都遭到处决或被各种方式逼死。

57 《明史》卷一百二十六，《云南史料丛刊》（第三卷），第 390 页。

58 《明史》卷一百二十六，《云南史料丛刊》（第三卷），第 390 页。《明太祖实录》卷二百五十八，《云南史料丛刊》（第四卷），第 18 页。

59 《明史》卷一百二十六，《云南史料丛刊》（第三卷），第 389—394 页。

60 沐家有时会直接将军户开垦的土地纳入自家庄园，一份 1529 年的史料显示，云南有六个卫的士兵都变成沐家的私人劳力。《明世宗嘉靖实录》，卷九十八。

61 《明史》卷一百二十六，《云南史料丛刊》（第三卷），第 391 页。

62 王毓铨：《明黔国公沐氏庄田考》，存粹学社编集：《明代社会经济史论集》（第二集），香港：崇文书局，1975 年，第 116 页。

63 王毓铨：《明黔国公沐氏庄田考》，第 117 页。

64 王毓铨：《明黔国公沐氏庄田考》，第 118 页。"顷"为中国王朝时代的面积单位，一顷等于一百亩，不过顷的大小随着时代而有改变。现代的一"亩"为 0.0667 公顷。

65 陆韧：《变迁与交融：明代云南汉族移民研究》，第 128—129 页。

66 邓溪：《南中奏牍》。参见陆韧：《变迁与交融：明代云南汉族移民研究》，第 127 页。

67 《明熹宗实录》卷四十九、五十八，《云南史料丛刊》（第四卷），第 94 页。

68 《明史》卷一百十八，《云南史料丛刊》（第三卷），第 387 页；卷一百二十六，《云南史料丛刊》（第三卷），第 391 页。

69 《明史》卷一百二十六，《云南史料丛刊》（第三卷），第 392 页。

70 《明史》卷一百二十六，《云南史料丛刊》（第三卷），第 389—393 页。辛法春：《明沐氏与中国云南之开发》，第 77—220 页。

71 《明史》卷一百二十六，《云南史料丛刊》（第三卷），第 389—393 页。关于云南的沐家，亦可参见方国瑜：《明镇守云南沐氏事迹》，《云南史料丛刊》（第三卷），第 685—691 页。张履程：《明黔宁王沐氏世袭事略》，《云南史料丛刊》（第三卷），第 691—695 页。

72 明代的"总督"只是临时的职位，例如在出兵时派任；到了清代，总督才变成常任。

73 关于云南卫所之讨论，参见《方国瑜文集》（第三辑），第 314—318 页。
   陆韧：《变迁与交融：明代云南汉族移民研究》，第 40—41 页。

74 《明会典》卷十八，《云南史料丛刊》（第三卷），第 705 页。上述的比率
   和数字会随地方不同而有差异。

75 陆韧：《变迁与交融：明代云南汉族移民研究》，第 45 页。

76 设立贵州省的原因并不清楚，短期考量可能是为明代在云南南方边境的
   军事活动巩固补给线；再者，云南范围太大，难以管理，将它分为两个
   部分也有助于限制沐家的势力。

77 《元史》卷二十六，《云南史料丛刊》（第二卷），第 503 页。

78 《元史》卷二十六，《云南史料丛刊》（第二卷），第 504 页。

79 《元史》卷二十六，《云南史料丛刊》（第二卷），第 505 页。

80 《元史》卷二十六，2635 页。

81 John E. Herman, 1997, p. 50. 断代史书或可支援赫尔曼的论点，《元史》
   当中没有任何一卷是专为土酋土司所立，《明史》里则有十卷是土司的
   传记。

82 《元史》卷三百十三，《云南史料丛刊》（第三卷），第 436 页。

83 在 1397 至 1530 年间，土司与土官都受到兵部的监督。

84 龚荫：《中国土司制度》，昆明：云南民族出版社，1992 年，第 460—461 页。
   关于明代的土司，亦可参见江应樑：《明代云南境内的土官与土司》，昆
   明：云南人民出版社，1958 年。

85 龚荫：《中国土司制度》，第 58—61 页。

86 龚荫：《中国土司制度》，第 65—66 页。

87 《明英宗实录》卷二十七，《云南史料丛刊》（第四卷），第 49 页。关于
   土司继承的规范，亦可见《明会典》卷一百二十一，《云南史料丛刊》（第
   三卷），第 729—732 页。

88 《明会典》卷一百二十一，《云南史料丛刊》（第三卷），第 729—730。

89 《明会典》卷八，4b-5a，《影印文渊阁四库全书》（卷六百十七），台北：
   台湾商务印书馆，1983 年。

90 《明熹宗实录》卷二百七十三，《云南史料丛刊》（第四卷），第 52 页。

91 《明会典》卷一百二十一，《云南史料丛刊》（第三卷），第 730 页。

92 《明武宗实录》卷七、一百七十八，《云南史料丛刊》（第四卷），第 52 页。

93 《明世宗实录》卷一百十二，《云南史料丛刊》（第三卷），第 56 页。

94 《明会典》卷一百二十一，《云南史料丛刊》（第三卷），第 730 页。

95 《明会典》卷一百二十一，《云南史料丛刊》（第三卷），第 731 页。

96 《明史》卷三百十三，《云南史料丛刊》（第三卷），第 443 页。

97 《土官底簿·云南土官》，《云南史料丛刊》（第五卷），第 420 页。

98 《明史》卷三百十四，《云南史料丛刊》（第三卷），第 450 页。《土官底簿·云南土官》，《云南史料丛刊》（第五卷），第 416 页。

99 《明史》卷三百十四，《云南史料丛刊》（第三卷），第 452—453 页。

100 《土官底簿·云南土官》，《云南史料丛刊》（第五卷），第 415—416 页。

101 《明史》卷三百十四，《云南史料丛刊》（第三卷），第 452 页。

102 《土官底簿·云南土官》，《云南史料丛刊》（第五卷），第 403 页。

103 《明史》卷三百十三，《云南史料丛刊》（第三卷），第 449 页。

104 《明史》卷三百十四，《云南史料丛刊》（第三卷），第 451—453 页。

105 《明史》卷三百十三，《云南史料丛刊》（第三卷），第 446 页。

106 龚荫：《中国土司制度》，第 461 页。

107 《明史》卷三百十三，《云南史料丛刊》（第三卷），第 441—442 页。

108 《明史》卷三百十三，《云南史料丛刊》（第三卷），第 440 页。

109 《明太祖实录》卷一百六十七，《云南史料丛刊》（第四卷），第 26—27 页。

110 《明宣宗实录》卷七十一，《云南史料丛刊》（第四卷），第 49 页。

111 John E. Herman, 1997.

112 关于占据武定土司世袭地位的凤氏家族，参见《方国瑜文集》（第三辑），第 559—580 页。

113 《明史》卷三百十四，《云南史料丛刊》（第三卷），第 451—453 页。《明实录》，"武定府"，《云南史料丛刊》（第四卷），第 253—255 页。

114 《明太祖实录》卷二百〇四，《云南史料丛刊》（第四卷），第 492—493 页。

115 《明太祖实录》卷二百三十九，《云南史料丛刊》（第四卷），第 493 页。

116 《明会典》卷七十八，《云南史料丛刊》（第三卷），第 720 页。《明宪宗实录》卷二百十二，《云南史料丛刊》（第四卷），第 499 页。

117 《明太祖实录》卷二百三十九，《云南史料丛刊》（第四卷），第 493 页。

118 《明太祖实录》卷二百三十九，《云南史料丛刊》（第四卷），第 493 页。

119 《明史》卷三百十四，《云南史料丛刊》（第三卷），第 454 页。

120 John E. Herman, 1997.

121 清代的云南土酋列表，见于《清史稿》卷三百〇一，第 4056—4062 页。龚荫：《中国土司制度》，第 457—742 页。

122 John E. Herman, 1997.

123 John E. Herman, 1997.

124 有关那些小土酋的列表，参见龚荫：《中国土司制度》，第 462 页。

125 龚荫：《中国土司制度》，第 113—114 页。龚荫提供的清代云南土司统计数字并不一致，273 人这个数字是根据该书 113 及 114 页（157 位土官和 80 位土司），外加 36 位低于从九品者；但是在该书 462 页处，龚荫的结论却是约 210 位土司。

126　龚荫：《中国土司制度》，第 58、61 页。龚荫在 461 页所列出的数字是
　　　332 人。

127　尤中，2001 年，517 页。

128　倪蜕辑，李埏校点：《滇云历年传》，第 581、586 页。

129　倪蜕辑，李埏校点：《滇云历年传》，第 586 页。

130　倪蜕辑，李埏校点：《滇云历年传》，第 584—589 页。

131　《清史稿》卷三百〇一，4054-4055 页。倪蜕辑，李埏校点：《滇云历年传》，
　　　第 582—585、588、608—612 页。

132　尤中，1991 年，521 页。

133　该事件可见倪蜕辑，李埏校点：《滇云历年传》，第 592—593 页。

134　关于移民以及社会的转型，请见本书第四章。

135　龚荫：《中国土司制度》，第 463 页。这 22 位土司分别在车里、耿马、陇川、
　　　干崖（盈江）、南甸、孟连、遮放、盏达、潞江、芒市（潞西）、孟卯（瑞丽）、
　　　纳楼、亏容、十二关、蒙化、景东、孟定、永宁、富州、湾甸、镇康、
　　　北胜州。

第四章　云南人的形成

1　方国瑜判断，《云南志略》大约完成于元武宗大德年间的第七或第八年。
　　参见《云南史料丛刊》（第三卷），第 121 页。

2　《云南志略》在明代时已亡佚，但许多书籍曾经引用其内容，让我们今日
　　仍得以一窥李京著作的部分内容。

3　《云南志略》该章节的全文翻译，参见 Jacqueline Misty Armijo-Hussein,
　　1996, pp. 131-149。

4　李京的描述偶尔受儒家伦理观影响而有偏差，么些人事实上并没有婚姻
　　这种概念。

5　这种作法在某些东南亚族群当中也很普遍。

6　该习俗早在南诏时期便有，《蛮书》对此有记录，明清时期仍有这种吃法，
　　一直延续到今天。

7　Jacqueline Misty Armijo-Hussein (1996) 曾经对李京和马可·波罗的记录
　　进行比较。

8　James Lee, "Migration and Expansion in Chinese History," in *Human
　　Migration: Patterns and Policies*, eds. William McNeill and Ruth S. Adams
　　(Bloomington and London: Indiana University Press, 1978), pp. 20-47.

9 关于早期文献当中"民"与"夷"的讨论,参见《方国瑜文集》(第一辑),第 316—320 页。

10 庄蹻的军事行动可参见方国瑜,2001 年,卷 1,64–71、94–100 页。

11 方国瑜,2001 年,卷 1,67、69 页。

12 关于早期中国移民云南的情况,参见《方国瑜文集》(第一辑),第 303—304 页;《方国瑜文集》(第二辑),第 80—103 页。

13 《方国瑜文集》(第一辑),第 308—309 页。

14 《华阳国志》卷四,《云南史料丛刊》(第一卷),第 257 页。

15 《方国瑜文集》(第一辑),第 311—312 页。

16 关于唐、宋时期的中国移民,参见《方国瑜文集》(第二辑),第 80—103 页。

17 《通典》卷一百八十七,《云南史料丛刊》(第一卷),第 451 页。

18 《旧唐书》卷一百〇六,《云南史料丛刊》(第一卷),第 433 页。

19 《云南史料丛刊》(第二卷),第 143—144 页。不少文人或诗人笔下曾经写到对南诏动武之事及其灾难,例如李白。

20 《太平广记》卷一百六十六,《云南史料丛刊》(第二卷),第 119—123 页。

21 《旧唐书》卷一百九十七,《云南史料丛刊》(第一卷),第 376 页。所谓"没蕃将卫景深、韩演等",他们可能是被吐蕃俘虏的唐朝将领,而后被南诏俘虏带到代云南。

22 《蛮书》,《云南史料丛刊》(第二卷),第 62 页。

23 《旧唐书》卷十七,《云南史料丛刊》(第一卷),第 357 页;《资治通鉴》卷二百四十四,《云南史料丛刊》(第一卷),第 639 页。

24 关于雍陶,参见《云南史料丛刊》(第二卷),第 152—156 页。

25 《资治通鉴》卷二百五十,《云南史料丛刊》(第一卷),第 643 页。

26 《新唐书》卷二百二十二,《云南史料丛刊》(第一卷),第 399 页。

27 关于中国史上的私人移民活动,参见 James Lee, 1978, pp. 20-47。

28 张柬之:《请罢兵戍姚州疏》,《云南史料丛刊》(第二卷),第 110 页。

29 《蛮书》,《云南史料丛刊》(第二卷),第 36 页。

30 《通典》卷一百八十七,《云南史料丛刊》(第一卷),第 451 页。

31 《通典》卷一百八十七,《云南史料丛刊》(第一卷),第 452 页。

32 关于明代的中国移民,可参见 James Lee, 1982a, pp. 279-304;江应樑:《傣族史》,成都:四川民族出版社,1983 年,第 314—322 页;陆韧:《变迁与交融:明代云南汉族移民研究》。

33 陆韧:《变迁与交融:明代云南汉族移民研究》,第 13 页。

34 陆韧:《变迁与交融:明代云南汉族移民研究》,第 13 页。另外,江应樑指出,明代兵士不会少于三十万人,参见江应樑:《傣族史》,第 315—317 页。

35 关于政府赞助的移民活动，参见陆韧：《变迁与交融：明代云南汉族移民研究》，第 69—78 页。

36 James Lee, 1982a, p. 289.

37 陆韧：《变迁与交融：明代云南汉族移民研究》，第 136—137 页。

38 James Lee, 1982b, p. 715.

39 James Lee, 1982a, p. 285.

40 汉人移民的来源纷繁，见 James Lee, 1982a, p. 290。

41 James Lee, 1982a, pp. 290-291.

42 《后汉书》卷八十六，《云南史料丛刊》（第一卷），第 57 页；《华阳国志》卷十，《云南史料丛刊》（第一卷），第 276 页。

43 《通典》卷一百八十七，《云南史料丛刊》（第一卷），第 452 页。

44 《蛮书》，《云南史料丛刊》（第二卷），第 49 页；李京：《云南志略》，《云南史料从丛刊》（第三卷），第 128 页。

45 James Lee, 1982b, pp. 717-720.

46 《云南志》卷二，《云南史料丛刊》（第六卷），第 126 页。

47 《云南志》卷二，《云南史料丛刊》（第六卷），第 108 页。这 17 个卫分别是云南左卫、云南右卫、云南中卫、云南前卫、云南后卫、大理卫、临安卫、曲靖卫、景东卫、楚雄卫、洱海卫、平夷卫、越州卫、蒙化卫、六凉卫、大罗卫；3 个军民指挥使司分别是金齿、澜沧、腾冲军民指挥使司；6 个守御千户所则是宜良、易门、安宁、马龙、杨林堡、木密关守御千户所。

48 《云南志》，《云南史料丛刊》（第六卷），第 122—124 页。

49 《云南通志》，《云南史料丛刊》（第六卷），第 580—594 页。总计在主要的城市里，共有 173 座"屯仓"和 38 座"城仓"；《方国瑜文集》（第三辑），第 246—248 页。

50 陈庆江：《明代云南县级政区治所的城池》，方铁主编：《西南边疆民族研究》（第 1 辑），昆明：云南大学出版社，2001 年，第 447—467 页。

51 《云南图经志书》卷一，《云南史料丛刊》（第六卷），第 7 页。

52 陆韧：《变迁与交融：明代云南汉族移民研究》，第 151—152 页。

53 《云南志》卷二，《云南史料丛刊》（第六卷），第 126 页。

54 《云南志》卷二，《云南史料丛刊》（第六卷），第 126 页。

55 《明太祖实录》卷一百八十七，《云南史料丛刊》（第四卷），第 155 页。

56 陆韧：《变迁与交融：明代云南汉族移民研究》，第 183—184 页。

57 《云南志》卷二，《云南史料丛刊》（第六卷），第 129 页。

58 《云南志》卷二，《云南史料丛刊》（第六卷），第 129 页。

59 《安宁州志》（康熙本），卷 2，12b 页。

60 《楚雄府志》（康熙本），卷 2，25a、32b 页。

61 《云南志》，《云南史料丛刊》（第六卷），第 103—516 页。此为笔者所计算。

62 《云南志》卷二，《云南史料丛刊》（第六卷），第 130 页。

63 陆韧：《变迁与交融：明代云南汉族移民研究》，第 189 页。

64 《云南志》卷二，《云南史料丛刊》（第六卷），第 129—130 页。

65 《云南志》卷二，《云南史料丛刊》（第六卷），第 130 页。

66 《云南志》卷二，《云南史料丛刊》（第六卷），第 122—232 页。

67 《何文简疏议》卷八，《云南史料丛刊》（第五卷），第 338 页。

68 徐弘祖著，朱惠荣校注：《徐霞客游记校注》，昆明：云南人民出版社，1985 年，第 770 页。在徐霞客抵达之际，"哨"已不复存在，过去军哨的兵士可能被吸收到地方社会之中。

69 此情况在多数清代地方志当中都很明显，例子可见《陆凉州志》（1844 年）、《邓川州志》（1853 年）与《马龙州志》（1723 年）。

70 《寻甸府志》（嘉靖本），上海：上海古籍书店，1963 年，卷 1，5b-7a 页。平民村落的数量是 39 个，军屯村落的数量为 21 个。

71 《陆凉州志》（1844 年），卷 1，15a-18b 页。

72 James Lee, 1982b, p. 715。现在云南耕地约为四千三百万亩，参见云南民族学院编：《云南》，昆明：云南教育出版社，1999 年，第 5 页。

73 参见《方国瑜文集》（第三辑），第 250 页。

74 《景栋府志》（1732 年）卷二。

75 Richard Von Glahn, 1987.

76 吴大勋：《滇南见闻录》，《云南史料丛刊》（第十二卷），第 17—18 页。

77 《明史》卷一百二十六，《云南史料丛刊》（第三卷），第 390 页。

78 《明史》卷一百二十六，《云南史料丛刊》（第三卷），第 390 页。

79 《元史》卷一百，《云南史料丛刊》（第二卷），第 643 页。一"双"大约等于五亩。

80 《云南志》卷二，《云南史料丛刊》（第六卷），第 126 页。

81 《元史》卷一百，《云南史料丛刊》（第三卷），第 644 页。

82 《云南志》卷四，《云南史料丛刊》（第六卷），第 148 页。

83 《云南志》卷一，《云南史料丛刊》（第六卷），第 109 页。

84 《云南通志》卷六，《云南史料丛刊》（第六卷），第 559、580 页。

85 周嘉谟：《清理庄田册疏》，《云南史料丛刊》（第四卷），第 669 页。

86 赵子元：《赛平章德政碑》，《云南史料丛刊》（第三卷），第 267 页。

87 关于洱海的灌溉建设与环境冲击，参见 Mark Elvin, Darren Crook, Shen Ji, Richard Jones, and John Dearing, "The Impact of Clearance and Irrigation on the Environment in the Lake Erhai Catchment from the

Ninth to the Nineteenth Century," *East Asia History* 23, no. 1 (2002): pp. 1-60.

88　《云南图经志书》卷一，《云南史料丛刊》(第六卷)，第 6 页。"里""尺""丈"是长度单位，10 尺等于 1 丈，150 丈等于 1 里。尺的实际长度随时代而有别，明代的时候，1 尺大约是 25 公尺。

89　陈文：《南坝闸记》，刘文征撰，古永继校点：《滇志》，昆明：云南教育出版社，1991 年，第 634 页。《滇志》里有好几篇文章都在谈灌溉建设。

90　《云南志》卷二，《云南史料丛刊》(第六卷)，第 125 页。

91　《陆凉州志》(1844) 卷五。

92　《明宣宗实录》卷八十四，《云南史料丛刊》(第四卷)，第 115—116 页。

93　陆韧：《变迁与交融：明代云南汉族移民研究》，第 258—260 页。

94　《明会典》卷二十四，《云南史料丛刊》(第三卷)，第 708 页。"石"是重量单位，1 石有 120 斤，1 斤大约 500 公克。

95　《明会典》卷二十四，《云南史料丛刊》(第三卷)，第 708 页。

96　《云南通志》卷六，《云南史料丛刊》(第六卷)，第 559 页。1578 年的数字是小麦 35567 石、稻米 107123 石；到 1632 年时数量有些微增长，小麦 37716 石、稻米 111073 石，参见刘文征撰，古永继校点：《滇志》，第 212 页。

97　之所以在此处强调儒家教育，是因为它可以被衡量，而且它是"文以化之"举措的关键部分；但是，我并不认为儒家文化就等同于汉文化。确实有很多中国的非儒家文化体制和习俗在云南落地生根。例如颇流行于云南部分山区的河神或水神崇拜，李中清指出，这一定是来自长江流域的移民所引入的；明清时期中国式佛教的传播，也是一种"主宰"土著宗教基础建设的方式。

98　赵子元：《赛平章德政碑》，《云南史料丛刊》(第三卷)，第 266—267 页。

99　郭松年：《创建中庆路大成庙碑记》，《云南史料丛刊》(第三卷)，第 275—276 页。

100　《元史》卷一百六十七，《云南史料丛刊》(第二卷)，第 563 页。

101　《元史》卷三十二，《云南史料丛刊》(第二卷)，第 644 页。

102　支渭兴：《中庆路增置学田记》，《云南史料丛刊》(第三卷)，第 277 页。

103　支渭兴：《中庆路增置学田记》，《云南史料丛刊》(第三卷)，第 277 页。

104　《元史》卷三十二，《云南史料丛刊》(第二卷)，第 644 页。

105　刘文征撰，古永继校点：《滇志》，第 275 页；《南诏野史》，《云南史料丛刊》(第四卷)，第 771 页。

106　查继佐：《罪惟录》，卷 26，5a 页。

107　《云南图经志书》，《云南史料丛刊》(第六卷)，第 1—102 页。

108　《明太宗实录》卷一百二十六、一百四十九、一百八十五、一百九十七,《云南史料丛刊》(第四卷),第 495 页。

109　木芹、木霁弘:《儒学与云南政治经济的发展及文化转型》,昆明:云南大学出版社,1999 年,第 92 页。

110　《云南史料丛刊》(第四卷),第 492—495 页。

111　刘文征撰,古永继校点:《滇志》,第 285、323、326 页。

112　刘文征撰,古永继校点:《滇志》,第 275—333 页。

113　一般来说,书院是由地方官所推动促成并提供场地。

114　刘文征撰,古永继校点:《滇志》,第 275—333 页。这个数目并不齐全,《新纂云南通志》中则列出 65 所书院。

115　《明太宗实录》卷二百〇三、二百〇四,《云南史料丛刊》(第四卷),第 492—493 页。

116　谢肇淛:《滇略》卷九,《云南史料丛刊》(第六卷),第 778 页。

117　刘文征撰,古永继校点:《滇志》,第 767 页。

118　《云南图经志书》卷一,《云南史料丛刊》(第六卷),第 16 页。

119　《明会典》卷七十七,《云南史料丛刊》(第三卷),第 719 页。

120　《请加额解疏》,刘文征:《滇志》,第 767—768 页。

121　《明史》卷一百九十二。

122　《元史》卷一百二十五,《云南史料丛刊》(第二卷),第 556—557 页。

123　《中庆路学讲堂记》,《云南史料丛刊》(第三卷),第 277—278 页。

124　《为美县尹王君墓志铭》,《云南史料丛刊》(第三卷),第 331 页。

125　《元宣慰使止庵王公墓志铭》,《云南史料丛刊》(第三卷),第 331—332 页。

126　《元史》卷一百六十七,《云南史料丛刊》(第二卷),第 563 页。

127　《云南图经志书》卷二,《云南史料丛刊》(第六卷),第 36 页。

128　《邓川州志》(1853 年本),卷 15,〈艺文志〉。

129　《云南通志》,卷 2。

130　《云南志》卷三,《云南史料丛刊》(第六卷),第 138 页。

131　《楚雄府志》(1568 年本),《日本藏中国罕见地方志丛刊》,北京:书目文献出版社,1992 年,第 42 页。根据这部地方志的内容,鄂嘉县城很有可能没建城墙,此事显示县令将何等心力放在教育方面。

132　《云南通志》,卷 3。

133　刘文征撰,古永继校点:《滇志》,第 998 页。

134　《蒙自县志》(1791 年本),卷 5,37a 页。

135　Francis L. K. Hsu, *Under the Ancestors' Shadow* (Stanford, Calif.: Stanford University Press, 1971).

136 刘文征撰，古永继校点：《滇志》，第 995 页。

137 刘文征撰，古永继校点：《滇志》，第 977 页。

138 方国瑜：《云南史料目录概说》，北京：中华书局，1984 年，第 1162 页。

139 徐弘祖著，朱惠荣校注：《徐霞客游记校注》，第 964—966 页。

140 《明史》卷三百十四，《云南史料丛刊》（第三卷），第 454 页。

141 刘昆：《南中杂说》，《云南史料丛刊》（第十一卷），第 355 页。

142 刘文征撰，古永继校点：《滇志》，第 520 页；至于高鹍，亦可参见《滇
     略》，《云南史料丛刊》（第六卷），第 713 页。

143 《邓川州志》，卷 12，15a-b 页。阿钰的本名为"荣宗"（Rongzong），
     意思是荣耀祖宗，反映出儒家价值的影响。

144 《邓川州志》，卷 12，15b-16a 页。

145 刘健：《庭闻录》，《云南史料丛刊》（第八卷），第 392—393 页。

146 刘文征撰，古永继校点：《滇志》，第 538 页。

147 刘文征撰，古永继校点：《滇志》，第 538 页。在上述两个案例中，土
     著女性保卫自己土地的程度确实高过保卫明朝的疆土，但是在明代的
     儒家观念之下她们成为忠于帝国政府的形象，而且还受到朝廷奖赏。

148 《腾越州志》（1790 年本），《中国方志丛书》（第 41 册），台北：成文出版社，
     1967 年，第 50a-56 页。

149 刘文征撰，古永继校点：《滇志》，第 520 页。

150 《邓川州志》，卷 12，5a-6b。

151 刘文征撰，古永继校点：《滇志》，卷 15，538 页。

152 关于明清时期贞节族群妇女的整体介绍，参见沈海梅：《明清云南妇女
     生活研究》，昆明：云南教育出版社，2001 年，第 245—262 页。

153 刘文征撰，古永继校点：《滇志》，第 528—529、536、538—539 页。
     考虑地点，前述案例显然不属于白人。确实，考量其姓名与位置所在，
     《滇志》当中的白人贞洁女性数量似乎较多，此事无须惊异，因为白人
     是受汉文化影响最深的族群。

154 《永昌府志》（1885 年本），1-6，卷 57，2a 页。

155 张履程：《彩云百咏》，《云南史料丛刊》（第八卷），第 46—47 页。

156 《滇略》卷四，《云南史料丛刊》（第六卷），第 695—696 页。

157 《永昌府志》（1885 年本），保山辅文馆重印于 1936 年。

158 Francis L. K. Hsu, 1971, p. 17.

159 H. R. Davies, *Yün-nan: The Link Between India and the Yangtze*
     (Cambridge: Cambridge University Press, 1909), pp. 367-369.

160 Yü Ying-Shih, 1967, pp. 202-215. 何炳棣在他近年的论文《捍卫华化：
     驳斥罗友枝的〈再观清代〉》（"In Defense of Sinicization: A Rebuttal

of Evelyn Rawski's 'Reenvisioning the Qing'"）当中，也以长时期的取径详审这个激辩中的议题，该文章生动地阐述了中国史上的文化互动交流。关于"汉化 / 华化 / 中国化"的论辩，参见 Evelyn S. Rawski, "Reenvisioning the Qing: The Significance of the Qing Period in Chinese History," *Journal of Asian Studies* 55, no. 4 (1996): pp. 829-850；Ho Ping-Ti, "In Defense of Sinicization: A Rebuttal of Evelyn Rawski's 'Reenvisioning the Qing,'" *Journal of Asian Studies* 57, no. 1 (1998), pp. 123-155。

161 何炳棣则较为偏好使用"中亚化"（Central-Asianization）或"西亚化"（Western-Asianization）等词，因为他的讨论主要关注于北方边疆。Ho Ping-Ti, 1998, p. 134.

162 Yü Ying-Shih, 1967, pp. 212-213.

163 《汉书》，卷94，1226—1227 页。

164 关于中行说，事见《汉书》，卷94，1228—1229 页；Yü Ying-Shih, 1967, pp. 37-38。

165 陆韧：《变迁与交融：明代云南汉族移民研究》。

166 陆韧：《变迁与交融：明代云南汉族移民研究》，第 145 页。

167 陆韧：《变迁与交融：明代云南汉族移民研究》，第 145—146 页。

168 《方国瑜文集》（第三辑），第 318—319 页。方国瑜指出，有很多土著风俗传播开来，而且有许多汉人被吸收到土著社会之中。

169 《通典》卷一百八十七，《云南史料丛刊》（第一卷），第 452 页。

170 方国瑜：《中国西南历史地理考释》，第 1132 页。

171 下文的部分，作者会采用明代和清代史料来呈现"土著化"历程，其中关键因素是由于明代仅有少数文献堪用；再者，若土著习俗的证据存在于清代，它们在明代自然存在。

172 《滇略》卷四，《云南史料丛刊》（第六卷），第 698 页。

173 《鹤庆州志》（1894 年本）卷五，台北：台湾学生书局，1969 年，第 153 页。

174 James Lee, 1982b, pp. 711-746.

175 《元史》卷一百二十五，《云南史料丛刊》（第二卷），第 557 页。

176 《滇略》卷四，《云南史料丛刊》（第六卷），第 695 页。

177 《滇略》卷四，《云南史料丛刊》（第六卷），第 697 页。

178 《大理府志》，康熙本，1b 页。

179 《云南图经志书》卷六，《云南史料丛刊》（第六卷），第 93 页。

180 《蒙化府志》（康熙本），卷 1；参见《方国瑜文集》（第三辑），第 318 页；城镇地区的汉人和山区"蛮夷"一样穿戴青色头巾与羊皮。

181 谢肇淛：《滇略》，《云南史料丛刊》（第六卷），第 700 页。

182 《蒙自县志》（1791年本），卷2，39b页。据记载，吃生食是古代人认为的健康作法，"亦古人鲜食之道也"，所以这种吃法不但不被认为是野蛮，反而因为有其古代渊源而获得正当性。

183 Charles Patterson Giersch, 1998, p. 112.

184 谢肇淛：《滇略》，《云南史料丛刊》（第六卷），第697—698页。

185 刘文征撰，古永继校点：《滇志》，第549—554页。

186 《蒙自县志》（1791年本），卷3，2a—3b页。

187 《蒙自县志》（1791年本），卷5，37a。

188 例子可见谢肇淛的《滇略》和《永昌府志》，1885本，1—6页。后者将其记录于卷五十八，当中收录许多土著字词并将它们分作十九个类别。

189 "夷娘汉老子"这句话在今日云南及贵州的村庄还是经常能听到，当地村民认知自己是明代军人的后嗣。

190 徐弘祖著，朱惠荣校注：《徐霞客游记校注》，第938页。

191 《腾越州志》（1791年本），卷2，18a。

192 这些群体或者会被邻居称为"老汉人"，因为他们保持着明代的风尚，这在中国其他地方都已经看不到了。

193 Charles Patterson Giersch, "A Motley Throng: Social Changes on Southwest China's Early Modern Frontier, 1700-1880," *Journal of Asian Studies* 60, no. 1 (2001): p. 217.

194 Charles Patterson Giersch, 2001, pp. 36, 52; H. R. Davies, 1970, p. 28.

195 中国方面的史料表示莽应里是莽瑞体的儿子，但是姚枏认为莽应里是莽瑞体的连襟。《缅王莽瑞体莽应里辨》，姚枏、许钰编译：《古代南洋史地丛考》，香港：商务印书馆，1958年，第39—46页。

196 岳凤之事见于《明史》卷二百四十七，《云南史料丛刊》（第三卷），第415—417页;《明史》卷三百十四、三百十五《云南史料丛刊》（第三卷），第467、470—471页;《万历野获编》卷三十,《云南史料丛刊》（第五卷），第181—182页。

197 《万历野获编》卷三十，《云南史料丛刊》（第五卷），第181—182页。

198 兰陵笑笑生原著，白维国、卜键校注：《金瓶梅词话校注》，长沙：岳麓书社，1995年，第447页。

199 谢肇淛撰，郭熙途校点：《五杂组》，沈阳：辽宁教育出版社，2001年，第256页。

200 以下为安东尼·瑞德（Anthony Reid）著作之摘要，见 Anthony Reid, 1988, 146-151。

201 Anthony Reid, 1988, p. 149.

202 Anthony Reid, 1988, pp. 149-150.

203 这种工具已经改良成现代版，在台湾和香港可以买得到。

204 汪宁生：《佤山汉族矿工族群认同的改变》，中央民族大学民族学与社
会学学院、中央民族大学中国少数民族研究中心编：《中国民族学纵横》，
北京：民族出版社，2003 年，第 189—200 页。

205 参见《方国瑜文集》（第三辑），第 588 页。

206 以上为施传刚著作的摘要，见于 Shih Chuan-Kang, "Genesis of
Marriage among the Moso and Empire-Building in Late Imperial
China," *The Journal of Asian Studies* 60, no.2 (2001): pp. 381-412.

207 George Rogers Taylor, 1972, p. 3.

208 Richard White, *The Middle Ground: Indians, Empires, and Republics in
the Great Lakes Region, 1650-1815* (Cambridge: Cambridge University
Press, 1991).

209 Charles Patterson Giersch, 1998. 关于世界体系观点之讨论，请见本书
导论与第六章。

210 Daniel Herman, "Romance on the Middle Ground," *Journal of the Early
Republic* 19, no. 2 (1999): pp. 279-291.

211 Richard Von Glahn, 1987.

212 引人兴趣的是，即便积极进取如鄂尔泰，他本人并不赞同将所有土司
移置到中原并没收其武器的激进意见；鄂尔泰了解土著社会的社会根
基无法轻易清除或改变，虽然他废除了自身辖下的许多土司土酋；与
此同时，他还在边境地带设置了小土司。因此，无论是废除土司还是
创建土司，这都是促进朝廷控制与渗透边疆的方法，不同只在于时机
而已。

213 Daniel Herman, 1999, p. 288.

214 陆韧：《变迁与交融：明代云南汉族移民研究》，第 238 页。

215 《云南志》卷二，《云南史料丛刊》（第六卷），第 127 页。

216 《云南通志》卷七，《云南史料丛刊》（第六卷），第 579—594 页。

217 《明世宗实录》卷九十八，《云南史料丛刊》（第四卷），第 81 页。

218 明代史料见于《云南史料丛刊》（第四卷），第 116—118 页。

219 李元阳：《李中溪全集》（第五卷），昆明：云南图书博物馆，1913 年，
第 25 页。

220 《明英宗实录》卷一百九十二，《云南史料丛刊》（第四卷），第 498 页。

221 陆韧：《变迁与交融：明代云南汉族移民研究》，第 309 页。

222 James Lee, 1982a, p. 292.

223 下文为周振鹤《明代云南区域文化地理》一文（第 324—348 页）的摘要。

参见《明代云南区域文化地理》，周振鹤主著：《中国历史文化区域研究》，上海：复旦大学出版社，1997年，第324—359页。

224　临安在清代时期又更加华化，十八世纪末年的徐铎曾经如此描述临安：
"阿㜷三千皆稼穑，土司十二尽衣冠。"参见江浚源编：《临安府志》（1799年本），卷19，《艺文》6，《七言古》。

225　张萱：《西园闻见录》，《云南史料丛刊》（第五卷），第210—211页。

226　《明太宗实录》卷三十二，《云南史料丛刊》（第四卷），第494页。

227　《明史》卷一百九十八。关于杨一清此人，亦可见《云南史料丛刊》（第七卷），第271—277页。

228　《明史》卷二百二十四。

229　《明史》卷二百六十二。

230　邓凯：《也是录》，《云南史料丛刊》（第四卷），第725页。

231　费孝通：《中华民族的多元一体格局》；费孝通：《我的民族研究经历和思考》，马戎、周星主编：《中华民族凝聚力的形成与发展》，北京：北京大学出版社，1999年，第1—17页。

232　谭其骧：《中国文化的时代差异和地区差异》，复旦大学历史编：《中国传统文化的再估计》，上海：上海人民出版社，1987年，第23—42页。

233　谭其骧：《中国文化的时代差异和地区差异》。

234　Tim Oakes, "China's Provincial Identities: Reviving Regionalism and Reinventing 'Chineseness,'" *The Journal of Asian Studies* 59, no.3 (2000): pp. 667-692.

235　Tim Oakes, 2000, p. 684.

236　魏源：《圣武记》，北京：中华书局，1984年，第93页。

237　杨慎：《论民》，见《升庵全集》（1795年本），48页，6b—9a页。参照 James Lee, 1982a, p. 292。李中清引用的《升庵全集》版本作者未能找到，故译文无法核对。

238　谢肇淛撰，郭熙途校点：《五杂组》，第77页。

239　Davies 1909, p. 368.

240　Davies 1909, p. 369.

第五章　白银、贝币与铜政：云南的经济转型

1　金正耀：《晚商中原青铜的矿料来源研究》；李晓岑：《商周中原青铜器矿料来源的再研究》，《自然科学史研究》1993年第3期。

2　《汉书》卷二十四，《云南史料丛刊》（第一卷），第39页。

3 《后汉书》卷八十六，《云南史料丛刊》（第一卷），第 57 页；《华阳国志》卷四，《云南史料丛刊》（第一卷），第 252 页。

4 《华阳国志》卷四，《云南史料丛刊》（第一卷），第 252 页。

5 《华阳国志》卷四，《云南史料丛刊》（第一卷），第 254 页。

6 《太平御览》卷八百十三，《云南史料丛刊》（第一卷），第 205 页。

7 《蛮书》卷七，《云南史料丛刊》（第二卷），第 67 页。

8 《蛮书》卷七，《云南史料丛刊》（第二卷），第 66 页。

9 云南省文物工作队：《大理崇圣寺三塔主塔的实测与清理》，大理白族自治州王陵调查课题组编：《二十世纪大理考古文集》，昆明：云南民族出版社，2003 年，第 471—499 页。

10 《蛮书》卷八，《云南史料丛刊》（第二卷），第 73 页。

11 《元史》卷四十二，《云南史料丛刊》（第二卷），第 647 页。

12 《元史》卷九十四，1596 页。

13 全汉昇：《明清时代云南的银课与银产额》，《新亚学报》第 11 卷（1976 年），第 62 页。

14 《马可波罗行纪云南行纪》，《云南史料丛刊》（第三卷），第 142 页。

15 《马可波罗行纪云南行纪》，《云南史料丛刊》（第三卷），第 147 页。

16 宋应星著，钟广言注释：《天工开物》，广州：广东人民出版社，1976 年，第 343—344 页。

17 《明英宗实录》卷二百九十，李春龙主编：《云南史料选编》，昆明：云南民族出版社，1998 年，第 535 页。

18 全汉昇：《明代的银课与银产业》，《新亚书院学术年刊》第 9 期（1967 年），第 245—267 页。

19 全汉昇：《明代的银课与银产业》。

20 James Lee, "State-Regulated Industry in Qing China, The Yunnan Mining Industry: A Regional Economic Cycle, 1700-1850," paper presented at the 1984 Conference on Spatial and Temporal Trends and Cycles in Chinese Economic History, 980-1980, sponsored by the ACLS and SSRC, at Bellagio, Italy, August 17-23, 1984, p. 3. 参见 Jacqueline Misty Armijo-Hussein, 1996, p. 179.

21 《明史》卷三百十四，《云南史料丛刊》（第三卷），第 454 页。

22 《明史》卷三百十四，《云南史料丛刊》（第三卷），第 454 页。

23 John Deyell, 1994.

24 John Deyell, 1994, p. 119.

25 《云南史料丛刊》卷四，第 126—128 页。

26 Richard Von Glahn, *Fountain of Fortune: Money and Monetary Policy*

in China, 1000-1700 (Berkeley, Los Angeles, and London: University of
California Press, 1996), p. 1.

27 Von Glahn, 1996, p. 7.

28 Von Glahn, 1996, p. 8.

29 U. Thakur, "A Study in Barter and Exchange in Ancient India," *Journal
of Economic and Social History of the Orient* 15, no. 1 (1972): pp. 297-
315.

30 撒库尔（U. Thakur）断定，在十一、十二世纪之前，以物易物乃是印
度地区的主要交易体制。以物易物在云南存在的时间更长久，宋代中国
与大理之间的贸易即可反映此事；直到十八世纪贝币停止流通之前，铜
钱并不是云南市场的主宰者，甚至到十九、二十世纪时，以物易物依然
是云南对外贸易的流行作法。参见 U. Thakur, 1972。

31 关于海贝在东亚地区的传播，参见 Namio Egami, "Migration of Cowrie-
Shell Culture in East Asia," *Acta Asiatica* no. 26 (1974): pp. 1-52。

32 从事奴隶贸易活动时使用贝币及海贝的优点，参见 Jan Hogendorn
and Marion Johnson, *The Shell Money of the Slave Trade* (Cambridge:
Cambridge University Press, 1986)。

33 James Heimann, "Small Change and Ballast: Cowry Trade and Usage as
an Example of Indian Ocean Economic History," *South Asia: Journal of
South Asian Studies* 3, no. 1 (1980): p. 56.

34 郑和的船队曾经数度造访马尔代夫。参见 Roderich Ptak, "The Maldive
and Laccadive Islands (Liu-shan 溜山) in Ming Records," *Journal of the
American Oriental Society* 107, no. 4 (1987): pp. 675-694。

35 杨寿川：《贝币研究：中原与云南用海贝作货币的历史考察》，杨寿川编
著：《贝币研究》，昆明：云南大学出版社，1997 年。

36 主流意见对贝币的运用时期，有春秋时代晚期、战国时代、秦汉时期乃
至九世纪等各种看法。参见杨寿川编著：《贝币研究》。

37 Michele Pirazzoli-t'Serstevens, 1992, p. 49.

38 Hans Ulrich Vogel, "Cowry Trade and Its Role in the Economy of
Yunnan: From the Ninth to the Mid-Seventeenth Century (Part I),"
Journal of the Economic and Social History of the Orient 36, no. 3 (1993):
pp. 246-247.

39 在 2003 年度亚洲研究学会（AAS）大会中，有一场关于中国考古学的
研讨会，江西新干的晚商时期遗址里也有发现海贝，考量距离问题之后，
这些海贝推测应是来自太平洋；不过，江西、四川、云南地区的海贝有
哪些相似处，目前尚不清楚。

40 Paul Pelliot, *Notes on Marco Polo* (Paris: Imprimerie Nationale, 1959), pp. 531-563.

41 方国瑜：《云南史料目录概说》，第 2 页；《方国瑜文集》（第二辑），第 373—375 页。

42 Hans Ulrich Vogel, 1993, p. 220.

43 李京：《云南志略》，《云南史料丛刊》（第三卷），第 128 页。

44 李京：《云南志略》，《云南史料丛刊》（第三卷），第 130 页。

45 《元史》卷一百二十六，《云南史料丛刊》（第二卷），第 557 页。

46 《元史》卷九，《云南史料丛刊》（第二卷），第 489 页。

47 《元史》卷九十四，第 1595—1596 页。

48 《元史》卷一百七十六，《云南史料丛刊》（第二卷），第 598 页。

49 参见方慧：《从金石文契看元明及清初云南使用贝币的情况》，杨寿川编著：《贝币研究》，第 149—150 页。

50 《元典章》卷二十，参见方慧：《从金石文契看元明及清初云南使用贝币的情况》，第 151 页。

51 《元史》卷二十一，《云南史料丛刊》（第二卷），第 500 页。

52 《明宪宗实录》卷二百二十二，《云南史料丛刊》（第四卷），第 163 页。

53 《明太祖实录》卷二百四十一，《云南史料丛刊》（第四卷），第 162 页。

54 《明太宗实录》卷十六，《云南史料丛刊》（第四卷），第 162 页。

55 《云南史料丛刊》（第七卷），第 292—294 页。

56 方慧：《从金石文契看元明及清初云南使用贝币的情况》，第 132 页。

57 李家瑞：《古代云南用贝的大概情形》，杨寿川编著：《贝币研究》，第 110—111 页；方慧：《从金石文契看元明及清初云南使用贝币的情况》，第 133—134 页。

58 《明英宗实录》卷三十五，《云南史料丛刊》（第四卷），第 162 页。

59 《明英宗实录》卷六十八，《云南史料丛刊》（第四卷），第 162 页。

60 《明太宗实录》卷一百十六，《云南史料丛刊》（第四卷），第 162 页。

61 李家瑞：《古代云南用贝的大概情形》，第 112 页。

62 倪蜕辑，李埏校点：《滇云历年传》，第 588 页。

63 Hans Ulrich Vogel, 1993, p. 319.

64 《明世宗实录》卷四百二十一，《云南史料丛刊》（第四卷），第 163 页。

65 《明世宗实录》卷四百二十一，《云南史料丛刊》（第四卷），第 164—165 页。

66 清代的倪蜕指出："民间用呗如故，钱竟不行。"参见倪蜕辑，李埏校点：《滇云历年传》，第 570 页。

67 《明神宗实录》卷四十八，《云南史料丛刊》（第四卷），第 164 页。

68 倪蜕辑，李埏校点：《滇云历年传》，第 570 页。

69　倪蜕辑，李埏校点：《滇云历年传》，第 570 页。

70　《明世宗实录》卷四百二十一，《云南史料丛刊》（第四卷），第 165 页。

71　闵洪学：《条答钱法疏》，《云南史料丛刊》（第四卷），第 673—677 页。

72　《明世宗实录》卷八十三，《云南史料丛刊》（第四卷），第 164 页。

73　倪蜕辑，李埏校点：《滇云历年传》，第 570—571 页。

74　江应樑：《云南用贝考》，杨寿川编著：《贝币研究》，第 81—93 页。

75　杨寿川：《云南用海贝作货币的历史考察》，杨寿川编著：《贝币研究》，
　　第 122—123 页。

76　杨寿川：《云南用海贝作货币的历史考察》，第 122—123 页。

77　杨寿川：《论明清之际云南"废贝行钱"的原因》，杨寿川编著：《贝币研究》，
　　第 162—164 页。

78　方国瑜：《云南用贝作货币的时代及贝的来源》，杨寿川编著：《贝币研究》，
　　第 54 页。

79　方国瑜：《云南用贝作货币的时代及贝的来源》，第 56 页。

80　张彬村：《十七世纪云南贝币崩溃的原因》，杨寿川编著：《贝币研究》，
　　第 178—208 页。

81　Hans Ulrich Vogel, 1993.

82　陆韧：《变迁与交融：明代云南汉族移民研究》，第 136—137 页。

83　关于印度洋贸易结构，参见 James Heimann, 1980, pp. 48-69.

84　Janet Abu-Lughod, "Discontinuities and Persistence: One World System
　　or a Succession of Systems?" in *The World System: Five Hundred Years
　　or Five Thousand?*, eds. Andre Gunder Frank, and Barry K. Gills (New
　　York: Routledge, 1996), p. 279.

85　关于"世界经济"的定义，以及"世界经济"与"世界体系"两者的差异，
　　参见 Immanuel Wallerstein, 1974, 1980, and 1988。

86　Wallerstein, 1974, 1980, and 1988.

87　Janet Abu-Lughod, *Before European Hegemony: The World System A.D.
　　1250-1350* (New York and Oxford: Oxford University Press, 1989). 珍妮
　　特·阿布—卢格霍德的世界体系比较像是贸易网络，沃勒斯坦则比较重
　　视结构性的整体分工（structurally integrated division of labor）。

88　关于世界体系的理论与论辩，参见 Andre Gunder Frank and Barry K.
　　Gills, eds., *The World System: Five Hundred Years or Five Thousand?*
　　(New York: Routledge, 1996)，以及 Review 当中的诸多论文。

89　Ranabir Chakravarti, 1999, pp. 194-211.

90　卢格霍德注意到这项事实，但她只把它归因于海外贸易，这就是孙来臣
　　所说的海洋心态。Janice Stargardt 则精彩地呈现出，海上与陆上贸易是

如何塑造缅甸沿岸与上缅甸的地方政权。参见 Janice Stargardt, 1971。

91　James Heimann, 1980, pp. 56-58.

92　James Heimann, 1980, p. 48.

93　James Heimann, 1980, p. 48.

94　卢格霍德实际上把云南放进她的东亚次体系（subsystem）之中；作者认为，1250 至 1350 年这段时期的云南至少应该被视为 Circuit VII（孟加拉湾区域）和 Circiut VIII（东亚）两者重叠地带的一部分。参见 Janet Abu-Lughod, 1989, p. 34。

95　关于此用词，参见 William McNeill, 1991, p. XXII。

96　James Lee, 1982a, pp. 279-304.

97　James Lee, 1982a, p. 282.

98　陆韧：《变迁与交融：明代云南汉族移民研究》。

99　James Lee, 1982a, pp. 285-286.

100　James Lee, 1982a, pp. 293-294.

101　James Lee, 1982a, p. 294.

102　James Lee, 1982a, p. 295.

103　《云南通志》（道光本）卷四十三至四十七，《云南史料丛刊》（第十一卷），第 681—791 页；《方国瑜文集》（第三辑），第 581—582 页。

104　方国瑜：《简述清代在云南的汉族移民》，《云南史料丛刊》（第十一卷），第 678 页；《云南通志》（道光本）卷四十五，《云南史料丛刊》（第十一卷），第 717—719 页。

105　方国瑜：《简述清代在云南的汉族移民》,，第 678 页；《云南通志》（道光本）卷四十五，第 717—719 页。

106　方国瑜：《简述清代在云南的汉族移民》，第 676-677 页；《云南通志》（道光本）卷四十六、四十七，《云南史料丛刊》（第十一卷），第 741 页。

107　《云南通志》（道光本）卷四十五，《云南史料丛刊》（第十一卷），第 733—736 页；《方国瑜文集》（第三辑），第 582 页。

108　《威远厅志》（道光本）卷四十五，转引自方国瑜：《简述清代在云南的汉族移民》，第 677—678 页。

109　《广南府志》（道光本）卷二，转引自方国瑜：《简述清代在云南的汉族移民》，第 678 页。

110　方国瑜：《清代云南各族劳动人民对山区的开发》，《方国瑜文集》（第三辑），第 583 页。

111　方国瑜：《清代云南各族劳动人民对山区的开发》。

112　参见方国瑜：《简述清代在云南的汉族移民》，第 677-678 页。

113　《元江府志》（道光本）卷三，参见方国瑜：《简述清代在云南的汉族移民》，第 677 页。

114 《普洱府志》（道光本）卷七，参见方国瑜：《简述清代在云南的汉族移民》，第 677 页。

115 《云南通志》（道光本）卷三十。

116 江浚源：《条陈稽查所属夷地事宜议》，参见方国瑜：《简述清代在云南的汉族移民》，第 679 页。

117 《方国瑜文集》（第三辑），第 586—587 页。

118 至 18 世纪时，玉米和马铃薯已不仅是移民的主要作物，也是少数族群如彝族人的重要作物。

119 James Lee, 1982a, p. 298.

120 James Lee, 1982a, p. 298.

121 James Lee, 1982a, p. 299.

122 James Lee, 1982b, p. 742.

123 谢圣纶：《滇黔志略》册六，卷十四，17a，云南大学图书馆，1964 年。

124 吴大勋：《滇南闻见录》，《云南史料丛刊》（第十二卷），第 17 页。

125 James Lee, 1982b, p. 712.

126 James Lee, 1982b, p. 729.

127 James Lee, 1982a, p. 297.

128 James Lee, 1982b, p. 712.

129 James Lee, 1982b, p. 731. 以下为李中清研究之摘要。见 James Lee, 1982b, pp. 711-746。

130 James Lee, 1982a, p. 304.

131 James Lee, 1982a, pp. 300-301.

132 William T. Rowe, *Saving the World: Chen Hongmou and Elite Consciousness in Eighteenth-Century China* (Stanford, Calif.: Stanford University Press, 2001).

133 关于云南的铜矿产业以及清代铜政，可参见吴其浚撰，徐金生绘：《滇南矿厂图略》，《续修四库全书》编纂委员会编：《续修四库全书》（八八〇·史部·政书类），上海：上海古籍出版社，1996 年；佚名：《铜政便览》，台北：台湾学生书局，1986 年；阮元：《云南通志》卷七十四至七十七；托津等编：《钦定大清会典事例》，《近代中国史料丛刊三编》，第六十六辑，卷一百七十三至一百七十六，台北：文海出版社，1991 年，第 7881—8183 页；贺长龄等编：《清经世文编》第三册，卷五十二、五十三，北京：中华书局，1992 年，第 1275—1340 页；席裕福、沈师徐辑：《皇朝政典类纂》，《近代中国史料丛刊续编》，第八十八辑，卷一百六十二至一百六十七，台北：文海出版社，1982 年，第 107—250 页；严中平：《清代云南铜政考》，上海：中华书局，1957年；全汉昇：《清代云南铜矿工业》，《香港中文大学中国文化研究所学报》第 7 卷第 1 期（1974 年），第 155—182 页；Anna See Ping Leon Shulman, "Copper, Copper Cash, and Government Controls in Ch'ing China (1644-1795)," Ph.D. diss., University of Maryland, College Park, 1989。

134 《元史》卷九十四，《云南史料丛刊》（第二卷），第 647 页。

135 蔡毓荣：《筹滇第四疏》，《云南史料丛刊》（第八卷），第 428 页。

136 蔡毓荣：《筹滇第四疏》，《云南史料丛刊》（第八卷），第 428 页。

137 蔡毓荣：《筹滇第四疏》，《云南史料丛刊》（第八卷），第 428 页。

138 蔡毓荣：《筹滇第四疏》，《云南史料丛刊》（第八卷），第 428 页。

139 《云南通志》卷七十六，《云南史料丛刊》（第十二卷），第 655–656 页；严中平：《清代云南铜政考》，第 6 页。

140 本段为严中平著作之摘要，见于严中平：《清代云南铜政考》，第 6—7 页。

141 严中平：《清代云南铜政考》，第 8 页。

142 有关案例可参见邵式柏对台湾的研究。John Robert Shepherd, 1993.

143 关于此一体制的讨论，参见 Hans Ulrich Vogel, "Chinese Central Monetary Policy, 1644-1800," *Late Imperial China* 8, no. 2, 1987: pp. 1-52。

144 Hans Ulrich Vogel, 1987, p. 3.

145 Hans Ulrich Vogel, 1987, p. 10.

146 John Hall, "Notes on the Early Ch'ing Copper Trade with Japan," *Harvard Journal of Asiatic Studies* 12, no. 3/4 (1949): p. 445; Anna See Ping Leon Shulman, 1989, p. 150.

147 关于清初努力争取日本洋铜进口之事，参见 John Hall, 1949, pp. 444-461；Anna See Ping Leon Shulman, 1989, pp. 147-215。

148 关于负责日本洋铜进口的中国商人，参见 Helen Dunstan, "Safely Supping with the Devil: The Qing State and Its Merchant Suppliers of Copper," *Late Imperial China* 13, no. 2 (1992): pp. 42-81。

149 Anna See Ping Leon Shulman, 1989, p. 155. 英国商人将铜卖到印度，铜会在印度铸成钱币。

150 John Hall, 1949, p. 455.

151 John Hall, 1949, pp. 453-454.

152 John Hall, 1949, pp. 451-452.

153 John Hall, 1949, p. 452.

154 席裕福、沈师徐辑：《皇朝政典类纂》卷一百六十五，第 191 页。

155 托津等编：《钦定大清会典事例》卷一百七十三，第 7907 页。

156 贺长龄等编：《清经世文编》卷五十三，第 59a—59b 页。

157 参见 John Hall, 1949, p. 452。

158 Anna See Ping Leon Shulman, 1989, pp. 167-169; John Hall, 1949, p. 455.

159 关于此番辩论以及清王朝的回应，参见 Anna See Ping Leon Shulman, 1989, pp. 169-172。

160 严中平：《清代云南铜政考》，第 4 页。1716 年，清廷指派八个省份（江苏、浙江、安徽、江西、湖南、湖北、福建、广东）负责供应铜；但是，其余六个省份都其实仰赖江苏与浙江，此情反映中国内部铜料供给的耗竭。1721 年，朝廷下令江苏与浙江担负起他省的责任。关于这个复杂的故事，参见阮元：《云南通志》卷七十六，《云南史料丛刊》（第十二卷），第 655—660 页。

161 严中平：《清代云南铜政考》，第 4 页。

162 《清史稿》，卷 124，659。乾隆皇帝下诏，规定三品以上的官员才可以使用铜制器具；不久之后，朝廷的规范变成唯有一品官员才能使用铜器。

163 阮元：《云南通志》卷七十六，《云南史料丛刊》（第十二卷），第 656 页。

164 阮元：《云南通志》卷七十四。铜课是考核地方官员绩效的一项指标，所以官员们有对矿工征收重税的趋势。

165 严中平：《清代云南铜政考》，第 8 页。

166 严中平：《清代云南铜政考》，第 4 页。

167 严中平：《清代云南铜政考》，第 11 页。

168 严中平：《清代云南铜政考》，第 11—12 页。

169 阮元：《云南通志》卷七十六，《云南史料丛刊》（第十二卷），第 656—657 页；严中平：《清代云南铜政考》，第 12 页。

170 阮元：《云南通志》卷七十六，《云南史料丛刊》（第十二卷），第 656—657 页；严中平：《清代云南铜政考》，第 12 页。

171 严中平：《清代云南铜政考》，第 12 页。

172 关于船运铜钱之困难，参见《张允随奏稿》，《云南史料丛刊》（第八卷），第 569—570 页；详情见阮元：《云南通志》卷七十六，《云南史料丛刊》（第十二卷），第 657—659 页。

173 阮元：《云南通志》卷七十六，《云南史料丛刊》（第十二卷），第 658 页；严中平：《清代云南铜政考》，第 12—13 页。

174 阮元：《云南通志》卷七十六，《云南史料丛刊》（第十二卷），第 658 页；严中平：《清代云南铜政考》，第 31 页。地方铸币活动依然依赖进口日本洋铜，参见木宫泰彦：《日中文化交流史》，胡锡年译，北京：商务印书馆，1980年，第680—681页。

175　阮元：《云南通志》卷七十六，《云南史料丛刊》(第十二卷)，第660页；严中平：《清代云南铜政考》，第13页。

176　《张允随奏稿》，《云南史料丛刊》(第八卷)，第571页。

177　倪蜕辑，李埏校点：《滇云历年传》，第571页。

178　倪蜕辑，李埏校点：《滇云历年传》，第541—543、571页。

179　倪蜕辑，李埏校点：《滇云历年传》，第570—571页。

180　严中平：《清代云南铜政考》，第14—15页。

181　Hans Ulrich Vogel, 1987, p. 15.

182　严中平：《清代云南铜政考》，第17—18页。

183　严中平：《清代云南铜政考》，第19页。

184　严中平：《清代云南铜政考》，第25页。

185　严中平：《清代云南铜政考》，第25页。

186　阮元：《云南通志》卷七十六，《云南史料丛刊》(第十二卷)，第659—660页；《张允随奏稿》，《云南史料丛刊》(第八卷)，第574—579页。

187　吴其浚，卷下，考第6；严中平：《清代云南铜政考》，第27—28页。

188　严中平：《清代云南铜政考》，第28页。

189　严中平：《清代云南铜政考》，第28页；Anna See Ping Leon Shulman, 1989, p. 51.

190　王大鹏审视了形塑东南亚地区海外华人一百五十载的西婆罗洲"公司"(Kongsi)，追溯"公司"的起源至清代(乃至于明代)云南的矿业组织。就此而言，云南对于现代东南亚颇有其贡献。参见 Wang Tai Peng, *The Origins of Chinese Kongsi* (Selangor Darul Ehsan: Pelanduk Publications, 1994), pp. 9-22.

191　吴其浚，卷下，帑第4。

192　吴其浚，卷上，役第10；严中平：《清代云南铜政考》，第66—67页。

193　严中平：《清代云南铜政考》，第66页。

194　严中平：《清代云南铜政考》，第37—39页。

195　严中平：《清代云南铜政考》，第37—38页。

196　严中平：《清代云南铜政考》，第38、40页。

197　严中平：《清代云南铜政考》，第43页。

198　Kenneth Pomeranz, 1993.

199　Paul Smith, 1991.

200　William Skinner, "Introduction: Urban Development in Imperial China," in *The City in Late Imperial China*, ed. G. William Skinner (Taipei: Rainbow-Bridge, 1983), p. 8.

201 Barbara Sands and Ramon H. Myers, "The Spatial Approach to Chinese History: A Test," *Journal of Asian Studies* 45, no. 4 (1986): p. 737.

202 曹树基：《清代北方城市人口研究——兼与施坚雅商榷》，《中国人口科学》2001 年第 4 期，第 15—28 页。

203 Chiranan Prasertkul, 1989.

204 William Skinner, "Regional Urbanization in Nineteenth-Century China," in *The City in Late Imperial China*, ed. G. William Skinner (Taipei: Rainbow-Bridge, 1983), p. 235.

205 James Lee, 1982a, pp. 300-301.

206 James Lee, 1982b, p. 742.

207 William Skinner, 1983b, p. 241.

208 William Skinner, "Cities and the Hierarchy of Local Systems," in *The City in Late Imperial China*, ed. G. William Skinner (Taipei: Rainbow-Bridge, 1983), p. 346.

209 Carolyn Cartier, "Origins and Evolution of a Geographical Idea: The Macroregion in China," *Modern China* 28, no. 1 (2002): p. 81.

210 Hans Ulrich Vogel, 1987, p. 7.

211 Thomas Hall, 1989.

第六章　纳入"中华民族大家庭"

1 Stevan Harrell, "Introduction: Civilizing Projects and the Reaction to them," in *Cultural Encounters on China's Ethnic Frontiers*, ed. Stevan Harrell (Seattle and London: University of Washington Press, 1995), pp. 3-36.

2 《汉书》，卷 100，4248 页。

3 班固对司马迁的批评是，司马迁缺乏儒家思想的判断标准；虽然儒家被纳为国家意识形态正是司马迁当时的事情，但显然儒家思想并不是《史记》的圭臬。

4 《云南史料丛刊》（第四卷），第 7 页；张紞：《云南机务抄黄》，《云南史料丛刊》（第四卷），第 556 页。

5 程贤敏选编：《清〈圣训〉西南民族史料》，成都：四川大学出版社，1988 年，第 3 页。

6   程贤敏选编：《清〈圣训〉西南民族史料》，第 27—28 页。

7   关于云南的民族识别，近期研究可参见 Kevin Caffrey, "Who 'Who' is, and Other Local Poetics of National Policy: Yunnan Minzu Shibie and Hui in the Process," *China Information* 18 no. 2 (2004): pp. 243-274；Stéphane Gros, "The Politics of Names: The Identification of the Dulong (Drung) of Northwest Yunnan," *China Information* 18 no. 2 (2004): pp. 275-302；Collin Mackerras, "Conclusion: Some Major Issues in Ethnic Classification," *China Information* 18 no. 2 (2004): pp. 303-313；Thomas S. Mullaney, "Ethnic Classification Writ Large," *China Information* 18 no. 2 (2004): pp. 207-241。

8   Hsieh Jiann, *The CCP's Concept of Nationality and the Work of Ethnic Identification Amongst China's Minorities* (Hong Kong: Institute of Social Studies, Chinese University of Hong Kong, 1987), p. 1.

9   举例而言，优惠待遇包括经济援助、教育配额、一胎政策之豁免。

10 Hsieh Jiann, 1987, p. 24.

11 关于"民族"一词起源的探讨，参见韩锦春、李毅夫：《汉文"民族"一词的出现及其初期使用情况》，《民族研究》1984 年第 2 期，第 36—43 页；Pamela Kyle Crossley, "Thinking about Ethnicity in Early Modern China," *Late Imperial China* 11 no. 1 (1990): p. 20.

12 Stevan Harrell, "Languages Defining Ethnicity in Southwest China," in *Ethnicity Identity: Creation, Conflict, and Accommodation*, eds. Lola Romanucci-Ross and George A. De Vos (Walnut Creek, Calif.: AltaMira Press, 1993), pp. 97-114.

13 Stevan Harrell, 1993, p. 102.

14 J. V. Stalin, "Marxism and the National Question," in *Works*, Vol. 2 (Moscow: Foreign Languages Publishing, 1954), p. 307.

15 J. V. Stalin, 1954, p. 307.

16 J. V. Stalin, 1954, p. 313.

17 范文澜：《试论中国自秦汉时成为统一国家的原因》，《历史研究》1954 年第 3 期，第 15—25 页。

18 牙含章：《民族问题与宗教问题》，北京：中国社会科学出版社，成都：四川民族出版社，1984 年，第 3—14 页。

19 牙含章：《民族问题与宗教问题》，第 3—14 页。

20 牙含章是《中国大百科全书》当中"民族"条目的负责人，并对此给予意见；据作者所知，牙含章并没有深入参与民族识别，对该项目也没有多少影响力。唯一介绍并讨论民族识别的书，乃是黄光学的《中国的民族识别》，在该书当中，牙含章的意见受到一致的批判。

21 黄光学主编，施联朱副主编：《中国的民族识别》，北京：民族出版社，1995年，第48—50页。

22 费孝通：《关于我国民族的识别问题》，第98页。

23 费孝通：《我的民族研究经历和思考》，第3页；王建民、张海洋、胡鸿保：《中国民族学史》（下卷），昆明：云南教育出版社，1997年，第54页。

24 王建民、张海洋、胡鸿保：《中国民族学史》（下卷），第51页。事实上，费孝通参加了西南与中部两个不同的访问团。

25 马曜：《云南民族社会历史调查回顾》，于宝林、华祖根主编：《中国民族研究年鉴（1999年）》，北京：民族出版社，2000年，第60页。

26 马曜：《周保中与云南统战工作和民族工作》，《马曜学术论著自选集》，昆明：云南人民出版社，1998年，第860—881页。

27 林耀华：《中国西南地区的民族识别》，《民族研究论文集》（第三辑），北京：中央民族学院民族研究所，1984年，第1页。

28 王建民、张海洋、胡鸿保：《中国民族学史》（下卷），第51页。

29 王建民、张海洋、胡鸿保：《中国民族学史》（下卷），第54页。

30 马曜：《云南民族社会历史调查回顾》，第60页。

31 马曜：《云南民族社会历史调查回顾》，第60—61页。

32 马曜：《云南民族社会历史调查回顾》，第61页。马曜的经验并非个例。参见王连芳：《王连芳云南民族工作回忆》，昆明：云南人民出版社，1999年，第16页。王连芳是云南民族工作的资深干部。

33 黄光学：《我国的民族识别》，黄光学主编，施联朱副主编：《中国的民族识别》，第366页。

34 王建民、张海洋、胡鸿保：《中国民族学史》（下卷），第122页。

35 林耀华：《中国西南地区的民族识别》。

36 林耀华：《中国西南地区的民族识别》，第5—6页。

37 黄光学主编，施联朱副主编：《中国的民族识别》，第93—173、211—217页。

38 林耀华：《中国西南地区的民族识别》，第7页。

39 黄光学主编，施联朱副主编：《中国的民族识别》，第208—218页。

40 施联朱：《中国民族识别研究工作的特色》，《中央民族大学学报》1989年第5期，第18页。

41 马曜：《云南民族社会历史调查回顾》，第60页。

42 林耀华：《中国西南地区的民族识别》，第1页。李绍明将登记的四百多个千奇百怪的族群单位称谓分为八类。参见李绍明：《我国民族识别的回顾与前瞻》，《民族学研究》（第十二辑），北京：民族出版社，1998年，第 201—211 页。

43　马曜：《周保中与云南统战工作和民族工作》，第 867 页。

44　马曜：《云南民族社会历史调查回顾》，第 59 页 ；马曜：《周保中与云南统战工作和民族工作》，第 867 页。

45　关于语言的角色与问题，参见 Charles Keyes, "Presidential Address: 'The Peoples of Asia' —Science and Politics in the Classification of Ethnic Groups in Thailand, China, and Vietnam," *Journal of Asian Studies* 61, no. 4 (2002): pp. 1163-1203.

46　马曜：《云南民族社会历史调查回顾》，第 63 页。

47　林耀华：《中国西南地区的民族识别》；黄光学主编，施联朱副主编 :《中国的民族识别》。

48　Norma Diamond, "Ethnicity and the State: The Hua Miao of Southwest China," in *Ethnicity and the State*, ed. Judith D. Toland (New Brunswick, N.J.: Transaction Publishers, 1995), p. 58.

49　王建民、张海洋、胡鸿保 :《中国民族学史》(下卷)，第 129 页。

50　易谋远 :《五六十年代民族调查的片段回忆》，郝时远主编 :《田野调查实录》，北京 : 社会科学文献出版社，1999 年，第 319 页。

51　马曜：《云南民族社会历史调查回顾》，第 65 页。

52　黄光学主编，施联朱副主编 :《中国的民族识别》，第 157 页。

53　Henry G. Schwarz, *Chinese Policies toward Minorities: An Essay and Documents* (Bellingham, WA: Center for East Asian Studies, Western Washington University, 1971), p. 15.

54　例子可参见 Colin Mackerras, *China's Minorities: Integration and Modernization in the Twentieth Century* (Hong Kong: Oxford University Press, 1994)。

55　王建民、张海洋、胡鸿保 :《中国民族学史》(下卷)，第 112 页。

56　David Wu, "Chinese Minority Policy and the Meaning of Minority Culture: The Example of Bai in Yunnan, China," *Human Organization* 49, no. 1 (1990): p. 2.

57　Colin Mackerras, 1994, pp. 141-142.

58　修世华 :《关于 "共同心理素质" 的思考》，《中央民族大学学报》1995年第 1 期，第 48—52 页。

59　费孝通是在 1978 年的中国人民政治协商会议上作此发言。

60　费孝通 :《我的民族研究经历和思考》，第 5 页。

61　费孝通 :《我的民族研究经历和思考》，第 5—6 页。

62　费孝通 :《中华民族的多元一体格局》，第 4 页。

63　费孝通 :《我的民族研究经历和思考》，第 5—10 页。

64　黄光学主编，施联朱副主编：《中国的民族识别》，第 143 页。

65　Dru C. Gladney, *Muslim Chinese: Ethnic Nationalism in the People's Republic* (Cambridge, Mass.: Council on East Asian Studies, Harvard University, 1991).

66　关于人类学在中国的"中国化"之研究，参见 Gregory Eliyu Guldin, *The Saga of Anthropology in China: From Malinowski to Moscow to Mao* (New York: M. E. Sharpe, 1994)。

67　John Fitzgerald, "The Nationless State: The Search for a Nation in Modern Chinese Nationalism," in *Chinese Nationalism*, ed. Jonathan Unger (New York: M. E. Sharpe, Inc., 1996), p. 57.

68　费孝通：《我的民族研究经历和思考》，第 12—13 页。

69　费孝通：《我的民族研究经历和思考》，第 12—13 页。于此，作者发现了中国民族学以及世界史两者史学史（historiography）之相似性，两者都研究并假设"单位"（文明或民族）的存在，然后研究单位之间的关系或互动交流，最后将注意力放在成形的人居世界（ecumene，即世界体系或中国民族。

70　费孝通：《我的民族研究经历和思考》，第 13 页。

71　Norma Diamond, 1995, p. 58.

72　杨慎：《论民》，见《升庵全集》（1795 年本），48 卷，6b-9a 页。参见 James Lee, 1982a, p. 279-304。

73　James Lee, 1982a, p. 292.

74　程美宝：《地域文化与国家认同：晚清以来"广东文化"观的形成》，北京：生活·读书·新知三联书店，2006 年。

75　费孝通：《我的民族研究经历和思考》，第 13—14 页。

参考文献

Abu-Lughod, Janet. *Before European Hegemony: The World System A.D. 1250-1350*. New York and Oxford: Oxford University Press, 1989.

——. "Discontinuities and Persistence: One World System or a Succession of Systems?" In *The World System, Five Hundred Years or Five Thousand?*, eds. Andre Gunder Frank, and Barry K. Gills. New York: Routledge, 1996, pp. 278-291.

Ahmad, Nisar. "Assam-Bengal Trade in the Medieval Period: A Numismatic Perspective." *Journal of the Economic and Social History of the Orient*, vol. 33, no. 2 (1990), pp. 169-198.

Allen, Barry. "Power/Knowledge." In *Critical Essays on Michel Foucault*, ed. Karlis Racevskis. New York: G. K. Hall, 1999, pp. 69-81.

Armijo-Hussein, Jacqueline Misty. "Sayyid'Ajall Shams al-Din: A Muslim from Central Asia, Serving the Mongols in China, and Bringing 'Civilization' to Yunnan." Ph.D. diss., Harvard University, 1996.

Atwill, David G. *The Chinese Sultanate: Islam, Ethnicity, and the Panthay Rebellion in Southwest China, 1856-1873*. Stanford, Calif.: Stanford University Press, 2005.

Backus, Charles. *Nanzhao and Tang's Southwestern Frontier*. London: Cambridge University Press, 1981.

Basham, A. L. *The Wonder That Was India*. New York: Grove Press, 1959.

Beckwith, Christopher I. *The Tibetan Empire in Central Asia: A History of the Struggle for Great Power among Tibetans, Turks, Arabs, and Chinese during the Early Middle Ages*. Princeton, N.J.: Princeton University Press, 1987.

Bøckman, Harald. "Yunnan Trade in Han Times: Transit, Tribute and Trivia." In *Asian Trade Routes*, ed. Karl Reinhold Haellquist. London: Curzon Press, 1991, pp. 174-180.

Brown, Melissa, ed. *Negotiating Ethnicities in China and Taiwan. Berkeley: The Institute of East Asian Studies*, University of California, pp. 1996.

Caffrey, Kevin. "Who 'Who' is, and Other Local Poetics of National Policy: Yunnan Minzu Shibie and Hui in the Process." *China Information*, vol. 18, no. 2 (2004), pp. 243-274.

Cammann, Schuyler Van R. "Archaeological Evidence for Chinese Contacts with India during the Han Dynasty." *Sinologica*, vol. 5, no. 1 (1956), pp. 1-19.

Cartier, Carolyn. "Origins and Evolution of a Geographical Idea: The Macroregion in China." *Modern China*, vol. 28, no. 1 (2002), pp. 79-143.

Chakravarti, Ranabir. "Early Medieval Bengal and the Trade in Horses: A Note." *Journal of Economic and Social History of the*

Orient, vol. 42, no. 2 (1999), pp. 194-211.

Chapin, Helen B. "Yünnanese Images of Avalokiteśvara." *Harvard Journal of Asiatic Studies*, vol. 8, no. 2 (1944), pp. 131-186.

Chapin, Helen B., and Alexander C. Soper. "A Long Roll of Buddhist Images." *Artibus Asiae*, vol. 32, nos. 1-4 (1970), pp. 5-41, 157-199, 259-306, and vol. 33, no. 1/2 (1971), pp. 75-140.

Chang, K. C. *The Archaeology of Ancient China*, 4th edition. New Haven, Conn., and London: Yale University Press, 1986.

Christian, John L. "Trans-Burma Trade Routes to China." *Pacific Affairs*, vol. 13, no. 2 (1940), pp. 173-191.

Cooler, Richard M. *The Karen Bronze Drums of Burma: Types, Iconography, Manufacture and Use*. Leiden, New York, and Köln: E.J. Brill, 1995.

Crawford, Gary W. and Chen Shen. "The Origins of Rice Agriculture: Recent Progress in East Asia." *Antiquity*, vol. 72, no. 278 (1998), pp. 858-867.

Creel, H. G. "The Role of the Horse in Chinese History." *The American Historical Review*, vol. 70, no. 3 (1965), pp. 647-672.

Crossley, Pamela Kyle. "Thinking about Ethnicity in Early Modern China." *Late Imperial China*, vol. 11, no. 1 (1990), pp. 1-34.

Dai, Yingcong. "The Rise of the Southwestern Frontier under the Qing 1640-1800." Ph.D. diss., University of Washington, Seattle, 1996.

Davies, H. R. *Yün-nan: The Link Between India and the Yangtze*. New York: Paragon, 1970.

Deyell, John. "The China Connection: Problems of Silver Supply in Medieval Bengal." In *Money and the Market in India 1100-1700*, ed. Sanjay Subrahmanyam. Delhi: Oxford University Press, 1994, pp. 112-136.

Diamond, Norma. "Ethnicity and the State: The Hua Miao of Southwest China." In *Ethnicity and the State*, ed. Judith D. Toland. New Brunswick, N.J.: Transaction Publishers, 1995, pp. 55-78.

Dunstan, Helen. "Safely Supping with the Devil: The Qing State and Its Merchant Suppliers of Copper." *Late Imperial China*, vol. 13, no. 2 (1992), pp. 42-81.

Egami, Namio. "Migration of Cowrie-Shell Culture in East Asia." *Acta Asiatica*, no. 26 (1974), pp. 1-52.

Elliott, Patricia. *The White Umbrella: A Woman's Struggle for Freedom in Burma*. Bangkok: Post Publishing Public Company Limited, 1999.

Elvin, Mark, Darren Crook, Shen Ji, Richard Jones, and John Dearing. "The Impact of Clearance and Irrigation on the Environment in the Lake Erhai Catchment from the Ninth to the Nineteenth Century." *East Asia History*, vol. 23, no. 1 (2002), pp. 1-60.

Esherick, Joseph W. "Ten Theses on the Chinese Revolution." *Modern China*, vol. 21, no. 1 (1995), pp. 45-76.

FitzGerald, C. P. *The Southern Expansion of the Chinese People*. New York and Washington, D.C.: Praeger, 1972.

Fitzgerald, John. "The Nationless State: The Search for a Nation in Modern Chinese Nationalism." In *Chinese Nationalism*, ed. Jonathan Unger. New York: M. E. Sharpe, Inc., 1996, pp. 56-85.

Forbes, Andrew D. W. "The 'Čīn-Hǫ' (Yunnanese Chinese) Caravan Trade with North Thailand during the Late Nineteenth and Early Twentieth Centuries." *Journal of Asian History*, vol. 27, no. 1 (1987), pp. 1-47.

Forbes, Andrew, and David Henley. *The Haw: Traders of the Golden*

Triangle. Bangkok: Teak House, 1997.

Foucault, Michel. "Two Lectures." In *Power/Knowledge*, ed. Colin Gordon. New York: Pantheon Books, 1980, pp. 78-109.

Frank, Andre Gunder. "A Theoretical Introduction to Five Thousand Years of World System History." *Review* 13, no. 2 (1990), pp. 155-248.

——. "A Plea for World System History." *Journal of World History*, vol. 2, no.1 (1991), pp. 1-28.

Frank, Andre Gunder, and Barry K. Gills. "The 5,000-Year World System." In *The World System: Five Hundred Years or Five Thousand?*, eds. Andre Gunder Frank and Barry K. Gills. New York: Routledge, 1996, pp. 3-58.

Franke, Herbert and Denis Twitchett, eds. *The Cambridge History of China, Vol. 6: Alien Regimes and Border States, 907-1368*. Cambridge, London, New York, and Melbourne: Cambridge University Press, 1994.

Friedman, Edward. "Reconstructing China's National Identity: A Southern Alternative to Mao-Era Anti-Imperialist Nationalism." *Journal of Asian Studies*, vol. 53, no. 1 (1994), pp. 67-91.

Fu, Heng (Qing), ed. *Huang Qing Zhigongtu Tu* (Illustrations of the tributary peoples to the Qing Empire). Shenyang: Liaoshen Chubanshe, 1991.

Fujisawa, Yoshimi. "Biruma Unnan rūto to tōzai bunka no kōryū" (The Burma-Yunnan transportation ruote and the East-West cultural contact: the cultural origins of Nanzhao). *Iwate Shigakū Kenkyu*, no. 25 (1957), pp. 10-21.

Giersch, Charles Patterson. "Qing China's Reluctant Subjects: Indigenous Communities and Empire Along the Yunnan Frontier."

Ph.D. diss., Yale University, 1998.

——. "A Motley Throng: Social Changes on Southwest China's Early Modern Frontier, 1700-1880." *Journal of Asian Studies*, vol. 60, no. 1 (2001), pp. 67-94.

——. *Asian Borderlands: The Transformation of Qing China's Yunnan Frontier*. Cambridge, Mass.: Harvard University Press, 2006.

Gladney, Dru C. *Muslim Chinese: Ethnic Nationalism in the People's Republic*. Cambridge, Mass.: Council on East Asian Studies, Harvard University, 1991.

Gros, Stéphane. "The Politics of Names: The Identification of the Dulong (Drung) of Northwest Yunnan." *China Information*, vol. 18, no. 2 (2004), pp. 275-302.

Guldin, Gregory Eliyu. *The Saga of Anthropology in China: From Malinowski to Moscow to Mao*. New York: M. E. Sharpe, 1994.

Hall, Thomas D. "Incorporation in the World-System: Toward a Critique." *American Sociological Review*, Vol. 51 (1986), pp. 390-402.

——. *Social Change in the Southwest, 1350-1880*. Lawrence: University of Kansas Press, 1989.

Hall, John. "Notes on the Early Ch'ing Copper Trade with Japan." *Harvard Journal of Asiatic Studies*, vol. 12, no. 3/4 (1949), pp. 444-461.

Hansen, Mette Halskov. "'We Are All Naxi in Our Hearts': Ethnic Consciousness among Intellectual Naxi." In *Cultural Encounters: China, Japan, and the West*, ed. Soren Clausen, Roy Starrs, and Anne Wedell-Wedellsborg. Aarhus: Aarhus University Press, 1995.

Harrell, Stevan. "Ethnicity, Local Interests, and the State: Yi

Communities in Southwest China." *Comparative Study of Society and History* 32, no. 3 (1990), pp. 515-548.

——. "Languages Defining Ethnicity in Southwest China." In *Ethnicity Identity: Creation, Conflict, and Accommodation*, eds. Lola Romanucci-Ross and George A. De Vos. Walnut Creek, Calif.: AltaMira Press, 1993, pp. 97-114.

——, ed. *Cultural Encounters on China's Ethnic Frontiers*. Seattle and London: University of Washington Press, 1995.

Harvey, G. E. *History of Burma: From the Earliest Times to 10 March, 1824: The Beginning of the English Conquest*. London: Frank Cass & Co., 1967.

Heberer, Thomas. *China and Its National Minorities: Autonomy or Assimilation?* Armonk, N.Y., and New York: M. E. Sharpe, Inc., 1989.

Heimann, James. "Small Change and Ballast: Cowry Trade and Usage as an Example of Indian Ocean Economic History." *South Asia: Journal of South Asian Studies*, vol. 3, no. 1 (1980), pp. 48-69.

Heppner, Ernest G. *Shanghai Refugee: A Memoir of the World War II Jewish Ghetto*. Lincoln, NE and London: University of Nebraska Press, 1993.

Herman, Daniel. "Romance on the Middle Ground." *Journal of the Early Republic*, vol. 19, no. 2 (1999), pp. 279-291.

Herman, John. E. "Empire in the Southwest: Early Qing Reforms to the Native Chieftain System." *Journal of Asian Studies*, vol. 56, no. 1 (1997), pp. 47-74.

——. *Amid the Clouds and Mist: China's Colonization of Guizhou, 1200-1700*. Cambridge, Mass.: Harvard University Asia Center,

Distributed by Harvard University Press, 2007.

Higham, Charles. *The Bronze Age of Southeast Asia*. Cambridge and New York: Cambridge University Press, 1996.

Higham, Charles, and Tracey L.-D. Lu. "The Origins and Dispersal of Rice Cultivation." In "Special Selection: Rice Domestication." *Antiquity*, Vol. 72, no. 278 (Dec. 1998), .pp. 867-877.

Ho, Ping-Ti. "In Defense of Sinicization: A Rebuttal of Evelyn Rawski's 'Reenvisioning the Qing.'" *Journal of Asian Studies*, vol. 57, no. 1 (1998), pp. 123-155.

Hogendorn, Jan, and Marion Johnson. *The Shell Money of the Slave Trade*. Cambridge: Cambridge University Press, 1986.

Hostetler, Laura. Qing Colonial Enterprise: *Ethnography and Cartography in Early Modern China*. Chicago and London: University of Chicago Press, 2001.

Hsieh, Jiann. *The CCP's Concept of Nationality and the Work of Ethnic Identification amongst China's Minorities*. Hong Kong: Institute of Social Studies, Chinese University of Hong Kong, 1987.

Hsieh, Shih-chung. "On the Dynamics of Tai/Dai-Lue Ethnicity." In *Cultural Encounters on China's Ethnic Frontiers*, ed. Stevan Harrell. Seattle and London: University of Washington Press, 1995, pp. 301-328.

Hsiao, Ch'i-Ch'ing. "Chapter 6: Mid-Yuan Politics." in *The Cambridge History of China, Volume 6, Alien Regimes and Border States, 907-1368*, eds. Herbert Franke and Denis Twitchett. Cambridge: Cambridge University Press, 1994, pp. 490-560.

Hsu, Francis L.K. *Under the Ancestors' Shadow*. Stanford, Calif.: Stanford University Press, 1971.

Huang, Shumin. *The Spiral Road*. Boulder, Colo: Westview, 1998.

Kapp, Robert A. "Themes in the History of 20th-Century Southwest China." *Pacific Affairs*, vol. 51, no. 3 (1978), pp. 448-459.

Kaup, Katherine Palmer. *Creating the Zhuang: Ethnic Politics in China*. Boulder, Colo., and London: Lynne Rienner, 2000.

Keyes, Charles. "Who Are the Tai? Reflections on the Invention of Identities." In *Ethnicity Identity: Creation, Conflict, and Accommodation*, ed. Lola Romanucci-Ross and George A. De Vos. Walnut Creek, Calif.: AltaMira Press, 1993, pp. 137-160.

——. "Presidential Address: 'The Peoples of Asia' —Science and Politics in the Classification of Ethnic Groups in Thailand, China, and Vietnam." *Journal of Asian Studies*, vol. 61, no. 4 (2002), pp. 1163-1203.

Khan, I. A. "Coming of Gunpowder to the Islamic World and North India: Spotlight on the Role of the Mongols." *Journal of Asian History*, vol. 30, no. 1 (1996), pp. 27-45.

Kuo Tsung-fei. "A Brief History of the Trade Routes between Burma, Indochina and Yunnan." *T'ien Hsia Monthly*, vol. 12, no. 1 (1941), pp. 9-32.

Lattimore, Owen. *Inner Asian Frontiers of China*. Boston: Beacon Press, 1962.

Lee, James. "Migration and Expansion in Chinese History." In *Human Migration: Patterns and Policies*, eds. William McNeill and Ruth S. Adams. Bloomington and London: Indiana University Press, 1978, pp. 20-47.

——. "The Legacy of Immigration in Southwest China, 1250-1850." *Annales de demographie historique* (1982a), pp. 279-304.

——. "Food Supply and Population Growth in Southwest China,

1250-1850." *Journal of Asian Studies*, vol. 41, no. 4 (1982b), pp. 711-746.

——. "The Political Economy of a Frontier: Southwest China, 1250-1850." Ph.D. diss., University of Chicago, 1983.

——. "State-Regulated Industry in Qing China, The Yunnan Mining Industry: A Regional Economic Cycle, 1700-1850." Paper presented at the 1984 Conference on Spatial and Temporal Trends and Cycles in Chinese Economic History, 980-1980, sponsored by the ACLS and SSRC, at Bellagio, Italy, August 17-23, 1984.

——. "The Southwest: Yunnan and Guizhou." In *Nourish the People: The State Civilian Granary System in China, 1650-1850*, eds. Pierre-Étienne Will and R. Bin Wong, with James Lee. Ann Arbor: Center for Chinese Studies, University of Michigan, 1991, pp. 432-474.

Lee, Robert. *The Manchurian Frontier in Ch'ings History*. Cambridge, Mass.: Harvard University Press, 1970.

Leslie, Donald Daniel. *The Survival of the Chinese Jews: The Jewish Community of Kaifeng*. Leiden: E. J. Brill, 1972.

Li, Zefen. *Yuanshi Xinjiang* (New talks on the Yuan history). 5 Vols. Taipei, 1978.

Liebenthal, Walter. "The Ancient Burma Road—A Legend?" *Journal of the Greater India Society*, vol. 15, no. 1 (1956), pp. 5-19.

Liu, Xinru. *Ancient Indian and Ancient China: Trade and Religious Exchange, A.D. 1-600*. Delhi: Oxford University Press, 1999.

Luce, G. H. "The Tan and the Ngai Lao." *Journal of the Burma Research Society*, vol. 14, Part II (1924a), pp. 100-137.

——. "Countries Neighboring Burma." *Journal of the Burma Research Society*, vol. 14, Part II (1924b), pp. 138-205.

——. "Old Kyaukse and the Coming of the Burmans." *Journal of the Burma Research Society*, vol. 42, no. 1 (1959), pp. 75-109.

Lu, Tracey L. D. "Some Botanical Characteristics of Green Foxtail (Setaria viridis) and Harvesting Experiments on the Grass." In "Special Selection: Rice Domestication," *Antiquity*, Vol. 72, no. 278 (Dec. 1998), pp. 902-907.

Luo, Changpei. "The Genealogical Patronymic Linkage System of The Tibeto-Burman Speaking Tribes." *Harvard Journal of Asiatic Studies*, vol. 8, no. 3/4 (1945), pp. 349-363.

Mackerras, Colin. *China's Minorities: Integration and Modernization in the Twentieth Century*. Hong Kong: Oxford University Press, 1994.

——. "Conclusion: Some Major Issues in Ethnic Classification." *China Information*, vol. 18, no. 2 (2004), pp. 303-313.

Malone, Caroline. "Introduction." In "Special Selection: Rice Domestication," *Antiquity*, Vol. 72, no. 278 (Dec. 1998), p. 857.

McNeill, William. *Plagues and Peoples*. New York: Anchor Press, 1976.

——. *The Great Frontier: Freedom and Hierarchy in Modern Times*. Princeton, N.J.: Princeton University Press, 1983.

——. *Polyethnicity and National Unity in World History*. Toronto: University of Toronto Press, 1986.

——. *The Rise of the West: A History of the Human Community*. Chicago: University of Chicago Press, 1991.

Michaud, Jean. ed. "Zomia and Beyond." *Journal of Global History*, vol. 5, no. 2 (2010), pp. 187-214.

Millward, James A. "New Perspective on the Qing Frontier." In *Remapping China*, ed. Gail Hershatter, Emily Honig, Jonathan N.

Lipman, and Randall Stross. Stanford, Calif.: Stanford University Press, 1996, pp. 113-129.

——. *Beyond Pass: Economy, Ethnicity, and Empire in Qing Central Asia, 1759-1864*. Stanford, Calif.: Stanford University Press, 1998.

Mullaney, Thomas S. "Ethnic Classification Writ Large." *China Information*, vol. 18, no. 2 (2004), pp. 207-241.

——. *Coming to Terms with the Nation Ethnic Classification in Modern China*. Berkeley, Los Angles and London: University of California Press, 2011.

Needham, Joseph. *Science and Civilization in China*, Vol. 1. Cambridge: Cambridge University Press, 1954.

——. *Science and Civilization in China*, Vol. 5, Part 2. Cambridge: Cambridge University Press, 1974.

Oakes, Tim. "China's Provincial Identities: Reviving Regionalism and Reinventing 'Chineseness.'" *Journal of Asian Studies*, vol. 59, no. 3 (2000), pp. 667-692.

Pan, Yihong. "Son of Heaven and Heavenly Qaghan: Sui-Tang China and Its Neighbors." Ph.D. diss., Western Washington University, 1997.

Ptak, Roderich. "The Maldive and Laccadive Islands (Liu-shan 溜山) in Ming Records." *Journal of the American Oriental Society*, vol. 107, no. 4 (1987), pp. 675-694.

Pei, Anping. "Notes on New Advancements and Revelations in the Agricultural Archaeology of Early Rice Domestication in the Dongting Lake Region," in "Special Selection: Rice Domestication." *Antiquity*, Vol. 72, no. 278 (Dec. 1998), pp. 878-885.

Pelliot, Paul. Notes on Marco Polo. 3 vols. Paris: Imprimerie

Nationale, 1959.

Perdue, Peter. *China Marches West: The Qing Conquest of Central Eurasia*. Cambridge, Mass.: Harvard University Press, 2005.

Peters, Heather A. "The Role of the State of Chu in Eastern Zhou Period China: A Study of Interaction and Exchange in the South." Ph.D. diss., Yale University, 1983.

Pichon, Louis. *A Journey to Yunnan in 1892: Trade and Exploration in Tonkin and Southern China*. Bangkok: White Lotus, 1999.

Pirazzoli-t'Serstevens, Michele. "Cowry and Chinese Copper Cash as Prestige Goods in Dian." In *Southeast Asian Archaeology 1990: Proceedings of the Third Conference of the European Association of Southeast Asian Archaeologists*, ed. Ian Glover. Center for South-East Asian Studies, University of Hull, 1992, pp. 45-52.

Polo, Marco. *The Travels of Marco Polo*, ed. Manuel Komroff. New York: Liveright, 2002.

Pomeranz, Kenneth. *The Making of a Hinterland: State, Society, and Economy in Inland North China, 1853-1937*. Berkeley, Los Angeles, and Oxford: University of California Press, 1993.

Prasertkul, Chiranan. *Yunnan Trade in the Nineteenth Century: Southwest China's Cross-Boundaries Functional System*. Bangkok: Chulalongkorn University Printing House, 1989.

Rawski, Evelyn S. "Reenvisioning the Qing: the Significance of the Qing Period in Chinese History." *Journal of Asian Studies*, vol. 55, no. 4 (1996), pp. 829-850.

Reid, Anthony. *Southeast Asia in the Age of Commerce, 1450-1680*. 2 vols. New Haven, Conn., and London: Yale University Press, 1988.

Reischauer, Edwin O. *Ennin's Diary: The Record of a Pilgrimage to China in Search of the Law*. New York: Ronald Press, 1955.

Rowe, William T. "Education and Empire in Southwest China." In *Education and Society in Late Imperial China, 1600-1900*, eds. Benjamin A. Elman and Alexander Woodside. Berkeley, Los Angeles, and London: University of California Press, 1989, pp. 417-457.

——. *Saving the World: Chen Hongmou and Elite Consciousness in Eighteenth-Century China*. Stanford, Calif.: Stanford University Press, 2001.

Sands, Barbara and Ramon H. Myers. "The Spatial Approach to Chinese History: A Test." *Journal of Asian Studies*, vol. 45, no. 4 (1986), pp. 721-743.

Sarkar, Himansu Bhusan. "Bengal and Her Overland Routes in India and Beyond." *Journal of the Asiatic Society* (Calcutta, India), vol. 16 (1974), pp. 92-119.

Satoshi, Kurihara. "Yunnan Historical Studies in Japan: Development and Current Issues." *Asian Research Trends*, No. 1 (1991), pp. 135-153.

Sautman, Barry. "Peking Man and the Politics of Paleoanthropological Nationalism in China." *Journal of Asian Studies*, vol. 60, no. 1 (2001), pp. 95-124.

Schein, Louisa. *Minority Rules: The Miao and the Feminine in China's Cultural Politics*. Durham, N.C.: Duke University Press, 2000.

Schoff, Wilfred H., trans. and annot. *The Periplus of the Erythraean Sea: Travel and Trade in the Indian Ocean by a Merchant of the First Century*. New York, London, Bombay, and Calcutta: Longmans, Green, and Co., 1912.

Schwarz, Henry G. *Chinese Policies toward Minorities: An Essay and Documents*. Bellingham, Wash.: Center for East Asian Studies, Western Washington University, 1971.

Shepherd, John Robert. *Statecraft and Political Economy on the Taiwan Frontier, 1600-1800*. Stanford, Calif.: Stanford University Press, 1993.

Shin, Leo Kwok-Yueh. *The Making of the Chinese State: Ethnicity and Expansion on the Ming Borderlands*. Cambridge and New York: Cambridge University Press, 2006.

Shih, Chuan-Kang. "Genesis of Marriage among the Moso and Empire-Building in Late Imperial China." *Journal of Asian Studies*, vol. 60, no. 2 (2001), pp. 381-412.

Shue, Vivienne. *The Reach of the State: Sketches of the Chinese Body Politic*. Stanford, Calif.: Stanford University Press, 1988.

Shulman, Anna See Ping Leon. "Copper, Copper Cash, and Government Controls in Ch'ing China (1644-1795)." Ph.D. diss., University of Maryland, College Park, 1989.

Sima, Guang. *Zizhi Tongjian* (Comprehensive mirror for the aid of governance). Beijing: Guji Chubanshe, 1956.

Singhal, D. P. *India and World Civilization*, Vol. 1. East Lansing: Michigan State University Press, 1969.

Skinner, William. "Marketing System and Social Structure in Rural China. I, II, & III." *Journal of Asian Studies*, vol. 24, nos. 1, 2, and 3, pp. 1964-1965.

——. "Introduction: Urban Development in Imperial China." In *The City in Late Imperial China*, ed. G. William Skinner. Taipei: Rainbow-Bridge, 1983a, pp. 3-31.

——. "Regional Urbanization in Nineteenth-Century China." In *The City in Late Imperial China*, ed. G. William Skinner. Taipei:

Rainbow-Bridge, 1983b, pp. 211-249.

——. "Cities and the Hierarchy of Local Systems." In *The City in Late Imperial China*, ed. G. William Skinner. Taipei: Rainbow-Bridge, 1983c, pp. 275-352.

——. "Rural Marketing in China: Repression and Revival." *The China Quarterly* (1984), pp. 393-413.

Smith, Paul. *Taxing Heaven's Storehouse: Horses, Bureaucrats, and the Destruction of the Sichuan Tea Industry, 1074-1224.* Cambridge, Mass., and London: Council on East Asian Studies, Harvard University, 1991.

Southworth, William. "Notes on the Political Geography of Campa in Central Vietnam During the Late Eighth and Early Ninth Centuries A.D." In *Southeast Asian Archaeology, 1998*, eds. Wibke Lobo and Stefanic Reimann. Hull, U.K.: Center for South-East Asian Studies, University of Hull, 2000, pp. 237-244.

Stalin, J. V. "Marxism and the National Question." In *Works*, Vol. 2. Moscow: Foreign Languages Publishing House, 1954, pp. 300-381.

Stargardt, Janice. "Burma's Economic and Diplomatic Relations with India and China from Medieval Sources." *Journal of Economic and Social History of the Orient*, vol. 14, no. 1 (1971), pp. 38-62.

Stout, Arthur Purdy. "The Penetration of Yunnan." *Bulletin of the Geographical Society of Philadelphia*, vol. 10, no. 1 (1912), pp. 1-35.

Struve, Lynn A. *The Southern Ming 1644-1662*. New Haven, Conn., and London: Yale University Press, 1984.

Sun, E-Tu Zen. "The Transportation of Yunnan Copper to Peking in the Ch'ing Period." *Journal of Oriental Studies*, Vol. IX (1971), pp. 132-148.

Sun, Laichen. "Ming-Southeast Asian Overland Interactions, 1368-1644." Ph.D. diss., University of Michigan, 2000.

Tarling, Nicholas, ed. *The Cambridge History of Southeast Asia, Vol. 1: From Early Times to c. 1800*. Cambridge and New York: Cambridge University Press, 1992.

Tarn, W. W. *The Greeks in Bactria and India*, rev. 3rd edition. Chicago: Ares Publishers, Inc., 1997.

Taylor, George Rogers, ed. *The Turner Thesis: Concerning the Role of the Frontier in American History*, 3rd edition. Lexington, Mass., Toronto, and London: D.C. Heath and Company, 1972.

Teng, Emma Jinhua. *Taiwan's Imagined Geography: Chinese Colonial Travel Writings and Pictures, 1683-1895*. Cambridge, Mass., and London: Harvard University Asia Center, distributed by Harvard University Press, 2004.

Thakur, U. "A Study in Barter and Exchange in Ancient India." *Journal of Economic and Social History of the Orient*, vol. 15, no. 1 (1972), pp. 297-315.

Took, Jennifer. *A Native Chieftaincy in Southwest China: Franchising a Tai Chieftaincy Under the Tusi System of Late Imperial China*. Leiden and Boston: Brill, 2005.

Toynbee, Arnold. *Mankind and Mother Earth*. New York and London: Oxford University Press, 1976.

Twitchett, Denis, ed. *The Cambridge History of China, Vol. 3: Sui and T'ang China, 589-906, Part 1*. Cambridge, London, New York, and Melbourne: Cambridge University Press, 1979.

Tzehuey, Chiou-Peng. "Horsemen in the Dian Culture of Yunnan." Manuscript.

——. "Western Yunnan and Its Steppe Affinities." In *The Bronze*

Age and Early Iron Age Peoples of Eastern Central Asia, 2 Vols,
ed. Victor H. Mair. Washington, D.C.: The Institute for the
Study of Man; Philadelphia: University of Pennsylvania Museum
Publications, 1998, pp. 280-304.

———. "Note on the Collard Disc-Rings from Bronze Sites in
Yunnan." Paper presented at the Association for Asian Studies
annual meeting, March 27-31, 2003, New York.

Vogel, Hans Ulrich. "Chinese Central Monetary Policy, 1644-
1800." *Late Imperial China*, vol. 8, no. 2 (1987), pp. 1-52.

———. "Cowry Trade and Its Role in the Economy of Yunnan: From
the Ninth to the Mid-Seventeenth Century (Part I)." *Journal of the
Economic and Social History of the Orient*, vol. 36, no. 3 (1993),
pp. 211-252.

———. "Cowry Trade and Its Role in the Economy of Yunnan: From
the Ninth to the Mid-Seventeenth Century (Part II)." *Journal of the
Economic and Social History of the Orient*, vol. 36, no. 4 (1993),
pp. 309-353.

Von Glahn, Richard. *The Country of Streams and Grottoes:
Expansion, Settlement, and the Civilizing of the Sichuan Frontier
in Song Times*. Cambridge, Mass.: Council on East Asian Studies,
Harvard University, Distributed by Harvard University Press, 1987.

———. *Fountain of Fortune: Money and Monetary Policy in China,
1000-1700*. Berkeley, Los Angeles, and London: University of
California Press, 1996.

Wade, Geoff. "The Southern Chinese Borders in History." In *Where
China Meets Southeast Asia: Social and Cultural Change in the
Border Region*, eds. G. Evans, C. Hutton, and K. E. Kuah. New
York: St. Martin's Press; Singapore: Institute of Southeast Asian

Studies, 2000, pp. 28-50.

Wallerstein, Immanuel. *The Modern World-System*, Vols. 1-3. New York: Academic Press, 1974, 1980, and 1989.

Walsh, Warren B. "The Yunnan Myth." *The Far Eastern Quarterly*, vol. 2, no. 3 (1943), pp. 272-285.

Wang, Gungwu. *The Nanhai Trade: The Early History of Chinese Trade in the South China Sea*. Singapore: Times Academic Press, 1998.

Wang, Tai Peng. *The Origins of Chinese Kongsi*. Selangor Darul Ehsan: Pelanduk Publications, 1994.

Wang, Shuiqiao. "Mingdai Lijiang Mushi Zhuyaoshiji jiqi Zhushu kao" (A study of the major achievements and works by the Mus in Lijiang during the Ming dynasty). *Wenwu*, no. 2, 1992, pp. 100-109.

Wiens, Herold J. *Han Chinese Expansion in South China*. Hamden, Conn.: The Shoe String Press, Inc., 1967.

Wilkinson, David. "Central Civilization." In *Civilization and World Systems: Studying World-Historical Change*, ed. Stephen K. Sanderson. Walnut Creek, Calif., London, and New Delhi: AltaMira Press, A Division of Sage Publications, Inc., 1995, pp. 46-74.

White, Richard. *The Middle Ground: Indians, Empires, and Republics in the Great Lakes Region, 1650-1815*. Cambridge and New York: Cambridge University Press, 1991.

Wu, David Y. H. "Chinese Minority Policy and the Meaning of Minority Culture: The Example of Bai in Yunnan, China." *Human Organization*, vol. 49, no. 1 (1990), pp. 1-13.

Yan, Gengwang. "Tangdai Meizhou exiting Tubo Liangdao Kao"

(A study on the two westward roads from Meizhou to Tubo in the Tang dynasty). *Journal of the Institute of Chinese Studies of the University of Hong Kong*, Vol. 1 (1968), pp. 1-26.

———. "Tangdai Minshan Xueling Diqu Jiantongtu Kao" (A study of road communications in the Min Mountain and Xueling regions in the Tang Dynasty). *Journal of the Institute of Chinese Studies of the University of Hong Kong*, Vol. 2, no. 1 (1969), pp. 1-42.

———. "Tangdai Chengdu Xi'nan Diqu Jiaotong zhi Luxian" (The East-West communications network in the southwest of Chengtu in the Tang dynasty). *Journal of the Institute of Chinese Studies of the University of Hong Kong*, Vol. VIII (1982), pp. 1-18.

Yang, Bin. "Horses, Silver, and Cowries: Yunnan in Global Perspective." *Journal of World History*, vol. 15, no. 3 (2004), pp. 281-322.

Yang, Li. *The House of Yang: Guardians of an Unknown Frontier.* Sydney, N.S.W.: Bookpress, 1997.

Yang, Xiaoneng, ed. *The Golden Age of Chinese Archaeology.* Washington, D.C.: National Gallery of Art, 1999.

Yü, Ying-Shih. *Trade and Expansion in Han China: A Study in the Structure of Sino-Barbarian Economic Relations.* Berkeley and Los Angeles: University of California Press, 1967.

———. "Han Foreign Relations." In *The Cambridge History of China, Volume I: The Ch'in and Han Empire, 221 b.c.-a.d. 220*, ed. Denis Twitchett and Michael Loewe. London, New York, Melbourne, and Sydney: Cambridge University Press, 1986, pp. 377-462.

Zhang, Juzhong and Wang Xiangkun. "Notes on the Recent Discovery of Ancient Cultivated Rice at Jiahu, Henan Province: A New Theory Concerning the Origin of Oryza japonica in China." In "Special Selection: Rice Domestication," *Antiquity*, Vol. 72, no.

278 (Dec. 1998), pp. 897-901.

Zhang, Zhongpei. "New Understandings of Chinese Prehistory." In *The Golden Age of Chinese Archaeology*, ed. Yang Xiaoneng. Washington, D.C.: National Gallery of Art, 1999, pp. 519-526.

Zhao, Zhijun. "The Middle Yangtze Region in China Is One Place Where Rice Was Domesticated: Phytolith Evidence from the Diaotonghuan Cave, Northern Jiangxi." In "Special Selection: Rice Domestication," *Antiquity*, Vol. 72, no. 278 (Dec. 1998), pp. 885-897.

《云南县志》（1890 年）

《安宁州志》（康熙本，1709 年）

《邓川州志》（1853 年）

《楚雄府志》（1568 年本）

《陆凉州志》（道光本，1844 年）

《马龙州志》（雍正本，1723 年）

《蒙自县志》（1791 年本）

《腾越州志》（1790 年本）

《鹤庆州志》（1894 年本）

《景栋府志》（1732 年）

《寻甸府志》（嘉靖本）

《永昌府志》（1885 年本）

《明会典》

江浚源编：《临安府志》（1799 年本）

阮元：《云南通志》（1835 本）

查继佐：《罪惟录》（1936 年本）

周钟岳纂：《新纂云南通志》，1949 年。

'99夜郎学术研讨会论文集编辑委员会编:《夜郎研究》，贵阳：
贵州民族出版社，2000年。

伯希和:《交广印度两道考》，冯承钧译，北京:中华书局，1955年。

曹树基:《清代北方城市人口研究——兼与施坚雅商榷》，《中国
人口科学》2001年第4期。

常璩著，任乃强校注:《华阳国志校补图注》，上海：上海古籍出
版社，1987年。

晁中辰:《明成祖传》，北京：人民出版社，1994年。

陈楠:《吐蕃与南诏及洱海诸蛮关系丛考》，《藏史丛考》，北京：
民族出版社，1998年。

陈茜:《川滇缅印古道初考》，《中国社会科学》1981年第1期。

陈庆江:《明代云南县级政区治所的城池》，方铁主编:《西南边疆
民族研究》(第1辑)，昆明：云南大学出版社，2001年。

陈孺性:《"朱波"考》，《东南亚研究》(新加坡)1970年第6期。

陈孺性:《"掸国"考》，《大陆杂志》(台北)第83卷第3期(1991
年)。

陈孺性:《关于"骠越"、"盘越"与"滇越"的考释》，《大陆杂志》
(台北)第84卷第5期(1992年)。

陈世松编:《四川通史》，卷5，成都：四川大学出版社，1994年。

陈寅恪:《唐代政治史述论稿》，上海：上海古籍出版社，1997年。

陈寅恪:《序》，陈垣主编:《明季滇黔佛教考》，北平：北平辅仁
大学，1940年。

陈炎:《中缅文化交流两千年》，周一良主编《中外文化交流史》，
郑州：河南人民出版社，1987年。

陈玉龙:《历代中越交通道里考》，中国东南亚研究会编:《东南亚
史论文集》，郑州：河南人民出版社，1987年。

程美宝:《地域文化与国家认同:晚清以来"广东文化"观的形成》，
北京：生活·读书·新知三联书店，2006年。

程贤敏选编:《清〈圣训〉西南民族史料》,成都:四川大学出版社,
1988 年。

邓廷良:《楚裔入巴王蜀说》,张正明主编:《楚史论丛》,武汉:
湖北人民出版社,1984 年。

樊绰撰,向达原校,木芹补注:《云南志补注》,昆明:云南人民
出版社,1995 年。

樊绰著,赵吕甫校释:《云南志校释》,北京:中国社会科学出版社,
1985 年。

范文澜:《试论中国自秦汉时成为统一国家的原因》,《历史研究》
1954 年第 3 期。

方国瑜:《云南史料目录概说》,北京:中华书局,1984 年。

方国瑜:《中国西南历史地理考释》,北京:中华书局,1987 年。

方国瑜:《云南用贝作货币的时代及贝的来源》,杨寿川编著:《贝
币研究》,昆明:云南大学出版社,1997 年。

方国瑜:《云南史料丛刊》,昆明:云南大学出版社,1998、2001 年。

方国瑜著,林超民编:《方国瑜文集》,昆明:云南教育出版社,
2001 年。

方国瑜、林超民:《〈马可波罗行纪〉云南史地丛考》,北京:民
族出版社,1994 年。

方豪:《中西交通史》,长沙:岳麓书社,1987 年。

方慧:《从金石文契看元明及清初云南使用贝币的情况》,杨寿川
编著:《贝币研究》,昆明:云南大学出版社,1997 年。

方慧:《大理总管段氏世次年历及其与蒙元政权关系研究》,昆明:
云南教育出版社,2000 年。

费孝通:《关于我国民族的识别问题》,《中国社会科学》1980 年
第 1 期。

费孝通:《中华民族的多元一体格局》,《北京大学学报(哲学社
会科学版)》1989 年第 4 期。

费孝通：《我的民族研究经历和思考》，马戎、周星主编：《中华民族凝聚力的形成与发展》，北京：北京大学出版社，1999年。

冯家升：《火药的发现及其传播》，《冯家升论著辑粹》，北京：中华书局，1984年。

冯家升：《伊斯兰教国为火药由中国传入欧洲的桥梁》，《冯家升论著辑粹》，北京：中华书局，1984年。

冯汉镛：《唐五代时剑南道的交通路线考》，《文史》，14（1982年）。

冯汉镛：《川藏线是西南最早国际通道考》，《中国藏学》1989年第1期。

龚荫：《中国土司制度》，昆明：云南民族出版社，1992年。

龚荫：《20世纪中国土司制度研究的理论与方法》，《思想战线》2002年第5期。

韩锦春、李毅夫：《汉文"民族"一词的出现及其初期使用情况》，《民族研究》1984年第2期。

韩儒林：《元朝史》，北京：人民出版社，1986年。

何炳棣：《李元阳、谢肇淛和明代云南》，云南大学历史系编：《纪念李埏教授从事学术活动五十周年史学论文集》，昆明：云南大学出版社，1992年。

何平：《从云南到阿萨姆：傣—泰民族历史再考与重构》，昆明：云南大学出版社，2001年。

贺长龄等编：《清经世文编》，北京：中华书局，1992年。

黄光学：《我国的民族识别》，黄光学主编，施联朱副主编：《中国的民族识别》，北京：民族出版社，1995年。

黄光学主编，施联朱副主编：《中国的民族识别》，北京：民族出版社，1995年。

黄盛璋：《文单国——老挝历史地理新探》，《历史研究》1962年第5期。

黄盛璋：《关于中国纸和造纸法传入印巴次大陆的时间和路线问

题》,《历史研究》1980 年第 1 期。

季羡林:《中国蚕丝输入印度问题的初步研究》,《历史研究》
1955 年第 4 期。

江天健:《北宋市马之研究》,台北:编译馆,1995 年。

江应樑:《明代云南境内的土官与土司》,昆明:云南人民出版社,
1958 年。

江应樑:《傣族史》,成都:四川民族出版社,1983 年

江应樑:《云南用贝考》,杨寿川编著:《贝币研究》,昆明:云南
大学出版社,1997 年。

江玉祥主编:《古代西南丝绸之路研究》(第二辑),成都:四川
大学出版社,1995 年。

金克木:《三谈比较文化》,王树英编:《中印文化交流与比较》,
北京:中国华侨出版社,1994 年。

金正耀:《晚商中原青铜的矿料来源研究》,方励之主编:《科学史
论集》,合肥:中国科技大学出版社,1987 年。

兰陵笑笑生原著,白维国、卜键校注:《金瓶梅词话校注》,长沙:
岳麓书社,1995 年。

蓝勇:《南方丝绸之路》,重庆:重庆大学出版社,1992 年。

蓝勇:《西南历史文化地理》,重庆:西南师范大学出版社,1997 年。

李春龙主编:《云南史料选编》,昆明:云南民族出版社,1998 年。

黎虎:《蜀汉"南中"政策二三事》,《历史研究》1984 年第 4 期。

李桂英:《宋代两广交通简述》,云南省社会科学院历史研究所编:
《中国西南文化研究》,昆明:云南民族出版社,1998 年。

李昆声:《云南考古学论集》,昆明:云南人民出版社,1998 年。

李霖灿:《南诏大理国新资料的综合研究》,台北:故宫博物院,
1982 年。

李绍明:《我国民族识别的回顾与前瞻》,《民族学研究》(第十二
辑),北京:民族出版社,1998 年。

李晓岑：《中国纸和造纸法传入印巴次大陆的路线》，《历史研究》
　　1992年第2期。

李晓岑：《商周中原青铜器矿料来源的再研究》，《自然科学史研究》
　　1993年第3期。

李晓岑：《白族的科学与文明》，昆明：云南人民出版社，1997年。

李元阳：《李中溪全集》，昆明：云南图书博物馆，1913年。

李中清：《中国西南边疆的社会经济：1250—1850》，林文勋、秦
　　树才译，北京：人民出版社，2012年。

林文勋：《宋代西南地区的市马与民族关系》，《思想战线》1989
　　年第2期。

林耀华：《中国西南地区的民族识别》，《民族研究论文集》（第三
　　辑），北京：中央民族学院民族研究所，1984年。

凌纯声：《中国边疆民族与环太平洋文化》，台北：联经出版事业
　　股份有限公司，1979年。

刘宏：《中国—东南亚学：理论建构·互动模式·个案分析》，北京：
　　中国社会科学出版社，2000年。

刘莉、陈星灿：《城：夏商时期对自然资源的控制问题》，《东南
　　文化》2000年第3期。

刘莉、陈星灿：《中国早期国家的形成》，北京大学中国考古学研
　　究中心、北京大学古代文明研究中心编：《古代文明》（第1卷），
　　北京：文物出版社，2002年。

刘淑芬：《六朝南海贸易的开展》，《食货月刊》（台北）第15卷
　　第9/10期（1986年）。

刘文征撰，古永继校点：《滇志》，昆明：云南教育出版社，1991年。

陆韧：《云南对外交通史》，昆明：云南民族出版社，1997年。

陆韧：《变迁与交融：明代云南汉族移民研究》，昆明：云南教育
　　出版社，2001年。

吕昭义：《对西汉时中印交通的一点看法》，《南亚研究》1984年

第 2 期。

罗二虎:《西南丝绸之路的考古调查》,《南方民族考古》,5（1992年）。

罗二虎:《汉晋时期的中国"西南丝绸之路"》,《四川大学学报（哲学社会科学版）》2000年第1期。

罗开玉:《从考古资料看古代蜀、藏、印的交通联系》,伍加伦、江玉祥主编:《古代西南丝绸之路研究》（第一辑），成都:四川大学出版社，1990年。

马长寿:《南诏国内的部族组成和奴隶制度》,上海:上海人民出版社，1961年。

马戎:《关于"民族"的定义》,《云南民族学院学报》,1（2000年）。

马曜:《云南简史》,昆明:云南人民出版社，1991年。

马曜:《中国西南民族研究的回顾与展望》,《马曜学术论著自选集》,昆明:云南人民出版社，1998年。

马曜:《周保中与云南统战工作和民族工作》,《马曜学术论著自选集》,昆明:云南人民出版社，1998年。

马曜:《云南民族社会历史调查回顾》,于宝林、华祖根主编:《中国民族研究年鉴（1999年）》,北京:民族出版社，2000年

牟本理:《民族区域自治制度的比较研究》,《民族研究》,5（2001年）。

穆根来、汶江、黄倬汉译:《中国印度见闻录》,北京:中华书局，2001年。

木宫泰彦:《日中文化交流史》,胡锡年译，北京:商务印书馆，1980年。

木芹、木霁弘:《儒学与云南政治经济的发展及文化转型》,昆明:云南大学出版社，1999年。

倪辂辑，王崧校理，胡蔚增订，木芹会证:《南诏野史会证》,昆明:云南人民出版社，1990年。

倪蜕辑，李埏校点：《滇云历年传》，昆明：云南大学出版社，
　　1992年。

祁庆富：《西南夷》，长春：吉林教育出版社，1990年。

祁庆富：《指空游滇建正续寺考》，《云南社会科学》1995年第2期。

全国人民代表大会民族事务委员会、云南民族调查组和云南省少
　　数民族社会历史研究所编：《明实录有关云南历史资料摘抄》，
　　昆明：云南人民出版社，1959年。

全汉昇：《明代的银课与银产业》，《新亚书院学术年刊》第9期
　　（1967年）。

全汉昇：《清代云南铜矿工业》，《香港中文大学中国文化研究所
　　学报》第7卷第1期（1974年）。

全汉昇：《明清时代云南的银课与银产额》，《新亚学报》第11卷
　　（1976年）。

饶宗颐：《蜀布与 Cīnapaṭṭa：论早期中、印、缅之交通》，《"中
　　央研究院"历史语言研究所集刊》第四十五本第四分（1973年）。

饶宗颐：《谈印度河谷的图形文字》，《东方学论集》，汕头：汕头
　　大学出版社，1999年。

芮逸夫：《唐代南诏与吐蕃》，《中国民族及其文化论稿》（上册），
　　台北：艺文出版社，1972年。

芮逸夫：《西南少数民族虫兽偏旁命名考略》，《中国民族及其文
　　化论稿》（上册），台北：艺文印书馆，1972年。

孙仲文：《南方丝绸之路货币初探》，《南洋问题研究》，1（1993年）。

桑秀云：《蜀布邛竹传至大夏路径的蠡测》，伍加伦、江玉祥主编：
　　《古代西南丝绸之路研究》（第一辑），成都：四川大学出版社，
　　1990年。

山县初男编：《西藏通览》，台北：华文书局，1969年。

申旭：《中国西南对外关系史研究》，昆明：云南美术出版社，
　　1994年。

申旭:《西南丝绸之路概论》,云南省社会科学院历史研究所编:《中国西南文化研究》,昆明:云南民族出版社,1996年。

申旭:《历史上的滇藏交通》,云南省社会科学院历史研究所编:《中国西南文化研究》,昆明:云南民族出版社,1998年。

沈海梅:《明清云南妇女生活研究》,昆明:云南教育出版社,2001年。

施联朱:《中国民族识别研究工作的特色》,《中央民族大学学报》1989年第5期。

宋应星著,钟广言注释:《天工开物》,广州:广东人民出版社,1976年。

谭其骧:《中国文化的时代差异和地区差异》,复旦大学历史系编:《中国传统文化的再估计》,上海:上海人民出版社,1987年。

谭其骧:《中国历史地理图集》,北京:中国地图出版社,1996年。

汤国彦主编,雷加明、骆秉钧副主编:《云南货币历史》,昆明:云南人民出版社,1989年。

唐蕃古道考察队编:《唐蕃古道考察记》,西安:陕西旅游出版社,1989年。

陶维英:《越南古代史》,北京:科学出版社,1959年。

童恩正:《试谈古代四川与东南亚文明的关系》,伍加伦、江玉祥主编:《古代西南丝绸之路研究》(第一辑),成都:四川大学出版社,1990年。

童恩正:《南方文明》,重庆:重庆出版社,1998年。

托津等编:《钦定大清会典事例》,《近代中国史料丛刊三编》,第六十六辑,卷一百七十三至一百七十六,台北:文海出版社,1991年。

汪宁生:《古代云南的养马业——云南少数民族科技史学习札记》,《思想战线》1980年第3期。

汪宁生:《云南考古》,昆明:云南人民出版社,1992年。

汪宁生：《西南访古三十五年》，济南：山东画报出版社，1997 年。

汪宁生：《佤山汉族矿工族群认同的改变》，中央民族大学民族学
    与社会学学院、中央民族大学中国少数民族研究中心编：《中
    国民族学纵横》，北京：民族出版社，2003 年。

王定保：《述进士上篇》，《唐摭言》卷一，北京：古代文学出版社，
    1957 年。

王吉林：《唐代南诏与李唐关系之研究》，台北：台湾商务出版社，
    1976 年。

王建民、张海洋、胡鸿保：《中国民族学史》（下卷），昆明：云
    南教育出版社，1997 年。

王连芳：《王连芳云南民族工作回忆》，昆明：云南人民出版社，
    1999 年。

王颋：《元代矿业考论》，复旦大学历史地理研究所编《历史地理
    研究》，1（1986 年）。

王颋：《元云南行省站道考略》，复旦大学历史地理研究所编：《历
    史地理研究》（第 2 辑），上海：复旦大学出版社，1990 年。

王尧：《云南丽江吐蕃古碑释读劄记》，荣新江主编：《唐研究》（第
    七卷），北京：北京大学出版社，2001 年。

王友群：《西汉中叶以前中国西南与印度交通考》，《南亚研究》
    1988 年第 3 期。

王毓铨：《明黔国公沐氏庄田考》，存粹学社编集：《明代社会经济
    史论集》（第二集），香港：崇文书局，1975 年。

王战英：《前苏联与中国民族政策之比较》，《中央民族大学学报》，
    1（1997 年）。

王钟翰：《中国民族史》，北京：中国社会科学出版社，1994 年。

魏源：《圣武记》，北京：中华书局，1984 年。

汶江：《滇越考》，伍加伦、江玉祥主编：《古代西南丝绸之路研究》
    （第一辑），成都：四川大学出版社，1990 年。

吴焯:《西南丝绸之路的再认识》,《文史知识》1998 年第 10 期。

吴晗:《明初卫所制度之崩溃》,《吴晗文集》,北京:北京出版社,
　　1988 年。

吴其浚撰,徐金生绘:《滇南矿厂图略》,《续修四库全书》编纂
　　委员会编:《续修四库全书》(八八〇·史部·政书类),上海:
　　上海古籍出版社,1996 年。

伍加伦、江玉祥主编:《古代西南丝绸之路研究》(第一辑),成都:
　　四川大学出版社,1990 年。

席裕福、沈师徐辑:《皇朝政典类纂》,《近代中国史料丛刊续编》,
　　第八十八辑,台北:文海出版社,1982 年。

夏光南:《中印缅道交通史》,上海:中华书局,1948 年。

夏光南:《元代云南史地丛考》,台北:中华书局,1968 年。

夏鼐:《中巴友谊的历史》,《考古》1965 年第 7 期。

夏鼐(作铭):《我国出土的蚀花的肉红石髓珠》,《考古》1974
　　年第 6 期。

肖耀辉:《中韩、韩中指空研究学术讨论会综述》,《云南社会科学》
　　1998 年第 4 期。

谢圣纶:《滇黔志略》,昆明:云南大学图书馆抄本,1964 年。

谢肇淛撰,郭熙途校点:《五杂组》,沈阳:辽宁教育出版社,
　　2001 年。

辛法春:《明沐氏与中国云南之开发》,台北:文史哲出版社,
　　1985 年。

修世华:《关于"共同心理素质"的思考》,《中央民族大学学报》
　　1995 年第 1 期。

徐弘祖著,朱惠荣校注:《徐霞客游记校注》,昆明:云南人民出
　　版社,1985 年。

徐新建:《西南研究论》,昆明:云南教育出版社,1992 年。

牙含章:《民族问题与宗教问题》,北京:中国社会科学出版社,

成都：四川民族出版社，1984年。

严耕望：《汉晋时代滇越通道考》，《香港中文大学中国文化研究
　　所学报》1976年第1期。

严耕望：《唐代滇越通道辨》，《香港中文大学中国文化研究所学报》
　　1976年第1期。

严中平：《清代云南铜政考》，上海：中华书局，1957年。

杨寿川：《贝币研究：中原与云南用海贝作货币的历史考察》，杨
　　寿川编著：《贝币研究》，昆明：云南大学出版社，1997年。

杨寿川：《云南用海贝作货币的历史考察》，杨寿川编著：《贝币研
　　究》，昆明：云南大学出版社，1997年。

杨寿川：《论明清之际云南"废贝行钱"的原因》，杨寿川编著：《贝
　　币研究》，昆明：云南大学出版社，1997年。

杨庭硕、罗康隆：《西南与中原》，昆明：云南教育出版社，1992年。

杨正泰：《明代国内交通路线初探》，《历史地理》1990年第1期。

杨正泰：《明代驿站考》，上海：上海古籍出版社，1994年。

姚枏、许钰编译：《古代南洋史地丛考》，香港：商务印书馆，
　　1958年。

佚名：《铜政便览》，台北：台湾学生书局，1986年。

易谋远：《五六十年代民族调查的片段回忆》，郝时远主编：《田野
　　调查实录》，北京：社会科学文献出版社，1999年。

尤中编著：《云南地方沿革史》，昆明：云南人民出版社，1990年。

尤中：《云南民族史》，昆明：云南大学出版社，1994年。

云南民族学院编：《云南》，昆明：云南教育出版社，1999年。

云南省历史研究所编：《〈清实录〉有关云南史料汇编》，卷三，
　　昆明：云南人民出版社，1984年。

云南省文物工作队：〈大理崇圣寺三塔主塔的实测和清理〉，《考
　　古学报》，2（1982年）。

云南省文物工作队：《大理崇圣寺三塔主塔的实测与清理》，大理

白族自治州王陵调查课题组编:《二十世纪大理考古文集》,昆明:云南民族出版社,2003 年。

张彬村:《十七世纪云南贝币崩溃的原因》,杨寿川编著:《贝币研究》,昆明:云南大学出版社,1997 年。

张云:《丝路文化:吐蕃卷》,杭州:浙江人民出版社,1995 年。

张增祺:《滇国与滇文化》,昆明:云南美术出版社,1997 年。

张增祺:《云南冶金史》,昆明:云南美术出版社,2000 年。

赵鼎汉编:《云南省地图册》,北京:中国地图出版社,1999 年。

周振鹤主著:《中国历史文化区域研究》,上海:复旦大学出版社,1997 年。

《中国历史纪年手册》编写组编:《中国历史纪年手册》,北京:气象出版社,2002 年。

中国社会科学院历史研究所编制:《中国历史年表》,北京:中国社会科学出版社,2002 年。

中国古代铜鼓研究会编:《古代铜鼓学术讨论会论文集》,北京:文物出版社,1982 年。

朱俊明:《楚向古云贵开疆史迹钩沉》,张正明主编:《楚史论丛》,武汉:湖北人民出版社,1984 年。